불안을 알면 흔들리지 않는다

더 이상 불안에 시간과 에너지를 쓰고 싶지 않은 당신에게

TEN TIMES CALMER
Copyright ⓒ Dr Kirren Schnack 2023
All rights reserved. First published 2023 by Bluebird, an imprint of Pan Macmillan, a division of Macmillan Publishers International Limited

Korean translation copyright ⓒ 2025 by HAUM
Korean translation rights arranged with Macmillan Publishers International Ltd. through EYA Co.,Ltd

이 책의 한국어판 저작권은 EYA Co.,Ltd를 통해
Macmillan Publishers International Ltd.와 독점 계약한 (주)하움출판사가 소유합니다.
저작권법에 의하여 한국 내에서 보호를 받는 저작물이므로 무단전재 및 복제를 금합니다.

불안을 알면 흔들리지 않는다
더 이상 불안에 시간과 에너지를 쓰고 싶지 않은 당신에게

오픈도어북스는 (주)하움출판사의 임프린트 브랜드입니다.

초판 1쇄 발행 25년 10월 22일
3쇄 발행 25년 12월 30일

지은이 | 키렌 슈나크
옮긴이 | 김진주

발행인 | 문현광
책임 편집 | 이건민
교정·교열 | 신선미 주현강 황윤
디자인 | 양보람
마케팅 | 남상묵 김다현 박채원
업무지원 | 이창민

펴낸곳 | (주)하움출판사
본사 | 전북 군산시 수송로 315, 3층 하움출판사
지사 | 광주광역시 북구 첨단연신로 261 (신용동) 광해빌딩 6층 601호, 602호
ISBN | 979-11-7374-197-5(03180)
정가 | 20,000원

이 책의 전부 또는 일부 내용을 재사용하려면 사전에 저작권사
(주)하움출판사의 동의를 받아야 합니다.
오픈도어북스는 참신한 아이디어와 지혜를 세상에 전달하려고 합니다.
아이디어와 원고가 있으신 분은 연락처와 함께 open150@naver.com으로 보내 주세요.

불안을 알면 흔들리지 않는다

키렌 슈나크 지음

김진주 옮김

더 이상 불안에
시간과 에너지를
쓰고 싶지 않은
당신에게

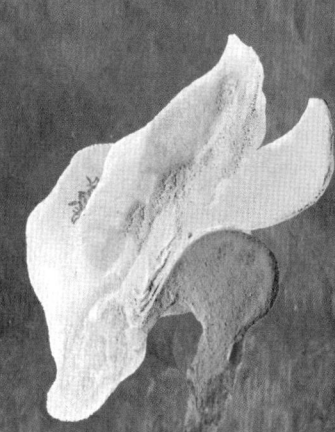

추천사

　누구나 직관적으로 이해할 수 있는 책이자, 그 어느 때보다 절실하게 기다려 온 전문가의 책이다.

《더 타임즈》

　전문적이고 실용적이지만 따뜻한 키렌 박사의 조언을 따라간다면, 하루하루를 살아 내는 데 급급한 생각을 뛰어넘어 크게 성장하는 법을 배우게 될 것이다.

벡스 킹 *Vex King*
《선데이 타임스》 베스트셀러 작가
《하이로우, 진동의 법칙》 저자

지난 수년간 여러 치료사와 심리전문가를 전전하며 정신 건강에 대한 도움을 수없이 받아 왔다. 그녀의 책을 조금 더 일찍 접했더라면 어땠을까. 이 책에서 그녀의 지혜와 경험을 배울 수 있다. 슈나크 박사의 실용적이면서 실천하기 쉬운 해결책을 따른다면 나처럼 멀리 돌아가지 않아도 될 것이다.

레이철 켈리 *Rachel Kelly*
정신 건강 베스트셀러 작가
《내 마음의 균형을 찾아가는 연습》저자
세인(SANE), 자선단체 'Rethink Mental Illness' 홍보대사

지성과 세심함, 실용성을 모두 갖춘 이 책은 당신의 인생을 바꿀 것이다. 키렌 박사는 따뜻한 말과 지식으로 독자를 부드럽게 이끌며, 스트레스와 불확실성으로 고달파지는 이 시대에 독자를 위한 선물이 될 것이다.

클레어 본 *Clare Bourne*
물리치료사

차례

추천사   4
안내의 말   14
정신 건강을 위한 기본 생활 수칙   15

들어가며
현대 사회와 불안
21

제1장
불안의 이해

1. 불안이란 무엇인가?   34
2. 두려움의 회로   35
3. 감각과 경험   38
4. 트리거   40
5. 불안의 요람   42
    5.1. 기질과 성격   43
    5.2. 부정적인 아동기 경험   43
    5.3. 외상 경험   44
    5.4. 기타 요인   46

6. 왜 자발적 수감자가 되려 하는가?   47
    6.1. 사고방식   49
    6.2. 주의 집중 방식   54
    6.3. 신체 감각   56
    6.4. 감정   57
    6.5. 낮은 스트레스 내성   58
    6.6. 불안에 대처하는 행동   59
    6.7. 회피   61

제2장
발상의 전환

1. 유연성   68
2. 수용   76
3. 마음의 소리   80

제3장
스트레스와 신경계

1. 아드레날린   86
2. 코르티솔   88
3. 눈덩이 효과   91
4. 신경계 진정 기법   93
    4.1. 호흡법   95
    4.2. 점진적 근이완법   97
    4.3. 가벼운 활동   99
    4.4. 운동   100

제4장
마음속의 코끼리

1. 대처하기 — 108
   - 1.1. 생각의 정체 파악하기 — 108
   - 1.2. 내려놓고 지켜보기 — 111
   - 1.3. 있는 그대로 받아들이기 — 114
   - 1.4. 근원 분석하기 — 124
   - 1.5. 지나친 동일시 피하기 — 127

2. 평가하기 — 132
   - 2.1. 생각 ≠ 현실 — 132
   - 2.2. 편향으로부터의 탈피 — 133
   - 2.3. 의견 A vs. 의견 B — 136

3. 사고 패턴 전환 — 138
   - 3.1. 대안적 설명 — 138
   - 3.2. 왜곡된 사고 패턴 — 142
   - 3.3. 최악의 시나리오 — 143
   - 3.4. 부정적 가정 — 150
   - 3.5. 징크스와 운명론 — 154
   - 3.6. 해결을 향한 의지 — 159

제5장
불안 중독

1. 불안의 침략 — 169
   - 1.1. 주의 편향 — 170
   - 1.2. 자기초점적 주의 — 170
   - 1.3. 선택적 주의 — 172
   - 1.4. 과잉 경계 — 173

2. 부정적 집중력 — 173

3. 주의력 사수하기 — 175

제6장
폭우와 가뭄 사이

1. 각자의 생태계   **187**
2. 교란되는 마음   **188**
   2.1. 불안한 생각 강화   189
   2.2. 감정 억제   189
   2.3. 감정 회피   190
   2.4. 충동적 반응   191
3. 감정이 흐르는 방향   **191**
4. 무풍지대를 향해   **197**
   4.1. 감정 수용 및 관찰하기   197
   4.2. 감정에 이름 붙이기   199
   4.3. 자기연민   202
   4.4. 자가 진정   204
   4.5. 생산적 주의 분산   206

제7장
세상의 주사위

1. 불확실성   **214**
2. 불안의 주사위 놀음   **217**
3. 포커페이스를 넘어   **221**
   3.1. 절대적인 확실함은 없다   222
   3.2. 미지의 확률을 가능성으로   224
   3.3. 인생은 러시안 룰렛이 아니다   228
4. 구르는 주사위 앞에서   **231**
   4.1. 일상의 흐름에 맡기기   233
   4.2. 본격적인 불안과 맞서기   236
5. 불확실성에 대처하는 시스템 강화하기   **242**

제8장
그림자를 피하는 방법

1. 회피   247
2. 안전 추구 행동   250
3. 그림자와의 줄다리기   256
   - 4.1. 괴로움의 순위 매기기   260
   - 4.2. 두려움 마주하기   261
   - 4.3. 진행 상황 검토하기   262
   - 4.4. 반복하기   266
5. 그림자의 이름들   267
   - 5.1. 질병불안장애   268
   - 5.2. 공황 발작   269
   - 5.3. 사회불안장애   270
   - 5.4. 죽음불안   271
6. 그림자의 농간   273
   - 6.1. 과도한 불안   273
   - 6.2. 두려움의 속삭임   274
   - 6.3. 결과를 향한 의심   274

제9장
오래된 공포

1. 공포의 두 얼굴   279
   - 1.1. 트라우마   279
   - 1.2. 외상 후 스트레스 장애   281
2. 트라우마와 불안   282
   - 2.1. 트라우마와 죽음불안   293
   - 2.2. 트라우마적 인지 과정   294
3. 트라우마의 흔적 치유하기   295
   - 3.1. 물건   297
   - 3.2. 심상   298
   - 3.3. 말   300
   - 3.4. 자세   302
   - 3.5. 기타 치료법   307

제10장
해방 이후의 사후관리

1. 개선을 향한 반복　　　　　　　　　**312**
2. 당신만의 비법　　　　　　　　　　**313**
3. 퇴보의 경험　　　　　　　　　　　**315**
4. 계획으로 맞서기　　　　　　　　　**317**
　　4.1. 대응 전략 준비하기　　　　　318
　　4.2. 잠재적 트리거　　　　　　　318
　　4.3. 사고 패턴의 변화　　　　　　319
　　4.4. 행동의 변화　　　　　　　　320
　　4.5. 미래의 취약점에 대비하기　　321
5. 여유로운 삶의 방향　　　　　　　**323**
6. 작은 성공도 기억하기　　　　　　**324**
7. 미래의 스케치　　　　　　　　　　**326**

마지막으로　　　　　　　　　　　　**330**

부록

부록1. 적합한 전문가 찾기	332
부록2. 불안장애의 증상 및 감각	334
부록3. 불안장애의 유형	338
1. 범불안장애	338
2. 질병불안장애	339
3. 사회불안장애	341
4. 공황장애	342
부록4. 취미 활동 100선	343

참고문헌 346

그동안 불안으로 힘든 시간을 보내 온
여러분의 용기에 큰 감명을 받았습니다.
부디 포기하지 않기를 바랍니다.

안내의 말

이 책은 일반적인 정보 제공을 목적으로 출간되었다. 따라서 개인 맞춤 도서가 아니므로 전문의의 조언을 대체할 수는 없다. 책에 제시된 정보는 연구와 집필 당시 저자의 임상 경험에 기반하였다.

불안에 대한 경험은 사람마다 다르며, 책의 정보를 활용하는 능력에도 개인차가 있다. 그러므로 책에서 말하는 조언을 따른 결과와 변화 양상에도 차이를 보일 수 있다. 또한 이 책의 모든 독자가 처한 상황을 일일이 알 수 없기에 저자나 발행인은 본 책에서 제공하는 정보에 따른 결과를 책임지지 않는다. 구체적으로 당신이 마주한 상황을 해결하고자 한다면, 전문의와의 상담으로 자신에게 맞는 해결법을 찾는 것이 좋다.

신체적 증상이 있다면 자가 진단을 통해 불안이 정말로 문제의 근원인가를 판단하기보다는 전문의의 확인과 안내를 따르는 것이 좋다. 그리고 경험하는 증상과 관련하여 추가 상담을 언제 받아야 할지는 담당 전문의에게 안내를 받도록 하자. 알코올이나 약물로 불안에 대처하려 든다면, 중독이나 다른 문제로 이어질 수 있다. 이러한 문제가 우려된다면 전문의와 상담하도록 하자.

이 책에서는 전반적으로 여러 환자의 사례로 이해와 공감을 높이려 했다. 본문에 언급한 사례는 개인적인 임상 경험을 참고하였다. 그러나 환자 개인을 특정적으로 묘사하지는 않았으며, 중요한 개념과 아이디어를 설명하기 위해 일부 각색하였음을 알린다.

정신 건강을 위한 기본 생활 수칙

불안을 극복하는 방법을 구체적으로 파고들기 전에, 먼저 정신 건강을 위해 기본적으로 지켜야 할 생활 수칙을 살펴보자. 여기에는 수면, 식단, 운동, 여가가 포함되며, 이 모든 요소가 정신 건강에 큰 영향을 미친다.

이 주제를 다루는 데 많은 분량을 할애하지는 않겠다. 다만 이들 요소에 주의를 기울이면 불안 극복에 도움이 된다는 점을 명심하자. 이때 완벽을 추구하기보다는 최선을 다하는 것을 목표로 삼아야 한다. 힘든 시기에는 잠을 충분히 자고, 건강한 음식을 먹고, 나를 위한 시간을 보내는 등 자신을 잘 보살펴야 한다.

다음의 세부 지침은 참고 사항일 뿐이니 각자의 수준에 맞게 실천해 보자. 이따금 원칙에서 벗어나는 것은 자연스러운 일이다. 그러니 너무 자책하지 말고 중단한 곳에서부터 다시 시작하자.

1. 수면

먼저 수면의 중요성을 살펴보자. 충분한 수면은 정신 건강에 큰 도움이 되며 불안감도 줄여 주므로, 자신에게 맞는 수면 루틴부터 찾아보자. 편안한 수면 환경을 조성하고 잠자리에 드는 시간과 일어나는 시간을 매일 일정하게 유지하는 것을 목표로 삼자. 이미 알고 있겠지만, 잠자리에 들기 전에 담배나 카페인, 단 음료, 알코올 섭취는 피해야 한다. 이들은 인체를 자극하여 자연스러운 수면 패턴을 방해한다.

그리고 잠자리에 들기 전에 스마트폰을 들여다보면 수면에 방해가 되므로 사용을 피하는 것이 좋다. 스마트폰을 보고 싶은 충동을 참기 어렵다면 기기는 다른 방에 두고 알람시계를 활용하자. 잠들기 전 머릿속에 떠오르는 걱정이 있다면 노트나 일기장에 적어 두었다가 다음날 해결하는 것도 도움이 된다.

모든 지침을 한꺼번에 실천하기 어렵다면 작은 것에서부터 하나씩 차근차근 시도해 보자. 예컨대 처음에는 밤 10시가 되면 모든 기기를 끄는 생활을, 몇 주 후에는 긴장을 풀기 위한 몇 가지 활동을 수면 루틴에 추가한다.

수면 루틴은 긴장 해소에 필요한 시간에 따라 30분에서 1시간 정도가 적당하다. 그 시간 동안 조명을 어둡게 하고 차분한 음악이나 라디오를 들으며 양치를 하고, 차분하게 샤워나 목욕을 하고, 잠자리에 들 준비를 마친다. 그리고 독서나 명상, 그림 그리기, 퍼즐 맞추기, 오디오북 듣기, 가벼운 요가나 스트레칭과 같이 편안한 활동을 한다. 그런 다음 침대에 누워 잠을 청해 보자.

마음을 진정시키기 어렵다면, 숫자를 거꾸로 세는 것처럼 간단한 방법으로 마음을 안정시킬 수 있다. 또는 좋아하는 장소를 시각적으로 최대한 자세하게 떠올리는 방법도 있다. 30분 이상 잠들지 못하고 뒤척였다면, 침대에서 나와 독서 등의 차분한 활동을 하다가 잠이 오면 다시 잠자리에 드는 편이 나을 수 있다. 마지막으로 밤에 시계를 보면 불안감이 커지면서 수면에 방해가 되므로 시계는 되도록 보지 않는다.

2. 식단

음식은 신체뿐 아니라 정신의 건강을 위한 연료이다. 어떤 음식을 먹느냐에 따라 신체에 필요한 영양소 공급량이 달라진다. 좋은 음식은 긍정적인 기분을 선사할 뿐 아니라 체내 에너지를 증가시키고, 무엇보다 명확한 사고에 도움을 준다. 잘 먹을수록 몸도 머리도 원활하게 작동한다. 인스타그램에 올릴 법한 완벽한 식단을 목표로 삼으라는 것이 아니다.

내 식단은 마마이트(Marmite, 빵에 발라먹는 영국의 스프레드 제품으로 맥주 효모를 농축하여 만든다)를 바른 토스트로, 꽤나 단순하다. 확실히 건강한 식단이라는 기준에 부합하지 않겠지만, 그래도 괜찮다. 완벽을 추구하기보다는 주어진 여건 안에서 최선을 다하면 된다.

불안증이 심해지는 시기라면 하루이틀 정도는 건강한 식단을 유지하기 힘들 수 있다. 이때 자신을 몰아세우기보다 지지와 격려가 필요하다. 살다 보면 힘든 시기가 찾아오기 마련이다. 개인적인 경험에 따르면 두려움과 불안은 식욕을 억제하기도 한다. 그러니 식욕이 없다면 조금이라도 입맛에 맞는 음식을 찾아 먹도록 노력해 보자. 당장 힘든 시기를 보내고 있어 음식을 먹기가 쉽지 않다면, 먹을 수 있을 때라도 건강한 음식을 먹도록 계속해서 노력해 보자. 되도록 끼니를 거르지 말고 매일 규칙적인 식사로 신체 활동에 필요한 연료를 충분히 공급하자.

건강한 음식을 먹기 위한 쉽고 빠른 요령은 가급적 끼니마다 과일이나 채소를 한 조각이라도 섭취하는 것이다. 이렇게 하면 보건부에서 권장하는 '하루에 5회 분량의 과일 및 채소 섭취'에 도움이 된다. 또한 연구에 따르면 생과일과 채소 섭취는 정신 건강에 좋은 영향을 미친다. 따라서 과일, 채소, 통곡물, 단백질, 오메가-3나 오메가-6 같이 건강한 지방을 많이 함유한 균형 잡힌 식단을 목표로 삼자. 이러한 음식에는 풍부한 비타민과 미네랄, 섬유질이 들어 있다.

음식과 마찬가지로 충분한 수분 섭취도 중요하다. 불안은 소화기관에 영향을 미쳐 소화 속도가 느려지거나 빨라질 수 있다. 그러므로 불안할 때는 쉽게 소화할 수 있는 음식을 섭취하여 몸의 부담을 줄여야 한다. 건강하고 균형 잡힌 식단과 관련하여 구체적인 조언이 필요하다면 질병관리청 국가건강정보포털이나 식품안전나라 사이트를 참고하거나 의사와 상담하자.

3. 운동

운동은 신체와 정신 건강에 상당히 긍정적인 영향을 주는 것으로 널리 알려져 있다. 불안 예방과 전반적인 정신 건강 증진을 불러오는 운동의 효과는 여러 연구를 통해 명확히 입증됐다. 또 운동이 불안장애, 외상 후 스트레스 장애(Post Traumatic Stress Disorder, 이하 PTSD), 공황장애 등 스트레스 관련 질환을 완화한다는 연구 결과도 있다.

이 밖에 운동은 몸의 긴장을 풀고 수면의 질을 높이며, 주의력 향상에 도움을 준다. 그리고 성취감뿐 아니라 기분을 개선하고 혈압도 낮추면서 학습 효율을 증진함으로써 기억력이 향상된다. 그러므로 운동을 조금씩이라도 규칙적으로 하도록 노력하자.

최신식 헬스장에 등록하거나 값비싼 장비를 갖출 필요는 없다. 야외든 실내든 돈을 들이지 않고 운동을 할 방법은 무궁무진하다. 유튜브에서 운동 영상을 찾아 집에서 편하게 운동해도 좋다. 또는 야외에서 걷거나 자전거를 타고, 수영이나 정원 가꾸기, 댄스를 즐겨도 좋다.

그리고 야외 활동에는 유익한 점이 하나 있다. 녹지 공간은 정신 건강에 긍정적인 영향을 미친다. 운동이 신체 및 정신 건강에 유익한 것은 사실이지만, 억지로 하기보다는 즐길 수 있도록 자신이 좋아하는 운동을 찾아보자. 과거에 즐겼던 운동 중에 다시 시작하고 싶은 것이 있는가? 그렇다면 지금 거주하는 지역의 운동 클럽이나 동호회를 알아보면 어떨까?

4. 여가

여가 또한 신체와 정신 건강에 상당히 유익하다. 불안이 일상과 정체성을 통째로 집어삼키도록 내버려둬서는 안 된다. 불안에 사로잡히면 오로지 불안을 중심으로 돌아가는 생활이 수주에서 수개월 동안 밤낮으로 반복될 수 있다. 따라서 불안 외의 다른 정서를 느낄 수 있는 활동에 참여하면 아주 좋다.

평소 즐기는 활동이 있다면 지루한 일상생활을 더 수월하게 처리할 수 있어 스트레스의 압력이 덜해진다. 불안에 시달리면 몸과 마음이 지친다. 이때 여가를 즐기면 피로가 줄고 기운이 생기며 자신감이 차오른다.

여가 활동은 불안장애를 겪을 때 증가하는 스트레스 호르몬인 코르티솔(cortisol) 분비가 감소하는 반면, 세로토닌(serotonin) 분비는 증가한다. 세로토닌은 기분, 수면, 소화, 기억 및 신체 건강을 증진하는 호르몬이다. 이처럼 코르티솔이 감소하고 세로토닌이 증가하면, 정신적 에너지가 늘어나면서 사고력과 기억력이 향상된다. 이러한 혜택은 우리에게 굉장히 유익하며, 불안 극복에도 큰 도움을 준다.

한편 불안장애는 그간 즐기던 취미 활동을 가로막기도 한다. 잠시 시간을 내어 불안에 휩싸인 나머지 그만둔 활동이 있는지 생각해 보자. 목록을 만들고, 그중 하나 이상의 활동을 다시 시작할 방법을 찾아보자. 그리고 일주일에 한 번은 여가 활동에 전념하는 시간을 마련하고, 그 종류를 차츰 늘려 보자. 어떠한 활동이 좋을지 영감을 얻고 싶다면 부록에 제시한 '취미 활동 100선'을 참고하자.

5. 관계

인간관계도 정신 건강에 긍정적인 영향을 미칠 수 있다. 그 대상은 가족이나 친구, 이웃 또는 동료일 수도 있다. 우리는 관계 속에서 즐거운 순간을 경험하고, 어려운 시기에 도움을 받는다. 또한 이야기를 나누며 재미있는 일도 함께 하고, 감정을 살피며 나와 다른 관점과 의견을 나누면서 서로에게 배우기도 한다. 그러니 주변 사람에게 도움을 청해도 괜찮다는 점을 기억하자. 그리고 당신을 아끼고 사랑하는 사람이라도 당신에게 무엇이 필요한지 모르면 도움을 줄 수 없으니, 혼자서 앓지 말고 먼저 다가가자.

연구 결과와 임상 경험에 따르면 불안 문제를 겪는 사람은 자신을 고립시키는 경향이 있다. 고립은 불안을 악화시킨다. 불안에 사로잡히면 참여하는 활동이나 사람과의 교류가 줄어들 수 있다. 이 상황에서는 불안이 활개 치기 딱 좋은 환경이 조성되므로 바람직하지 못하다. 이러한 문제를 예방하려면 자신에게 긍정적인 영향을 주는 사람과의 관계를 유지해야 한다.

연락이 끊겼다면 먼저 연락해서 관계를 회복해 보자. '안녕하세요? 오랜만이네요. 생각이 나서 연락했는데, 잘 지내시죠?'처럼 간단한 메시지로 충분하다. 자기 문제를 주변에 알리는 것이 내키지 않을 때는 사람들과 어울리기를 꺼릴 수 있다. 상대방에게 부담을 주고 싶지 않다거나 또는 부끄러워서, 아니면 상대에게 이해받지 못할까 두려울 수도 있다. 그렇다면 자신이 겪는 문제를 굳이 드러내지 말고, 편안한 주제로 대화하는 편이 좋다. 상대방과 모든 것을 공유해야 한다는 부담감은 내려놓고, 함께 좋은 시간을 보내도록 노력해 보자.

이상의 기본 생활 수칙은 오랜 기간 꾸준히 실천할수록 효과가 나타난다. 이는 단기간에 쉽고 빠르게 문제를 해결하는 방법이라기보다는 불안 극복의 토대가 되는 생활방식을 바꾸는 것에 가깝다. 완벽을 추구하기보다 적당히 잘해 나가는 수준을 목표로 자신에게 맞는 방법을 찾아 습관화하자.

들어가며

현대 사회와 불안

임상심리사로 일하며 목격한 일 가운데 가장 놀라운 점이 하나 있다. 그것은 많은 이들에게 불안을 극복하고 인생을 바꿀 능력이 있다는 점이었다. 그들은 그저 불안을 극복하는 방법을 알기만 하면 되었다. 이것이 바로 이 책의 목적이기도 하다.

독자 가운데 평생을 불안에 시달리며 어려움을 겪어 온 이뿐 아니라 최근 들어 힘든 시간을 보내기 시작한 사람도 있을 것이다. 그런가 하면 갖은 해결책이나 치료법을 시도했음에도 문제를 제대로 해결하지 못한 사람도 있을 것이다. 이에 독자에게 필요한 도움이 바로 이 책에 담겨 있다.

나는 이 책으로 불안을 극복하는 길로 당신을 안내할 것이다. 책의 내용을 통해 나와 함께 진료실에서 불안을 극복하고 삶을 바꾸는, 단순하지만 명확하고도 상세한 전략을 알아 나가는 당신의 모습을 상상해 보자.

불안 경험은 사람마다 다르다. 그렇더라도 임상 현장에서는 불안장애의 유형에 따라 공통된 특징이 나타난다. 따라서 불안 문제를 관리하고 치료하는 방법에는 서로 중첩되는 부분이 있다.

이 책의 프로그램은 불안 극복에 도움이 되는 10가지 필수 요소로 구성된 일련의 치료 과정으로 당신을 안내한다. 책에서 소개하는 전략은 범불안장애, 질병불안장애, 공황장애, 사회불안장애 등 불안장애의 유형과 관계없이 불안을 다루는 최선의 방법을 통해 당신을 스스로 치유하도록 도움을 줄 것이다. 그 전략은 임상 지침에서 도출된 최고의 해결책으로, 과학뿐 아니라 많은 환자를 치료한 나의 임상 경험에서도 검증되었다. 이들 전략을 꾸준히 활용하면서 본문의 10단계 프로그램을 따른다면 불안을 극복하면서 지속적인 변화를 이끌어 낼 수 있다.

저자로서 나에게 불안이라는 주제를 다룰 만한 전문성과 권위가 있으며, 조언을 할 만한 자격이 있는지 의문이 드는 독자를 위해 잠깐 자기소개를 하고자 한다. 나는 옥스퍼드대학교에서 공부한 임상심리학자이다. 영국 북부 출신이지만, 전문 자격을 취득한 뒤에는 옥스퍼드에 20년 이상을 임상심리사로 지내면서 수천 명의 성인 및 아동 환자와 더불어 여러 정신 질환을 겪는 환자도 치료해 왔다.

　나는 임상 현장뿐 아니라 소셜 미디어에서도 여러 팔로워에게 실질적인 조언을 공유하고 있다. 많은 이들이 코로나19 시기에 개설한 내 계정에 놀라운 반응을 보여 주었다. 팔로워들은 내 콘텐츠가 자신을 이해해 주는 듯한 느낌을 받았다고 말하며, 이렇게 불안 문제에 공감할 수 있도록 설명하는 사람은 처음 만난다는 후기를 남겼다. 이에 나는 정신 건강 문제를 제대로 치료받지 못하는 사람들이 많다는 사실을 소셜 미디어 활동으로 확인할 수 있었다.

　불안은 우리가 삶에서 마주하는 여러 단계에 영향을 받는다. 그러나 모두가 변화의 시기에 불안을 경험하는 것은 아니다. 삶의 전환기에 불안을 느끼는 것은 정상이지만, 불안에 짓눌리면서 일상생활에 크나큰 영향을 미친다면 문제가 될 수 있다. 우리의 삶에서 흔히 불안을 유발하는 시기를 다음에 소개하도록 하겠다.

- **사춘기**: 호르몬과 신체 변화에 따라 성인기로 전환하는 과정에서 어려움을 겪는다.
- **대학**: 학업 스트레스와 더 넓은 사회에 적응하는 문제 및 그에 대한 책임이 늘어난다.
- **취업**: 취업 면접, 성과에 대한 압박감, 직업의 불확실성, 직장 내 갈등과 같은 문제 상황을 겪을 수 있다.
- **관계 변화**: 연애의 시작과 결별, 갈등, 이혼이나 별거와 같은 문제 상황이 나타날 수 있다.
- **자녀 양육기**: 처음 부모가 되어 자녀 양육이라는 불확실하고 힘든 과제에 적응하는 시기이다.
- **빈 둥지 증후군**: 자녀의 독립으로 집을 떠나면 부모는 상실감을 느끼며 삶의 목적을 잃어버릴 수 있다.
- **폐경기**: 폐경기 호르몬 변화로 여성의 경우 일부가 감정 기복을 경험하며, 불안에 취약해진다.

- **노화와 은퇴**: 노화 과정과 건강 문제와 더불어 은퇴 이후 전환기에는 정체성과 건강, 재정 안정성에 대한 불안이 나타날 수 있다.
- **중대한 삶의 변화**: 이사, 전직, 사별, 재정적 어려움, 또는 트라우마 경험도 불안 문제를 유발할 수 있다.

이 책을 집필하는 현재, 전 세계적으로 약 2억 8,400만 명이 불안에 시달리고 있다. 이는 알려진 사례만을 집계한 것으로, 절망적이게도 해당 수치는 더 늘어날 것으로 보인다. 전 세계적으로 치료가 필요한 사람은 넘쳐남에도 치료사의 수는 현격히 부족하다.

안타깝게도 불안장애를 겪는 사람 중 85%가 필요한 도움을 받지 못하고 있다. 공공 의료 서비스의 부담 가중으로 대기 시간이 굉장히 길어지면서 사람들은 양질의 치료 서비스를 받지 못한다. 자기 차례가 돌아온다 한들 자신에게 꼭 필요한 도움을 받지 못하는 경우도 많다. 그러므로 이 책을 펴낼 수 있음에 정말 감사하다. 나 역시 힘든 시기를 겪었기에 인생의 어려움을 극복하는 일이 얼마나 힘든지를 잘 알고 있다. 치료비를 감당할 수 없는 사람이 많다는 점 또한 그렇다.

나는 이상의 경험 속에서 임상 기반 치료의 폭을 확대함으로써 이를 자가 치료 목적에도 적용할 필요성을 절실히 느꼈다. 사람들에게 자신을 스스로 치유하는 방법을 알려 주고 싶었다. 자기 주도적 치료는 스트레스를 줄이고 회복력을 높이는 놀라운 힘을 지니고 있어 불안 극복에 이상적인 치료법이다.

그리고 지난 수십 년간 정신 건강 증진을 목적으로 한 '독서 치료'가 여러 정신적 문제를 관리하는 치료법으로 영향력을 발휘해 왔다. 이 흐름에 동참함과 더불어 독자에게 도움을 줄 수 있어 큰 기쁨을 느낀다.

현장에서 만나는 환자와 마찬가지로, 우리의 공동 목표는 불안 문제에서 벗어나는 것이다. 당신은 지금보다 더 나은 상태로 나아가고자 하는 열망으로 이 책을 선택했을 것이며, 나는 전문가로서 당신을 치유의 여정으로 안내하게 되어 영광이다. 이에 나는 당신에게 필요한 전략을 소개하고, 당신에게 편한 속도로 불안 문제를 해결할 수 있도록 지원할 것이다.

물론 치유의 과정에서 때로는 뒷걸음하는 듯한 순간도 있겠지만, 시시때때로 찾아오는 절망감은 오히려 자연스러운 것이다. 그리고 잠깐의 뒷걸음은 회복을 향한 여정에서 누구나 겪을 수 있는 일임을 기억하자. 뒷걸음을 핑계 삼아 불안 극복을 포기하지 말자.

나는 오랫동안 불안에 시달려 온 사람들이 불안에서 완전히 벗어나는 모습을 지켜봐 왔다. 친절과 연민, 열린 마음으로 자신을 대하며 앞으로 계속해서 나아가는 것이 중요하다. 두렵고 나약해지고, 길을 잃은 듯한 생각이 든다면 당신의 마음속에 있는 용기를 떠올리자. 심신이 지친 상황에서도 어려움에 끈질기게 맞서는 당신에게 용기는 분명히 있다. 이 책을 읽고 있다는 사실로 보건대 당신은 자신을 위한 힘과 용기, 의지와 더불어 회복에 대한 믿음도 있다. 정말 대단한 일이지 않은가.

지금껏 너무 오랜 기간 불안에 시달린 나머지 과연 나을 수 있을까 하는 의문이 드는 사람도 있을 것이다. 나는 임상 현장에서 크고 작은 고통에 시달리는 온갖 사람들을 만났다. 나를 만나러 오기까지 몇 주나 몇 달에서 몇 년, 심지어 수십 년 동안 고통받던 사람도 있었다. 이에 당신에게 희망과 용기를 불어넣는 이야기를 들려주고 싶다.

지난 9월, 수십 년간 여행 불안증에 시달려 온 82세 환자가 호전 가능성이 있겠냐며 나를 찾아온 적이 있었다. 나는 그 가능성을 확신했고, 그는 그해 크리스마스에 불안을 극복하고 35년 만에 비행기를 타고 여행을 떠났다! 해당 환자의 이야기는 자신이 감당할 수 있는 단계로 나누어 변화를 차근차근 추구해 나갈 때, 큰 변화를 이룰 수 있음을 보여 주는 수많은 성공 사례 중 하나일 뿐이다. 당신도 이와 같은 변화를 경험할 수 있다.

불안에서 빠르게 회복되는 사례도 있지만, 스스로 회복 기간을 엄격하게 설정하여 불필요한 압박을 주지는 않아야 한다. 사람에 따라 생각과 감정을 처리하는 방식은 모두 다르다. 우리는 저마다 자신만의 길을 찾아 목표를 향해 나아간다. 불안을 극복하려면 기한 설정에 너무 엄격해지지 않는 것도 중요하지만, 불안 극복을 위한 노력에는 끝이 없다는 점도 알고 있어야 한다.

이 책에서 다룰 내용

《불안을 알면 흔들리지 않는다》의 내용은 일정한 형식으로 구성되었다. 책의 구성은 현장에서 환자를 대상으로 진행하는 치료 과정을 반영한다. 나는 그 전략을 자가 치료 목적으로 활용할 수 있도록 수정했다. 이 책에 제시되는 전략을 당신만의 해결책에 적용해 보자. 그러면 불안을 효과적으로 관리하는 데 요긴한 자료가 될 것이다.

이 책의 각 장은 내가 임상 현장에서 활용하는 치료 방식과 동일한 순서를 따른다. 이 책에서 최대한 많은 것을 얻고자 한다면 열린 마음과 유연한 태도가 필요하다. 그리고 다음 장으로 넘어가기 전에 앞 장을 되도록 끝까지 읽어 보자. 책의 앞부분에서 다룬 기본 개념은 뒤에 이어지는 내용을 이해할 든든한 기반이 되어 줄 것이다.

또한 사람마다 처한 상황과 더불어 필요한 전략이 다르다. 따라서 어느 장 또는 과제가 당신의 문제와 크게 관련이 없다는 느낌이 들 수도 있다. 그렇다면 건너뛰어도 좋다. 혹시 그 반대라면 필요에 따라, 특히 불안이 심해지는 시기라면 한 번 더 읽어 보기를 권한다. 그러면 당신에게 가장 도움이 될 내용의 개념과 전략을 강화할 수 있을 것이다. 이 책의 목표는 불안 문제를 개선하는 데 필요한 수단과 전략을 제공하는 것이다. 각 장을 살펴보면서 당신에게 가장 효과적인 방법을 찾고, 각자의 필요에 맞게 활용해 보자.

이 책의 10단계 프로그램은 제1장에서 불안의 근본 원인을 탐색하는 작업부터 시작한다. 이후 제2장에서는 불안을 수용하는 기법에는 무엇이 있는지 샅샅이 파고들 것이다. 이를 통해 수용으로써 불안 극복에 필요한 마음의 여유와 유연성을 갖출 수 있다.

한편 불안에 시달릴 때마다 신경계에서는 스트레스를 받는다. 이 스트레스는 일시적일 수도 있지만, 장기간 지속, 반복되면서 만성으로 치닫기도 한다. 신경계에 만성적인 스트레스가 가해지면 불안이나 공포를 느끼지 않는 상황에서도 신체적 증상이 지속될 수 있다. 만성적인 불안은 물이 새는 수도꼭지처럼 서서히 에너지를 고갈시켜 진이 빠지게 한다.

불안을 느끼지 않는 순간에조차 언제 불안감에 휩싸일지 모른다는 생각에 걱정을 떨치기 어려울 수 있다. 틀지도 않은 수도꼭지에서 물이 새듯, 불안하지 않은 상황에서조차 마음이 불안하고 조급해지는 것이다. 그러면 정신과 감정의 소모로 기력이 소진되면서 무언가에 짓눌리는 듯함을 느낄 것이다.

그러나 물이 새는 수도꼭지를 고쳐 물 낭비를 막듯, 불안을 관리하고 우리의 에너지를 아끼는 방법도 있다. 위에서 소개한 문제를 해결하려면 신체의 이완반응을 유도하는 방법에 관한 앎이 필요하다. 따라서 제3장에서는 우리의 몸을 이완시키는 다양한 전략을 살펴본다.

또한 불안한 생각은 다음과 같이 상황과 관한 여러 유형의 두려움을 내포한다.

- 심각한 질병
- 통제력 상실
- 심장 마비
- 호흡 곤란
- 자신 또는 사랑하는 사람의 죽음
- 공황 발작
- 기절
- 실금이나 배변 조절 실패

이때 마음은 마치 부정적인 결과가 나타날 무한한 가능성에 사로잡힌 듯 보인다. 이와 관련하여 제4장에서는 긴 분량에 걸쳐 불안한 생각을 관리하는 효과적인 전략을 다룬다.

불안은 두려움을 유발하는 대상에 집중하려는 경향이 있다. 그렇기에 두려움을 극복하려면 주의의 폭을 넓히고, 주의를 전환하는 방법이 필요하다. 제5장에서는 주의력 개선에 도움이 되는 전략을 구체적으로 살펴본다. 주의의 폭을 넓히면 불안을 유발하는 생각과 신체 감각의 영향을 누그러뜨릴 수 있다.

감정을 다루는 방식도 불안 문제를 지속시키는 데 일조한다. 불안하면 두려운 생각이 떠오르기 마련이고, 자연스레 견디기 어려울 만큼 극심한 감정적 고통도 뒤따른다. 이렇듯 괴로운 감정은 신체에도 영향을 미친다. 그리고 이를 무언가 잘못됐다는 신호로 해석하면, 불안을 강화하는 반응을 보일 수 있다. 제6장에서는 이상과 같이 괴로움의 근원인 격렬한 감정을 조절하는 방법을 이해함으로써 악순환에서 벗어나도록 한다.

제7장에서는 불안과 밀접한 관련이 있는 불확실성을 다룬다. 불확실성을 견디기 어려워하는 사람은 높은 수준의 불안을 경험할 가능성이 크다. 인생에서 불확실성을 완전히 없애기란 불가능하다. 그러한 시도는 미봉책에 불과하며, 오히려 불확실성을 견디는 힘의 약화를 불러와 오히려 악화시킨다. 이와 달리 불확실성을 받아들이고 견디는 방법을 안다면 불안의 영향력을 누그러뜨릴 수 있다.

회피는 우리가 두려워하는 상황에서 벗어나 안전함을 느낄 수 있기에 불안에 시달리는 사람들이 흔히 사용하는 대처 기제이다. 하지만 회피는 오히려 불안을 키운다. 제8장에서는 회피를 극복하고 각자에게 중요한 활동을 다시 시작하는 과정을 단계별로 안내한다.

이 외에도 외상 경험은 불안 문제를 일으키는 원인이 될 수 있다. 따라서 외상 경험과 불안의 관계를 살피고, 이를 관리하는 효과적인 전략을 모색하는 것이 중요하다. 트라우마를 겪은 사람들은 안전함과 위험을 제대로 평가하지 못할 때가 많다. 그리고 객관적으로 안전하다고 판단되는 상황에서도 높은 불안 수준을 유지하는 경향이 있으며, 잠재적 위험을 지나치게 경계하면서 그에 민감하게 반응하기도 한다. 이처럼 트라우마에 관한 불안을 다스리고, 그 영향으로 과민해진 신경계를 진정시키는 여러 기법을 제9장에서 다루고자 한다.

마지막으로 마음을 사로잡던 불안이 가라앉으면 마음에 여유가 생기면서 긍정적인 경험의 여지가 생긴다. 불안을 이겨 내고 나면 자신에게서 새로운 모습을 발견하거나, 이전에는 하지 못했던 활동을 시작할 수 있다. 따라서 제10장에서는 회복 상태를 유지하고 자신이 좋아하는 활동을 시작하는 방법과 더불어 미래의 스트레스 요인과 걸림돌에 대비하는 전략을 다룬다.

수년간의 임상 경험을 통해 나는 다양한 불안 증상을 보이는 수천 명의 환자를 만났다. 몸과 마음에 나타나는 불안 증상은 저마다 다르다. 이와 같은 다양성에도 불구하고 책을 읽다 보면 불안장애 환자들의 경험과 증상에 공통점이 일관성 있게 나타남을 알게 될 것이다. 이를 인식한다면 자신의 불안을 더 깊이 이해하고 효과적으로 대처하는 방법을 배울 수 있다.

이상으로 나는 불안과 관련된 정보를 독자들이 이해하기 쉽게 전달하려고 노력하였다. 그리고 임상 경험을 통해 접한 실제 환자의 사례를 통해 개념을 설명하고자 하였다. 이 책에서 소개하는 전략은 모두 다음과 같이 연구를 통해 과학적으로 입증된 방법에 토대를 두고 있다.

- **인지행동치료**(Cognitive Behavioral Therapy, CBT)
    각자 어려움을 대하는 방식을 변화시킴으로써 이전과는 다른 방식으로 생각과 행동을 관리하도록 돕는 치료법이다.
- **수용전념치료**(Acceptance and Commitment Therapy, ACT)
    행동 변화에 집중하여 문제에 갇힌 삶에서 벗어나 자신이 바라는 삶을 향해 나아가도록 하는 치료법이다.
- **노출 및 반응방지법**(Exposure and Response Prevention, ERP)
    두려움을 심화시키는 행동을 자제하면서 두려움을 마주하는 방법을 배우는 기법이다.
- **호흡 훈련**(Breathing exercise)
    불안장애 환자에게 나타나는 이상 호흡 증상을 경감하는 효과가 있다.
- **마음챙김 훈련**(Mindfulness-based intervention)
    신체의 이완 반응을 이끌어낸다.

사람들은 나에게 불안 문제를 상담하면서 문제를 해결할 방법을 묻곤 했다. 그때를 떠올리며, 불안 문제를 극복하는 전략을 빠짐없이 제시하고자 하였다.

이제 실천은 당신의 몫이다.

전략뿐 아니라 다양한 과제도 책 전반에 걸쳐 담아냈다. 당신이 진정으로 바라는 목표를 이루고 싶다면 과제 달성에 힘쓰기 바란다. 과제 달성은 성공을 위한 기본 요건이다. 각 과제를 순서대로 진행하다 보면 자신감이 점차 커질 것이다.

과제가 익숙해지면 여러 가지 과제, 그중에서도 특히 자신에게 도움이 되는 것들을 동시에 진행해도 좋다. 과제를 위해 공책 또는 스마트폰이나 PC 노트 앱을 활용하자. 개인적으로 나는 펜으로 공책에 직접 필기하는 것을 선호하지만, 최근에는 검색과 보관이 편리한 디지털 노트를 선호하게 됐다.

또한 불안 극복을 위한 과제 외에도 빠른 해결책이 필요할 때 불안을 관리하는 방법을 빠르게 찾아볼 수 있도록 각 장의 마지막에 불안 관리법을 정리해 두었으니, 필요할 때 찾아보기 바란다. 이미 처리하고 있는 일이 많은 상황에서 일상에 과제를 더하는 것이 부담스럽기도 할 것이다. 하지만 당신의 시간과 에너지가 불안에 얼마나 갉아먹혀 왔는지를 떠올려 보자. 이 책에 제시된 과제는 그에 비하면 소소한 편이며, 과제를 달성함으로써 얻는 혜택에는 그만한 가치가 있다.

이 책을 따라 과제를 수행하는 과정에서 당신은 즐거움과 편안함으로 불안을 영구적으로 관리할 대안을 찾을 수 있다. 그리고 새로운 기법을 연습하다 보면 마음이 한결 가볍고 평온해질 것이다. 그리고 미래의 불안에 대처하면서 불안이 큰 문제가 되지 않도록 예방하는 능력도 갖추게 될 테다. 과제는 연습을 거듭할수록 수월해지고, 이에 따라 더 많은 진전을 이룰 수 있으니 꾸준히 연습해 보자.

당신이 느끼는 불안이 하나의 이야기이며, 당신은 그 이야기의 배우이자 관객이라고 상상해 보자. 실연자인 배우로서의 당신은 상황을 회피하거나 상태를 과도하게 점검하는 등 불안의 지시에 따라 행동한다. 동시에 관객으로서 당신은 그 행동이 이야기에 미치는 영향과 결말을 관찰할 수도 있다.

불안이 써낸 각본을 따라가면 부정적이고 불만족스러운 결과를 얻을 때가 많다. 그러나 당신은 이야기의 배우로서 자신의 역할을 인식하고 행동을 바꾸는 작은 조치로 줄거리를 바꿀 힘을 쥐고 있다. 이 책에 소개한 과제가 바로 그 조치이다. 과제를 꾸준히 실천하면 자신감이 점차 커지면서 좋은 결과를 이끌어 낼 수 있을 것이다.

그러니 불안을 하나의 이야기로 바라보면서 자기 통제력을 되찾고 자신의 인생을 써 내려가는 작가가 되어 보자. 그러면 시간의 흐름 속에서 이야기가 행복한 결말을 향해 나아가는 과정을 지켜볼 수 있다. 그리고 불안을 관리하는 능력의 향상 또한 느낄 것이다.

제1장

불안의 이해

내면의 불안을 극복하려면, 먼저 불안의 개념과 불안을 지속시키는 요인부터 이해해야 한다. 이 부분을 건너뛰고 불안을 극복하는 방법론으로 곧장 넘어가고 싶은 생각이 들 수도 있겠지만, 부디 그런 생각은 접어 두자. 자신의 불안을 이해해야 이 책의 나머지 부분에서 소개할 전략이 효과를 발휘할 수 있기 때문이다.

가령 자동차나 기계를 고친다고 생각해 보자. 그럴 때 우리는 무엇이 문제인지, 그 문제가 시스템 전체에 어떤 영향을 미치는지 이해하기도 전에 무작정 기계를 손보지는 않을 것이다. 마찬가지로 불안에 효과적으로 대처하려면 먼저 나의 불안을 이해하고, 불안이 우리의 몸과 마음이라는 시스템 전체에 미치는 영향을 이해해야 한다.

불안은 그 이해가 깊어질수록 더 쉽고 확실하게 극복할 수 있다. 그렇기에 자신의 불안을 이해하는 첫 단계가 매우 중요하다. 나를 찾아온 환자라면 누구나 이 단계부터 시작한다.

누군가는 스스로 불안에 관한 문제가 있음을 깨닫고 그 사실을 받아들인다. 그런가 하면 자신에게 나타난 신체적 증상이 불안에 따른 것임을 알고 당황하는 사람도 있다. 불안이 신체 증상을 유발한다니, 꽤 당혹스럽지 않은가. 이와 같은 혼란은 불안을 제대로 이해하지 못하는 데서 비롯된다. 일단 불안의 본질을 제대로 이해하면, 불안을 느낀다는 것이 생각보다 논리적인 과정임을 깨닫게 될 것이다.

안개가 자욱한 날, 바위나 부러진 나뭇가지 같은 것들이 널브러진 숲속을 걷는다고 상상해 보자. 가시거리는 불과 1m 정도밖에 안 되는 데다 모든 것이 흐릿하고 가물가물해 보이기까지 한다. 이는 상황에 대한 지식과 이해의 부족과 더불어 불안에 대한 모호하고 불분명한 생각이 장애물처럼 버티고 있는 상태와 같다.

이때 햇살이 안개를 뚫고 들어오면 앞길이 환히 밝아지면서 복잡한 상황이 눈앞에 드러난다. 이렇게 시야가 명확해지면 더듬거리거나 휘청거릴 필요가 전혀 없다. 불안이 작용하는 방식을 알고 이해하는 것도 마찬가지다. 불안이 당신에게 미치는 영향을 이해하면 앞으로 나아갈 길이 훤히 드러나며 문제를 극복하기 쉬워진다. 명확한 지식은 우리가 대처해야 할 문제를 제대로 보도록 도와주고 회복을 향해 나아가도록 이끌어 준다.

지금 당신이 이 책을 읽고 있다는 것은 곧 자신에게 불안과 관련된 문제가 있음을 어느 정도 인정한다는 의미일 것이다. 때때로 자신에게 정말 문제가 있는지 의구심이 들 수도 있겠지만, 불안에는 원래 그러한 성질이 있으니 괜찮다. 불안의 문제는 난데없이 생기지 않으며, 반드시 그만한 이유가 있기 마련이다. 때로는 특정한 사건을 계기로 주변 상황에 관한 생각이나 느낌에서 반응하는 방식까지 바뀌기도 한다.

불안을 깊이 이해할수록 당신의 생각과 감정, 행동이 떼려야 뗄 수 없는 관계로 연결되었음을 깨닫게 될 것이다. 또 뇌의 작동 방식과 그것이 몸과 마음에 미치는 영향도 이해할 것이다. 여기에서 '도대체 내가 왜?'라는 의문이 들었다면, 이 장을 통해 불안의 원인을 살피면서 답을 찾을 수 있을 것이다. 또 내면에서 불안을 유발하는 요인을 알고, 당신만의 요인을 파악하는 법도 배울 수 있을 것이다.

그리고 이 장에서는 불안을 지속시키는 요인도 다룬다. 이와 관련하여 우리가 악순환의 고리에 끝없이 갇히는 이유도 자세히 설명하고자 한다. 그러면 의미 있는 변화를 이끌 수 있도록 불안을 지속시키는 악순환의 고리를 집중적으로 살펴볼 것이다.

자, 그러면 지금부터 시작해 보자.

1. 불안이란 무엇인가?

불안은 감정이며, 정서적이고 심리적이며 신체적인 경험이다. 때때로 우리는 모두 불안을 경험하며, 이는 자연스러운 삶의 일부이다. 불안은 인간의 생존에 필수적인 요소이며, 때에 따라서는 성과를 불러오기도 한다. 그러므로 우리의 능력이 불안에 가로막히기보다 심신의 기능을 개선할 수 있도록 불안을 활용하는 법을 배워야 한다.

불안은 우리의 정상적인 일상생활을 방해할 때 문제가 된다. 그 문제는 범불안장애일 수도 있고 건강염려증이나 공황장애, 사회불안장애일 수도 있다. 다만 이 책에서는 특별히 구분할 필요가 있는 경우를 제외하고, 편의상 불안 또는 불안 기반 문제로 통칭할 것이다.

불안은 즉각적인 위험이나 두려움을 느낄 필요가 없는 상황에서도 계속 나타날 때 문제가 된다. 다시 말해 정당한 사유 없이 두려움을 느끼는 것이 문제라는 것이다. 이에 불안감이 더욱 커지거나, 오래 지속되는 일 외에도 불안해할 필요가 없는 상황에서도 불안이 불쑥불쑥 나타난다면 문제가 심각하다는 뜻이다.

2. 두려움의 회로

두려움을 느끼는 회로는 뇌에서부터 시작되는데, 이 회로는 위험에 즉각적으로 반응하도록 짜여 있다. 두려움은 뇌의 필수적인 기능 중 하나로, 우리가 정신을 바짝 차리고 생존함으로써 건강한 삶을 영위하도록 도와준다. 이처럼 뇌는 위험이 의심되는 상황에 반응하여 우리의 안전과 생존을 보장한다.

불안을 이해하려면, 우리에게 위협이 닥칠 때 뇌에서 벌어지는 일을 알아야 한다. 뇌에는 두려움이 유발한 자극을 처리하는 여러 영역이 있는데, 이를 뇌의 공포 신경망이라고 부른다. 그중에서도 자세히 살펴볼 두 가지 주요 영역이 바로 시상(thalamus)과 편도체(amygdala)다. 간단히 설명하자면 시상은 감각 정보를 받아들이고, 편도체는 공포 반응을 처리한다.

시상은 의식과 각성을 조절하고, 감각 정보와 운동 신호를 전달하는 등 인체에서 중요한 역할을 여럿 담당한다. 시상은 정보를 중계하는 기관과 같다. 시상이 받아들이는 감각 정보는 우리의 오감이 포함되어 있다. 기본적으로 후

각 피질이라는 별도의 영역에 전달되는 냄새를 제외한 모든 감각 정보가 시상으로 전달된다.

시상은 편도체에 정보를 전달하여 반응을 유발한다. 편도체는 두려움이라는 감정을 조절하는 과정에서 핵심적인 역할을 담당한다. 편도체는 두려움이나 불안과 관련된 감정과 기억을 처리한다. 그리고 위협 신호에 매우 민감하게 반응하며, 기억에 정서적 의미를 부여하는 일에 관여한다. 또한 현재 들어오는 정보를 과거의 기억에 비추어 보고, 그와 연합된 기억을 바탕으로 위협적이지 않은 사건을 위협적인 것으로 처리하기도 한다. 이 과정은 무의식적으로 일어난다.

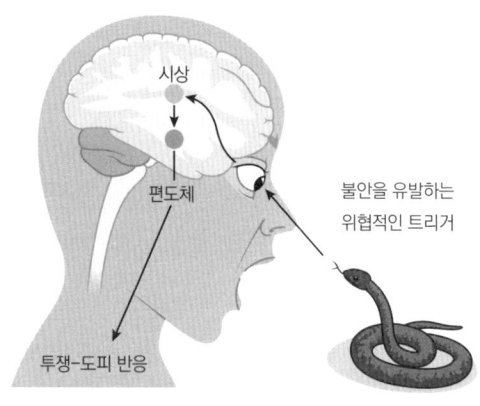

무언가를 위협적으로 인식한 편도체는 스트레스 호르몬의 생산과 분비를 관장하는 여러 경로를 활성화한다. 인체에서 가장 중요한 스트레스 호르몬은 코르티솔이다. 에피네프린(epinephrine)이라고도 불리는 아드레날린(adrenaline) 역시 두려움에 대한 반응으로 몸에서 분비되는 호르몬에 해당한다. 이들 호르몬은 인체에 극적인 변화를 일으키며, 심장과 호흡 및 근육에 영향을 미쳐 경계 태세를 갖추게 한다. 이때 체내의 여러 기관에서는 그야말로 수백 가지 반응이 일어난다.

그 결과로 우리의 신체, 정신, 행동에 변화가 생긴다. 이것이 바로 투쟁-도피 반응이며, 스트레스 반응이나 공포 반응이라고도 불린다. 이 신경생물학적 반응은 우리의 신체와 정신이 맞서 싸우거나 도망치는 등의 조치를 취할 수 있도록 준비시킨다. 뇌는 우리가 실제로 위험에 처했는가의 여부와 상관없이 스트레스 반응을 시작한다. 그렇게 우리의 안전과 생존이라는 임무를 완수하기 위해 위협이 실재하지 않을 때도 반응한다.

투쟁-도피 반응은 두려워하는 대상을 떠올리는 것만으로도 일어날 수 있다. 그렇다면 어떤 생각이나 상황이 스트레스 반응을 유발할까? 때로는 특정 단어를 듣는 것만으로도 공포 반응이 일어난다. 일부 환자의 경우 심장 마비나 암, 구토와 같은 단어를 입 밖에 내지 못하게 하는데, 이들 단어가 불안과 매우 강하게 연합되어있기 때문이다. 이처럼 두려워하는 대상을 회피하려는 마음을 극복하는 것은 불안을 이겨내는 중요한 단계이며, 그 방법은 제8장에서 자세히 다룰 것이다.

공포 영화 역시 실제 위험이나 위협이 존재하지 않는 상황에서 공포 반응을 유발하는 또 다른 좋은 예다. 긴장감 넘치는 장면을 볼 때, 실제로 위험하지 않음에도 손바닥에 땀이 나고 심박수가 올라가며 근육이 긴장된다. 이 강렬한 감각은 당신에게 문제가 있다는 의미가 아니라 그저 당신의 뇌가 선천적으로 그렇게 반응하도록 설계되어 있기에 나타나는 것이다.

공포 영화를 볼 때, 뇌에서 상황을 평가한 결과 위험하지 않다는 사실을 깨달으면 공포 반응을 멈춘다. 하지만 즉각적 공포 반응은 생존에 필수적인 요소다. 위험한 상황에서는 재빨리 행동해야 하기 때문에 생각하면서 머뭇거리거나 갈팡질팡하면 귀중한 시간을 낭비하게 된다. 감지된 위험 상황이 종료되면 스트레스 반응은 해소되고, 신체는 균형의 상태로 되돌아간다.

그러나 불안의 문제로 고통받는 사람은 위협감이 완전히 가라앉지 않고 장기간 지속되는 경험을 한다. 이에 신체가 두려움으로 긴장된 상태를 유지하면서 스트레스 반응이 더 오래 지속된다.

> **투쟁-도피-경직**(Fight-Flight-Freeze)
>
> 투쟁, 도피, 경직 반응은 세 부류의 스트레스 반응이다.
>
> - 투쟁은 필요한 조치를 취하여 위협에 맞서거나 위협을 관리한다.
> - 도피는 위협을 회피하기 위해 상황에서 벗어나거나 도망친다.
> - 경직은 두려움으로 몸이 얼어붙은 듯 마비되어 가만히 주위를 살핀다.
>
> 두려운 상황에 반응하는 방식은 사람마다 다르다. 따라서 몸과 마음에서 나타나는 반응은 천차만별이다. 반응은 상황에 따라 학습된 행동이나 성격, 당시에 떠올린 생각에 따라 달라진다. 이 책에 소개한 전략을 활용한다면, 어떤 반응을 보이더라도 불안한 상황에 조금 더 차분하게 반응할 수 있을 것이다.

3. 감각과 경험

불안은 수백 가지 감각과 경험을 유발하며, 이에 수반되는 신체 감각과 심리적 경험, 행동 변화는 사람마다 다르다. 우선 몸의 변화는 전신에서 경험하는 신체 감각의 형태로 나타난다. 이러한 감각 경험은 꽤 일정하게 지속되거나, 갑자기 나타났다가 사라지기도 한다. 또는 종류를 계속 바꾸며 나타나거나 파도처럼 반복적으로 들이닥치기도 한다. 한편 심리적 변화는 사고방식 및 지각방식과 감정 변화를 말하며, 행동 변화는 우리의 조치와 행동을 말한다.

앞서 살펴본 바와 같이 공포 반응의 목적은 환경에 적응하여 생존하도록 도움을 주는 것이다. 다시 말해 공포 반응으로 나타나는 모든 변화는 잠재적 위협에 적절히 대처하도록 준비함으로써 수행 능력을 증진해야 한다. 따라서 공포 반응이 정상적으로 작동할 때 몸과 마음의 변화는 갑작스럽고 강렬하게 나타난다. 그러나 지속 시간이 짧고 위험이 지나가면 금세 안정을 되찾는다. 하지만 반응이 사라지지 않고 계속된다면 문제가 된다. 이에 위협에 대처하는 능력이 떨어지면서 과도한 스트레스를 받는다.

과도한 스트레스는 공포에 따른 심신의 변화가 계속되면서 불쾌감을 준다. 공포 반응이 너무 오래 지속되면 스트레스에 짓눌려 대처 능력이 떨어진다. 불안은 생각을 부정적으로 몰아세우면서 더 큰 두려움을 느끼게 함으로써 신체 감각을 더욱 뚜렷하게 경험한다. 이처럼 신체 변화와 심리 변화는 서로를 부채질한다. 견디기 어려운 신체적 불편감과 심리적 과부하의 악순환에 갇히는 것이다. 그러다 보면 자신을 침착하게 통제하기가 어렵고, '정신 똑바로 차리자.'라는 다짐은 이내 무용지물로 전락하고 만다.

불안에서 비롯된 여러 신체 감각은 실로 우려스럽지 않을 수 없다. 이에 걱정될 때는 스스로 몸이 스트레스에 반응하는 것일 뿐이라고 다독일 필요가 있다. 이때는 몸이 만성적이거나 높은 수준의 불안에 반응하는 방식을 이해하면 관점을 전환하는 데 도움이 된다.

불안의 대표 증상과 신체 감각을 파악하고 싶다면 부록의 '불안장애의 증상 및 감각'을 참고하자. 이 목록은 불안과 관련된 신체와 심리, 행동의 변화와 함께 내가 임상 경험에서 접한 변화를 거의 모두 포함하고 있다. 목록을 보고 놀라지 않기 바란다. 그중에는 더러 낯설게 느껴지는 감각도 있을 것이다. 그러나 한 사람이 목록에 실린 감각을 모두 경험하거나, 지금껏 겪지 않은 감각을 새롭게 겪을 가능성은 낮다는 점을 기억하자. 한동안 불안 때문에 어려움을 겪어 왔다면 불안에 대한 반응이 어느 정도 굳어졌을 것이다. 그러므로 안심하기 바란다.

이제 첫 번째 과제를 시작해 보자. 과제마다 질문이나 지시에 대한 답을 적어야 하므로, 공책이나 스마트 기기의 노트 앱을 준비하자. 첫 과제는 매우 단순하다.

> **과제 1**
> ✓ **불안은 나에게 어떤 영향을 미치는가?**
>
> 이상으로 우리는 불안이 신체 감각과 더불어 심리 및 행동 변화를 불러일으킨다는 점을 배웠다. 이에 첫 번째 과제는 불안이 세 가지 영역에서 당신에게 어떤 영향을 미치는지 파악하는 것이다. 책 말미에 수록한 대표 증상과 신체 감각 목록을 참고하면 도움이 될 것이다. 여기서는 환자 마고의 증상을 예로 제시했다.
>
> ① **신체 변화**
> 불안할 때 나타나는 신체 반응을 적어 보자. 마고는 두근거림, 호흡 곤란, 열감, 어지러움을 느꼈다.
>
> ② **심리 변화**
> 불안이 당신의 생각과 심리 상태에 어떤 영향을 미치며, 어떠한 생각이 떠오르는가? 마고는 파국적 사고에 빠져 자신에게 최악의 사태가 일어나리라는 생각을 멈추지 못했다. 그녀는 금방이라도 나쁜 일이 생길 것이라고 믿었다.
>
> ③ **행동 변화**
> 불안한 상황을 회피하거나 자신을 안심시켜 줄 사람을 찾는 등 불안할 때 취하는 조치와 행동을 목록화하자. 마고는 혼자 외출하는 상황이나 힘든 활동을 회피하고, 주위 사람들에게 끊임없이 괜찮다는 확인을 받고 싶어 했다.

4. 트리거

이제 불안을 유발하는 트리거(Trigger)에 대해 이야기해 보자. 엄밀히 말하자면 트리거는 불안의 원인과 다르다. 이는 다음 장에서 다루도록 하겠다.

그렇다면 트리거란 무엇일까? 트리거는 불안을 치솟게 하는 '방아쇠', 즉 요인을 말한다. 트리거의 유형은 두 가지가 있다.

- **내부적 트리거**: 내면의 생각이나 감각, 감정, 마음속에 떠오르는 심상이나 과거의 기억 등
- **외부적 트리거**: 외적 상황이나 타인의 말과 행동, 우리가 보고 듣는 것 등

불안에 적절한 조치를 취하려면 일단 자신의 불안 트리거를 파악하고 이해하는 것이 중요하다. 특히 트리거는 불안 문제를 지속시키는 방식으로 작용할 때가 많으므로 확실히 알아 두어야 한다. 트리거의 양상은 개인에 따라 다르지만, 흔히 나타나는 유형은 다음과 같다.

일반적인 불안 유발 트리거	
신체 기반 트리거	· 신체 감각 · 통증 · 갱년기 · 월경 · 임신
건강 관련 트리거	· 병원 환경 · 치료 행위 · 건강 문제(자신 또는 타인)
소셜미디어/뉴스 등 온라인 트리거	· 질병, 부상, 사망과 관련된 뉴스 보도 · 질병, 재난 등 불안감을 조장하는 온라인 자료 · 생명 보험, 유언장 작성, 장례, 공중보건에 관한 광고
대인 관계 트리거	· 혼자 있는 상황 · 타인과 함께 있는 상황 · 갈등이나 학대 · 사별이나 이별 · 부모가 되는 상황
인지적 트리거	· 무서운 생각이나 기억 · 암, 죽음, 질병, 코로나19와 같은 트리거 단어
장소/상황 트리거	· 세균이나 독소에 노출되는 위협적인 상황 · 운전 중 교통 체증, 터널, 다리에 갇힌 상황 · 대중교통, 기차나 비행기 · 혼잡한 장소

> **과제 2**
> ✓ **나의 불안 트리거 파악하기**
>
> 만성 불안은 낮은 강도로 유지되다가 내·외부 트리거를 만나면 강화된다. 이에 불안 트리거를 파악하면 당신이 무엇에 반응하는지 알아차릴 수 있다. 위에 제시된 표에 열거한 트리거를 살펴보고, 표에 제시하지 않은 것도 떠올리면서 자신에게 해당하는 트리거를 적어 보자. 트리거에 따른 반응은 추후 자세하게 살펴볼 것이다.

5. 불안의 요람

사람에 따라 '나는 왜 이렇게 불안할까?'라는 의문이 여러 번 머릿속을 스치는 사람이 있을 것이며, 그 이유를 이미 명확히 이해하고 있는 사람도 있겠다. 반면 자신에게 그러한 일이 왜 일어나는지 감이 잡히지 않는 사람도 있을 것이다.

불안 문제가 발생하는 원인은 다양하다. 근본적으로는 불안한 기질이나 성격적, 심리적 특성의 영향이 있겠다. 또한 과거의 경험으로 마음이 특정한 방식으로 작동한 결과일 수도 있다.

그 외에 가족력 또는 불안장애에 더 취약하게 하는 유년기의 경험 또는 외상 경험 때문일 수도 있다. 상황적 요인도 불안에 영향을 미친다. 과거에 잘 지내던 사람이라도 특정 스트레스 요인이 발생한 뒤부터 안정감과 평정심을 잃고 불안에 빠질 수 있다. 코로나19 같은 상황도 많은 사람에게 이와 같은 스트레스 요인이 되었다.

이처럼 잘 알려진 원인이 몇 가지 있기는 하지만, 여전히 불안의 원인을 정확히 파악하기는 어렵다. 누군가에게는 불안 문제가 뚜렷한 원인 없이 갑자기 생겨나는 것처럼 보이기도 한다. 인생이 굉장히 순조롭게 풀리고 있는 상황에서 불안 증세가 갑자기 나타나 명확한 원인을 찾기 어려운 경우도 있다. 이에 당신에게 불안감을 주는 원인이 무엇이든 이 책에서 소개하는 전략이 도움을 줄 것이다.

지금까지의 경험을 돌이켜보면, 불안의 원인을 파악했을 때 의미 있는 깨달음을 얻을 수 있기는 하다. 다만 실질적인 진전은 다양한 전략을 적용하면서 나타난다. 불안의 원인을 잘 모르겠다면, 원인 찾기에 골몰하기보다는 이 책에서 소개한 전략을 활용하여 일상을 회복하는 일에 집중하기 바란다.

경험적으로 불안의 원인은 대개 여러 범주로 나눌 수 있다. 불안 문제는 단 하나의 요인으로 발생하는 경우는 드물다. 오히려 여러 취약 요인이 상호작용하면서 불안 문제로 이어지는 경우가 많다. 아래에서 불안의 원인을 살펴보도록 하자.

5.1. 기질과 성격

기질과 성격은 주변 상황에 반응하는 방식에 영향을 미친다. 불안한 기질을 타고난 사람은 불편함을 느낄 만한 상황에 민감하게 반응하는 경향이 있다. 이러한 사람은 불편한 상황 앞에 예민해지면서 위축된다. 그러다 보면 자신감이 떨어지고 자신의 대처 능력을 부정적으로 인식할 수 있다. 그러면서 점점 더 많은 상황을 회피하는 방식으로 문제가 악화되기도 한다.

회피는 불안하거나 민감한 기질을 타고난 사람들이 자주 사용하는 대처 방식이다. 회피와 관련한 내용은 제8장에서 더 자세히 살펴볼 것이다. 완벽주의 성향이 있거나 스트레스에 취약한 사람도 불안 문제를 겪을 가능성이 높다. 마찬가지로 주변 환경이나 상황을 통제하려는 욕구가 강한 사람도 불안 문제에 취약하다. [1]

5.2. 부정적인 아동기 경험(Adverse Childhood Experience, ACE)

가족과 양육환경, 어린 시절의 경험도 불안 문제의 발생 가능성을 높이는 요인이 될 수 있다. 그 예는 다음과 같다.

- 불안정한 성장 환경
- 일관성 없는 육아 방식
- 불안정 애착
- 가족 구성원의 정신 건강 문제
- 가족 구성원의 약물 오남용 문제
- 불안하거나 갈등이 심한 가정환경
- 변덕스럽고 위협적으로 행동하는 불안정한 부모나 보호자
- 어린 나이에 너무 무거운 책임을 지운 환경
- 과잉보호
- 문제를 혼자 해결해야 하는 상황
- 가족 구성원의 죽음
- 질병이나 장애

5.3. 외상 경험

아동기, 청소년기, 성인기에 경험한 외상 사건도 불안장애의 원인이 될 수 있다. 외상 경험은 대개 무력감과 불안감을 남기고, 세상이 안전하지 않다는 느낌을 준다. 이에 외상 경험과 같이 두려움을 유발하는 일상 속 상황에 제대로 대처하지 못하도록 한다.

외상 사건은 개인의 신념과 인식, 감정, 반응에 영향을 미친다. 그러나 외상 사건의 규모가 당사자에게 미치는 영향력을 결정하지는 않는다. 임상 현장에서는 큰 외상(Big T)과 작은 외상(small t)을 구분하기는 하지만, 규모에 상관없이 당사자에게 심각한 고통을 유발할 수 있다는 점은 매한가지다.

큰 외상은 트라우마로 널리 인정받는 사건으로, PTSD 진단으로 이어질 수 있는 사건을 말한다. 한편 작은 외상이라도 정신 건강에 상당한 악영향을 준다는 점에서 고통스럽기는 마찬가지이다.

이처럼 외상 사건을 구분하는 목적은 그저 치료 계획 수립에 참고하려는 것뿐이지, 결코 작은 외상 경험의 심각성을 축소하려는 것은 아니다. 여기에서

가장 주목해야 할 점은 외상 사건이 개인에게 남긴 영향이다. PTSD로 이어질 수 있는 큰 외상 사건에는 다음과 같은 것이 있다.

- 사망, 심각한 부상이나 상해가 발생한 상황, 기타 신체상 커다란 위협을 당한 경우
- 타인의 죽음, 심각한 부상이나 상해 등 신체적으로 커다란 위협이 발생한 상황을 목격한 경우
- 생존과 안녕에 커다란 위협이 되는 사건으로 성적 학대, 강력 범죄나 폭력, 질병, 전쟁 및 자연재해를 포함한다.

작은 외상은 일반적으로 생존에 심각한 위협이나 폭행 또는 재난을 수반하지는 않지만, 개인의 삶에 커다란 충격과 고통을 유발하는 사건을 말한다. 이 유형의 외상은 심각한 폭력이나 재난, 사망을 수반하지 않기 때문에 피해자는 그 사건의 영향력을 과소평가하며 간과할 수 있다. 또한 이들 사건이 비교적 흔하게 나타난다고 생각하거나, 이보다 더 나쁜 일이 일어날 수 있음에도 자신이 과잉 반응한다고 생각하며 자괴감을 느끼기도 한다. 따라서 그 사건이 자신에게 얼마나 큰 영향을 미쳤는지 알아차리지 못할 수도 있다.

이유가 무엇이라도 과소평가나 회피 또는 무지로 아픔을 억누르고 참으면 오히려 불안 문제를 악화시켜 더 큰 고통을 당할 수 있다. 작은 외상에는 다음과 같은 경험이 있다.

- 생명을 위협하지 않는 부상
- 생명을 위협하지 않는 질병
- 관계 실패
- 공포스러운 경험
- 이사에 따른 큰 충격
- 실직
- 괴롭힘
- 대인 관계 문제
- 의료 경험
- 유산의 고통
- 재정적 어려움

그 밖에 외상 경험 및 불안 문제에 취약한 직업군도 있다. 연구 논문이나 개인적인 임상 경험에서 목격한 직업군은 다음과 같다. [2]

- 군인 및 전쟁 지역 근무자
- 경찰관
- 의료 및 보건 종사자

5.4. 기타 요인

불안 문제가 모두 외상 경험에서 비롯되는 것은 아니다. 환자 중에는 전 치료사가 자신의 불안을 무턱대고 외상 경험 탓으로 돌렸던 이야기를 한 사람도 있었다. 별다른 외상 경험이 떠오르지 않는데도 치료사가 지레짐작으로 외상 경험을 추정하고, 그 경험을 계속해서 찾으려 들면 환자가 답답함을 느낄 것이다. 그러면 치료 과정도 원활하게 이루어지지 않는다.

환자들은 기억나지 않는 외상 경험을 걱정하며 계속 기억이 떠오르지 않는다고 좌절하기도 한다. 그러나 이 경우는 실제로 외상 경험을 한 적이 없을 수도 있다. 아래에서 외상 경험 외에 불안 문제를 유발하는 요인을 살펴보자.

- 생애 전환기에 불안 증상이 나타날 수 있다. 그 예는 결혼, 육아, 신체 변화나 이직, 내 집 마련 등이 있다.
- 특정 상황이나 앞으로 일어날 일에 불안감을 느끼면, 그 일 또는 그와 유사한 상황에 관한 생각이 끊임없이 떠오를 수 있다. 프레젠테이션 도중 불안감으로 말을 더듬는 실수를 했다면, 이후 비슷한 상황에서 걱정에 사로잡힐 수 있다. 그러면 자신에게 관심이 집중되면서 불안을 유발할 수 있다.
- 과거의 경험도 특정 상황이나 사건, 신체 감각에 대한 반응성에 영향을 미칠 수 있다. 충격적인 사건이나 질병을 경험한 이후 과도한 경계심이 생기거나, 공황 발작을 겪은 뒤부터 신체 감각에 과민해지는 것이 그 예이다. 어린 시절 감정을 억압받거나 비판적인 양육환경에서 어려움을 겪었을 때는 위협적이지 않은 신

체 감각을 위협적으로 해석하는 경향이 생길 수 있다.
- 특정한 사건이 일어난 이후로 확신을 잃고 걱정에 빠지기도 한다. 그 일이 이미 해결되었음에도 과도한 생각과 걱정에 빠져 불안이 지속된다. 불안을 유발하는 상황은 지나갔지만, 불안을 지속시키는 악순환의 고리가 형성된 것이다.
- 건강염려증은 건강에 경미한 문제가 발생한 후에도 나타날 수 있다. 건강에 문제가 생길까 지나치게 염려한 나머지 과하게 대비하는 것이다. 이러한 태도는 언뜻 합리적으로 보이지만, 불안감이 형성된 뒤에도 계속된다면 결국 문제를 일으킨다.
- 때때로 특정 사건을 경험한 뒤로 건강과 죽음, 질병에 대한 신념이 확고해지면서 그것들을 굉장히 조심해야 한다는 신념에 사로잡히는 경우가 있다. 공중보건 캠페인이나 주변에서 들은 이야기 또는 뉴스가 그에 영향을 미칠 수 있다.
- 질병과 관련된 정보를 알고 난 뒤로 그 정보에 집착하면서 건강염려증으로 발전되기도 한다. 여기에서 정보란 공중보건 캠페인, 광고, 주변에서 들은 이야기나 뉴스를 통해 접한 것들을 말한다. 마찬가지로 의료계 종사자도 이들 정보에 영향을 받을 수 있다.
- 가끔 특정한 일을 겪은 이후 불확실성을 견디는 능력이 떨어지면서 모든 일을 확실히 해 두려는 집착이 생기기도 한다. 이처럼 상황이 어떻게 진행될지 확실히 알고자 하는 욕구는 여러 통제 행동을 일으키면서 불안 문제가 빠르게 자리 잡는다.

6. 왜 자발적 수감자가 되려 하는가?

"저는 왜 자꾸만 불안할까요? 어떻게 하면 불안한 마음을 멈출 수 있을까요? 나름대로 최선을 다하고 있는데도 상태가 점점 나빠지는 것 같아요."

이 말에 공감이 가는 사람이 있을 것이다. 불안 문제가 해결되지 않는 주요 원인은 문제에 대응하는 방식이 자기 영속적 순환 고리를 형성하기 때문이다. 여기에는 다음과 같은 것을 포함한다.

- 사고방식
- 주의 집중 방식
- 신체 감각
- 감정적인 문제 해결 방식
- 낮은 스트레스 내성
- 불안할 때 취하는 행동
- 회피 및 불확실성을 견디지 못하는 성향

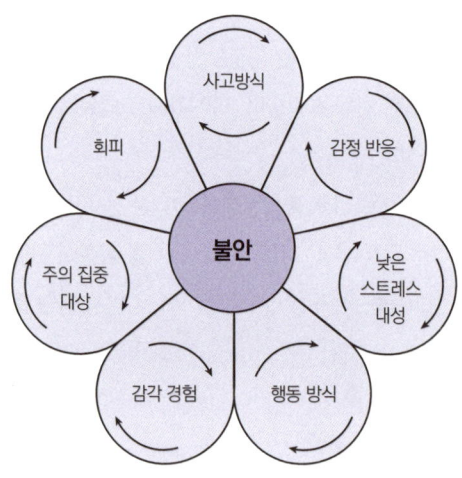

유명인이 인후암에 걸렸다는 뉴스를 접한 뒤 불안감이 엄습하는 상황을 떠올려 보자. 인후암이 무서워지면서 당신도 그렇게 될 수도 있다는 생각에 불안감이 몰려온다. 그리고 목에 주의를 기울여 보니 뭔가 이상한 느낌이 든다. 이 느낌이 인후암의 증상일지도 모른다고 생각한 당신은 목 상태를 확인하고 인터넷 검색을 하며 두려움과 불안을 키운다. 그렇게 두려움과 불안이 심해지면

뭔가 잘못됐다는 믿음을 강화하는 신체 감각을 경험하기 시작한다.

주변 사람들이나 의사가 당신을 안심시킬 때 불안이 일시적으로 가라앉는다. 그렇다가도 목에 다시 이상한 느낌이 들면 순환 고리가 반복되며, 그때마다 불안이 커진다. 이 순환 고리는 각 주기의 결과가 다음 주기의 원인이 되어 불안을 가중시킨다.

스트레스를 가중시키는 패턴에 갇히면 불안의 순환 고리가 돌아가기 시작한다. 이는 스트레스를 지속적으로 관리하기 위한 다양한 대처 행동의 필요성으로까지 이어진다. 이 순환 고리의 작동 원리를 이해하는 일은 불안을 극복하는 중요한 단계다.

순환 고리의 긍정적인 면은 방향 전환을 통해 부정적인 패턴을 유익한 방향으로 전환할 수 있다. 한 방향으로 회전하는 자전거 바퀴를 떠올려 보자. 이에 반대쪽으로 힘을 가한다면 바퀴가 움직이는 방향을 전환할 수 있다. 처음에는 많은 노력이 필요하겠지만, 인내심을 가지고 꾸준히 노력한다면 바퀴는 추진력을 얻으면서 새로운 방향으로 나아간다.

6.1. 사고방식

불안은 사고방식의 영향으로 커지거나 작아지기도 한다. 곧 최악의 사태가 닥치리라는 생각이 들 때, 이를 기정사실로 받아들이면 겁이 날 수밖에 없다. 이때 공포는 신체의 공포 반응을 촉진한다.

공포 반응이 심할수록 명확한 사고가 어려워지며, 의도치 않은 생각과 무서운 이미지가 자꾸만 떠오른다. 이러한 생각은 강렬한 감정 반응과 연합되면서 마음속에서 높은 우선순위를 점한다. 그러면 마음이 그 생각에 반복적으로 주의를 기울이면서 그때마다 두려움이 증폭된다.

불균형한 상황 인식을 부르는 여러 사고방식 역시 불안감을 증폭시킨다. 문제를 과장하고 사고를 왜곡하는 불균형한 생각이 많을수록 현실적인 관점을 유지하기가 어렵다. 그러면 자신도 모르게 생각이 극단으로 치달으며 아래 그림처럼 불안감에 기름을 붓는 악순환의 고리에 갇히고 만다.

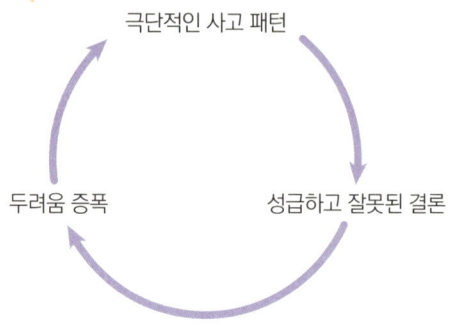

6.1.1. 파국적 사고(Catastrophizing)

파국적 사고는 가장 자주 접하는 사고 패턴이다. 파국적 사고란 최악의 결과를 가정하면서 실현 가능성은 염두에 두지 않은 채 그 결과가 반드시 일어날 것이라고 스스로 확신하는 것이다. 파국적 사고는 '○○하면 어떡하지?'라는 형식의 의문과 부정적인 결과가 포함되곤 한다.

> 예) 비행기가 추락해서 모두 다 죽으면 어떡하지? 아이에게 열이 나는데, 혹시 큰 병이면 어쩌지? 공황 발작 때문에 심장 마비가 오면 어떡하지?

6.1.2. 흑백 사고(All-or-nothing Thinking)

흑백 사고는 극단적이다. 흑백 사고는 100% 안전하고 건강하지 않다면 심장발작으로 죽어가는 중이라는 생각과 같다. 이처럼 흑백 사고를 하는 사람에게 상황은 최고 아니면 최악이다. 즉 중간이 없다는 말이다. '그래, 지금은 힘들지만 다 지나갈 거야.'라는 생각은 좀처럼 하지 않는다.

> 예) 앞으로 난 전혀 나아질 일이 없을 거야. 이 문제는 끝이 없겠지. 불안에서 완전히 벗어나지 못하면 희망은 없어.

6.1.3. 과잉 일반화(Over-generalizing)

과잉 일반화란 한 번 겪은 나쁜 경험이나 상황, 사건이 미래에도 계속 반복될 것이라고 믿는 사고방식이다. 이 사고방식을 지닌 사람은 한 번 경험한 일을 바탕으로 결론을 도출하고, 이를 유사한 사건이나 상황에 적용한다.

예) 한 번 일어난 일은 계속 일어나게 되어 있어. 혼자 외출할 때마다 공황 발작이 오겠지.

6.1.4. 예언자적 사고(Fortune Telling)

당신에게 미래를 볼 수 있는 수정구가 있다고 상상해 보자. 그리고 수정구를 통해 앞으로 더 많은 아픔과 고통이 기다리고 있을 것이라고만 말하는 자신의 모습을 생각해 보자. 이 사고방식에서 당신은 미래의 사건으로 당신 또는 당신이 사랑하는 사람이 부정적인 결과를 겪으리라는 예측을 한다.

예) 나는 요절할 운명이야. 느낌이 오는데, 최후는 정말 끔찍하고 고통스럽겠지. 아픈 사람을 만나면 나도 같은 병에 걸릴 거야.

6.1.5. 독심술적 사고(Mind Reading)

당신과 관련된 타인의 생각과 행동을 항상 부정적으로 가정한다.

예) 저 사람 눈빛이 이상한데, 내 문제를 알아차렸나 봐. 병원 직원의 눈빛이 수상해. 검사 결과가 나쁘다는 걸 이미 알고 있는 것 같아.

6.1.6. 정신적 여과(Mind Filtering)

정신적 여과란 문자 그대로 상황의 긍정적인 측면은 모두 거르고 부정적인 측면에만 집중한다. 즉 머릿속에 저장된 정보에서 안심할 수 있는 사실은 무시한 채 그와 반대되는 사소한 정보에만 매달린다는 것이다. 이와 같은 경향은 상당한 정신적 고통을 유발한다. 긍정적인 측면은 바로 외면해 버리기 때문이다.

예) 의사는 혈액검사 결과가 정상이라고 했는데, 수치 하나가 약간 올라가 있는 걸 보니 병에 걸린 게 분명해.

6.1.7. 낙인 찍기(Labelling)

낙인 찍기란 극단적으로 부정적인 속성 하나만으로 자신을 정의하는 사고방식을 이른다. 이 사고방식에 사로잡힌 사람은 한 가지 속성을 절대화한다는 점에서 '잘못된 낙인 찍기'로 부르는 것이 더 정확할 것이다.

예) 차를 타면 어지러운 걸 보니 실신증이 틀림없어. 지난번에 운전할 때 불안감이 마구 몰려왔으니 운전은 포기해야겠네.

6.1.8. 개인화(Personalizing)

어떤 일을 과도하게 개인적인 차원으로 받아들이면서 일의 원인을 자신의 탓으로 돌린다. 실제로 자신의 능력 밖의 일이나, 그다지 나쁜 일이 아님에도 자신 때문에 나쁜 일이 벌어졌다고 믿는다. 또 상상 속 최악의 사태를 막기 위해 아무것도 하지 않았음에 죄책감을 느끼기도 한다.

예) 아이가 배탈이 난 상황에서 아이에게 더 주의를 기울이지 못한 자신을 탓한다.

6.1.9. 과장(Exaggerating)

인생이 망했다고, 뭘 해도 잘 안 될 거라 말하며, 그러한 일이 언제나 계속되리라는 사고방식이 곧 과장이다. 이 사고방식에 빠진 사람은 그 의미를 부풀리기에 우려된다.

예) 날생선 섭취가 기생충 감염을 일으킬 수 있다는 기사를 보고, 언젠가 초밥을 먹은 적을 떠올리면서 이미 몸속에 기생충이 살고 있다고 생각한다. 이와 같이 과장하면서도 정작 생선의 종류나 취급, 보관 및 조리 방법 등 기생충 감염을 유발하는 중요한 세부사항을 무시한다.

6.1.10. 불안에 대한 긍정적인 믿음

일부 환자는 불안을 느끼는 것이 오히려 다행이라고 말한다. 당신도 그렇게 생각하는가? 이 유형에 속하는 사람들은 불안감 덕분에 정신을 바짝 차리고 만약에 대비할 수 있다고 말한다. 그들은 불안을 혹시 모를 일을 예측하고, 이에 자신과 타인을 보호하는 유용한 전략이자 도구로 여긴다. 하지만 실제로 이러한 사고방식은 삶에 도움이 되기보다는 잇따른 걱정으로 자신감과 대처 능력을 떨어뜨린다.

예) 혈압을 계속 확인하지 않으면 분명히 놓치는 게 있을 거야. 불안을 놓으면 징크스에 걸리면서 최악의 사태가 벌어지겠지. 그러니까 불안을 놓으면 안 돼.

※

'불안에 대한 긍정적인 믿음' 유형을 더 자세히 살펴보자. 이 유형에 속하는 사람들은 자신이 안전하다는 사실을 인정하면 최악의 사태를 불러오는 운명의 여신을 유혹하는 것 같아 불안감을 내려놓기를 주저하기도 한다. 즉 파국을 부르는 징크스에 빠지리라 믿기 때문에 불안을 떨쳐내고 싶지 않은 것이다.

그들은 운명을 시험하고 싶지 않다는 함정 또는 '징크스 만들기'라고 부르는 함정에 빠져 스스로 안전하다고 인정하기를 두려워한다. 즉 불안이야말로 현실과 달리 최악의 사태가 발생하지 않도록 자신을 보호하는 것이라는 긍정적인 믿음 속에 살아가는 것이다. 결과적으로 불안을 내려놓는 두려움이 너무 큰 나머지 한순간이라도 불안을 떨쳐 낸다면 큰일이 난다고 믿는다.

마찬가지로 이성적으로는 건강하다는 사실을 알고 있지만, 암이나 심부전에 걸릴 것을 두려워하는 상황을 가정해 보자. 이에 건강하다는 사실을 받아들이는 순간 최악의 사태가 닥치지는 않을까 두려워 자신의 상태를 스스로 인정하지 않으려 하기도 할 것이다. 이러한 거부감은 불안이 자신만만한 사람에게 벌을 주려고 호시탐탐 노리는 악의 세력이라는 믿음에서 비롯되기도 한다.

사실 징크스를 떠올리는 것 자체가 불안 증상에 속한다. 애초부터 불안에 시달리지 않는다면 자신이 징크스에 걸려 파국적 상황에 처하리라는 생각은 하지도 않았을 것이다. 하지만 안타깝게도 불안에 빠진 사람들은 일반적으로 자기 생각이 옳다고 믿으며, 불안이 시키는 대로 따른다. 그러면서 불안의 순환 고리에 갇혀 악순환을 거듭한다.

6.2. 주의 집중 방식

불안감을 느끼는 상황에서 주의를 집중하는 방식도 불안을 지속시키는 요인이 된다. 불안할 때는 자연스럽게 정신을 바짝 차리면서 주의가 점차 두려움의 대상으로 한정된다. 실제 위험 상황에서 일어날 일이 벌어지는 것이다.

위험 상황에서 우리의 심신은 주변을 살피며 위험 요소에 주의를 기울이도록 한다. 이와 같은 집중은 잠재적 위협의 탐색과 평가, 대처에 도움이 되기 때문이다. 물론 근거 없는 두려움을 느끼는 상황에서 실제적인 위험 요소는 없지만, 의식에서는 위험에 처한 것처럼 주의를 집중시킨다. 이때 주의 범위가 위협적인 대상으로 좁혀지면서 두려움이 치솟기 시작한다.

여기서 위협을 불안이 유발한 신체 감각이라고 생각해 보자. 그러면 주의가 신체 감각으로 좁혀지고, 불안감은 증폭되어 아래와 같은 악순환에 빠진다.

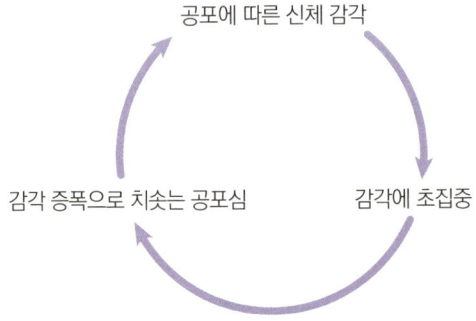

위협은 내부에서뿐 아니라 외부에서도 비롯된다. 내부에서 오는 위협은 불안에 따른 신체 감각인 경우가 많다. 무서운 생각이 들면서 신체 감각이 유발되거나, 그 반대의 사례도 일어날 수 있다. 그렇다면 주의는 내부 과정에 모두 집중된다. 이러한 내부 과정과 주의 집중의 상호작용으로 불안감이 강화되면서 또 다른 불안 주기가 시작된다.

한편 외부적 위협으로는 사건이나 상황, 신체적 자극 등이 있다. 셀 수 없을 정도로 다양한 사례 가운데 몇 가지를 들자면, 밀폐된 공간, 뉴스 기사나 영상,

거미, 구토, 의료 시술과 관련된 상황 등이 있다.

시간이 지나면서 두려워하는 대상을 신경 쓸수록 우리의 주의는 그것에 치우치기 시작한다. 우리의 마음이 그 대상을 위협적으로 판단하기 때문이다. 그렇다면 이유가 대체 무엇일까? 바로 우리가 두려워하는 대상을 해석하고 생각하는 방식과 그 생각에 실린 감정, 그리고 그 '대상'이 무섭다는 과거의 연상 기억 때문이다.

우리의 의식이 두려워하는 대상에 치우쳐 있다면 그것이 유독 눈에 띈다. 대상이 불안에 수반되는 신체 감각이라면, 이를 더 많이 의식하면서 감각을 증폭시킨다. 그러한 신체 감각이 이상하게 느끼면서도, 늘 찾아오기 시작한다. 그리고 감각을 알아차리고 겁을 먹는다면 증상은 나빠지고, 더 큰 불안에 시달린다. 그리고 다시 증상이 크게 악화되는 불안의 악순환이 지속된다.

주의가 집중되면 두려워하는 대상을 사방에서 발견한다. 그러므로 그것이 실제보다 훨씬 많은 듯해 보이기도 한다. 그러나 그 대상은 사실 많아진 것이 아니다. 주의가 그것에 쏠린 탓에 더 많아 보일 뿐이다.

그러면서 우리는 공포의 감정도 그만큼 더 많이 느낀다. 영향도 그만큼 받으면서 두려워하는 대상을 주기적으로 살핀다. 그러면 대상을 알아차리는 빈도가 늘어나면서 불안도 더욱 자주 느낀다. 불안의 악순환이 되풀이되는 것이다.

주의 집중이 불안감을 키우는 또 다른 사례를 살펴보자. 피부에서 멍울을 발견한 뒤로 멍울에 집착하는 상황을 가정해 보자. 이때 머릿속은 이미 파국적 사고로 점철되면서 불안이 만들어 낸 신체 감각을 느끼기 시작한다. 이에 주의력이 온통 멍울에 집중되어 이를 계속 확인하고 매만질수록 통증과 염증으로 고통은 점점 심해진다.

계속되는 걱정과 집착은 감각의 강도를 키운다. 그리고 감각은 다시 멍울을 확인하려는 욕구로 이어지면서 더 큰 통증을 유발한다. 통증이 커지면 몸에 심각한 문제가 있음을 확신하면서 그 감각에 집중하고 반응하는 패턴이 반복된다. 불안의 악순환이 계속되는 형국이다.

관심의 초점을 두려워하는 대상에서 거둬들이기란 쉽지 않은 일이다. 하지만 반드시 해야 할 일이기도 하다. 이에 이 책에서는 불안을 키우지 않도록 주의 집중 방식을 개선하는 방안을 한 장에 걸쳐 다루고자 한다.

6.3. 신체 감각

불안은 여러 불쾌한 감각을 불러일으킨다. 이러한 감각을 문제의 증거로 간주하면 두려움의 악순환에 빠진다. 이처럼 신체 감각과 그에 대한 잘못된 해석은 불안을 키우는 주요인이다.

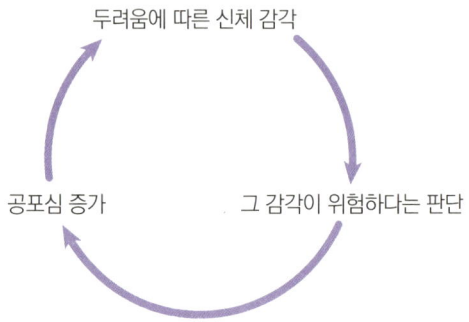

불쾌한 감각은 부정적인 생각도 함께 불러온다. 이러한 감각을 몇 주에서 몇 달 또는 몇 년 동안 경험하다 보면 익숙해지기도 한다. 공기가 부족하고 숨이 차는 듯함을 느낀 이후, 이를 심장 이상의 징후로 해석했다고 하자. 그러면 불안감이 높아지면서 몸이 위협에 반응하는 방식에 따라 감각이 더 강렬해진다.

겁을 먹으면 몸에서는 혈액을 더 빨리 공급하기 위해 더 많은 산소를 요구한다. 감각이 강화될수록 생각도 부정적으로 변해 간다. '숨을 쉴 수가 없어. 숨 막혀 죽을 것 같아. 어지러워. 쓰러지면 어떡하지? 이러다 심장 마비 오는 거 아냐? 아니면 뇌졸중? 나 어떡하지?'라는 생각처럼 말이다.

두려움을 느낄 때, 위와 같이 몸에서 감각을 생성하는 것은 정상적인 반응이다. 하지만 불안 문제를 겪는 이들은 이런 감각을 걱정스러운 문제로 해석하면서 악순환을 불러온다. 이때 강렬함과 크나큰 불쾌감을 경험하면서 그 감각이 다시 찾아올까 두려워하기도 한다.

이처럼 감각 자체에 대한 두려움은 감각 민감도를 높인다. 따라서 그 감각이 다시 일어날 수 있다는 생각만으로도 감각을 활성화할 수 있다. 즉 예상이 불안을 부르고, 불안이 다시 감각을 불러일으키는 것이다.

혈압도 마찬가지다. 불안은 혈압을 높이기 마련인데, 혈압 상승은 우리 몸이 행동 태세를 갖추기 위한 준비 과정의 일환이다. 따라서 평소 혈압 상승을 경계한다면, 두려운 일을 떠올리기만 해도 불안도가 높아지면서 혈압이 상승한다. 그러면 고혈압에서 비롯되는 건강 문제를 지나치게 염려하면서, 결국 고혈압을 강화하는 행동 패턴에 빠지게 된다.

6.4. 감정

감정도 갖가지 방식으로 불안을 지속시킨다. 일단 불안 문제를 겪는 사람들은 느낌을 사실로 받아들이는 경우가 많다. 정서적 고통을 경험하고, 견뎌내려고 애쓴다. 그리고 이러한 고통을 무언가 잘못되었다는 확실한 징후로 받아들인다.

기본적으로 불안은 우리가 느끼는 대로 반응하려는 경향이 있다. 우리는 불안할 때 사실관계를 따지기보다 느낌에 따라 행동한다. 당장 떠오르는 감정을 처리하고 조절하지 않은 채 자신도 모르는 사이에 감정을 불안 문제와 뭉뚱그려 버린다.

예컨대 특정한 신체 감각을 두려워한다고 생각해 보자. 그 감각에 계속해서 주의를 기울이다 보면, 감각이 강해진다. 그리고 그에 반응하는 방식으로 감각이 더욱 강화된다. 이때 그 감각을 느끼면서 틀림없이 무언가 잘못되었다는 믿음이 강해진다. 결국 너무 두려운 나머지 그 믿음은 점차 견고해진다. 이에 '그런 느낌이 드니까 실제로도 그런 거겠지.'라는 감정의 함정에 빠지면서 불안이 지속된다.

이때 두려움을 조절하고 진정시켜야 하지만, 오히려 그 감정을 문제의 징후로 여기거나, 불안을 키우는 방식으로 반응한다. 아무 이유 없이 불안해질 때,

당신도 그 감정을 문제 발생의 신호로 해석한 적이 있을 것이다. 이는 습관적 패턴으로 마음이 울리는 잘못된 감정적 경보라고 할 수 있다.

> **과제 3**
>
> ✓ **잘못된 감정 경보 알아차리기**
>
> 아래 질문을 읽고 공책이나 노트 앱에 답변을 기록해 보자.
>
> - 과거에 경험한 적이 있는가?
> - 언제부터 경험했는가?
> - 얼마나 자주 경험하는가?
> - 지금까지 대략 몇 번쯤 경험했는가?
> - 과거에 경험한 것에서 알아차린 패턴이 있는가?
> - 과거에 경험한 것이 반복적으로 전달하는 메시지는 무엇인가?

또한 감정은 비참한 상태에서 영영 벗어날 수 없다는 절망감을 조성하여 회복을 방해한다. 마치 어떠한 변화나 개선도 불가능하다는 듯이 말이다.

불안에 장기간 시달리다 보면 기분에도 영향을 미쳐 절망감, 슬픔, 좌절감을 느끼기 쉽다. 이들 감정은 우리를 위축시키며, 불안을 극복할 엄두조차 내지 못하게 한다. 이에 불안이 끝없이 계속되리라는 생각에 미래마저 두려워지면서 현재 상황을 견디기 더욱 힘들어진다. 이런 생각을 곱씹을수록 절망의 구렁텅이로 떨어지면서 자신감이 더욱 약해지며, 대처가 어려워진다. 한마디로 자기 영속적 순환 고리에 빠져드는 것이다.

6.5. 낮은 스트레스 내성

그동안 불안에 대한 민감도는 높으면서 스트레스 내성은 낮은 환자를 수도 없이 봐 왔다. 꽤나 까다로운 조합이다. 그들은 불안 경험에 예민하면서 정작 불안을 느낄 때 뒤따르는 결과를 두려워한다. 그러면서도 스트레스를 견디지 못한다. 그렇다면 이는 무엇을 의미할까?

그 말은 곧 순간적인 감정에 휩싸여 미처 생각하기도 전에 반응하면서 도움이 되지 않는 행동을 할 가능성이 높아짐을 의미한다. 또 문제에 더 격하게 반응하기도 한다. 결국 문제가 빨리 사라지기만을 바라면서도 문제에서 비롯되는 감정을 견디지 못해 효과적이지 못한 임시방편에 의존한다.

불안에 효과적으로 대처하려면 마음의 속도를 늦추고 스트레스 내성을 키워야 한다. 그래야 불편한 감정을 피하려고 충동적으로 반응하거나 도움이 되지 않는 해결책에 기대는 일이 줄어들 것이다. 다행히 스트레스를 견디는 법은 감정을 조절하는 연습을 통해 배울 수 있으며, 그 방법은 제6장에서 다룰 것이다.

6.6. 불안에 대처하는 행동

불안에 대처하는 행동 또한 불안 문제의 지속에 일조한다. 이들 행동은 회피에 기반한 것으로, 대부분 특정한 감정이나 사건을 외면하려 든다. 따라서 불안한 심리 상태에서 나타나는 행동 양상은 주로 불쾌한 감정이나 상황 회피에 중점을 둔다.

극도의 불안감을 느끼는 상태는 굉장한 불쾌감을 느낀다. 따라서 당사자로서 당연히 불안감과 두려움을 해소하고 싶을 것이다. 그 의도에 공감은 하지만, 그런 행동은 불안 극복에 도움이 되지 않기에 장기적인 행동 방식을 바꿔야 한다. 불안감에서 비롯되는 행동은 다음과 같다.

- 주위 사람에게 계속 확인을 받으려 한다.
- 의사를 자꾸 찾아가 확인을 받으려 한다.
- 자신에게 문제가 있다고 생각하면서 병원 진료를 피한다.
- 위안, 해답, 확신을 얻으려고 온라인상에서 방대한 양의 자료를 찾아본다.
- 불안감이 느껴지는 신체 부위를 확인한다.
- 의료 장비와 기기를 사용해 몸의 공포 반응을 점검한다.

• 최악의 상황을 막아 준다는 미신을 신봉한다.

불안에서 벗어나려는 마음은 충분히 이해가 간다. 하지만 그 방법에 지나치게 의존하면서 회피에 기반한 행동을 계속 반복하는 것은 문제 해결에 아무 도움이 되지 않으며, 이치에 맞지도 않다. 만약 그 행동에 불안을 해소하는 효과가 있었다면, 같은 행동을 반복할 필요가 없었을 것이다.

문제는 그런 행동이 안도감을 주기 때문에 도움이 된다고 착각한다. 하지만 이는 단기적인 효과일 뿐, 장기적으로는 불안으로 위험한 것과 무해한 것을 가려내는 힘, 즉 사리를 분별하는 능력을 떨어뜨린다. 따라서 그러한 행동을 반복할수록 자신의 판단력을 신뢰하지 못하며, 타인을 믿기도 어려워진다.

> **환자 사례**
> **사라의 확인 행동**
>
> 사라는 스스로 세 번 이상 확인한 일을 남자친구에게 다시 확인해 달라고 부탁한 적이 많았다. 그런데 그 일은 남자친구도 이미 한 번 이상 확인한 것이었다. 그럼에도 남자친구는 사라를 도우려 최선을 다했지만, 확인해 주는 족족 사라는 원점으로 돌아가 버렸다. 그렇게 두 사람의 관계는 우여곡절 끝에 파탄이 나고 말았다.

위안을 얻으려는 행동은 불안 문제를 지속하는 주범이다. 위안은 누구나 받고 싶어 한다. 불안장애가 없다면 이따금 가까운 사람에게 위안을 얻으려는 일은 전혀 문제가 되지 않는다.

하지만 지나치면 역효과가 난다. 위안을 끊임없이 받으려는 행동은 대인 관계에 악영향을 미친다. 효과가 오래 가지 않는 말로 계속해서 안심을 시켜야 하는 상황 앞에서 가족과 친구, 연인은 맥이 빠지면서 좌절감을 느끼기 마련이다. 그런 상태가 대인 관계에 부담으로 작용하면 불안감은 오히려 가중된다.

불안한 사람은 확신을 얻고자 주변 사람들에게 질문을 계속하지만, 답이 없는 질문을 할 때가 많다. 그러다 보니 안타깝게도 사람들은 그 사람이 바라는 확신을 줄 수가 없다. 결국 타인을 통해 확신을 얻으려는 행동은 이룰 수 없는 목표로, 불안을 더욱 지속시킬 뿐이다.

물론 처음에는 그 행동이 불안 관리를 위한 나름 논리적이고 합리적인 해결책이었을 것이다. 그러나 시간이 지나며 해결책이 문제의 일부가 되어 버린다. 불안에 대처하는 최선의 방법이라고 생각했던 길은 의도치 않게 불안을 강화한다. 이 같은 조치는 자신에게 확신과 통제력이 조금이나마 있다는 착각을 불러일으킨다. 이러한 확신은 당장 기분이 좋아지며 효과가 있는 듯해 보이지만, 나중에는 두려움이 더 커지면서 고통을 키운다.

반복을 거듭해야 하는 해결책은 모두 효과도 없으면서 비효율적이기까지 하다는 점을 기억하자. 효과가 있다면 그렇게 자주 반복할 필요가 없다. 이 책을 읽다 보면 기존 방법보다 훨씬 더 좋은 불안 대처법을 깨달을 것이다.

6.7. 회피

회피는 확인 행동을 비롯하여 몇 가지 행동과 관련되어 있다. 회피가 당장의 불안을 즉시 완화하는 해결책이기는 하지만, 장기적으로 불안을 악화시키는 문제를 여럿 일으킨다. 이처럼 회피는 두려운 상황을 피하게 해 준다는 점에서 도움이 되는 것처럼 보인다.

하지만 지금보다 기분이 더 나빠지고 싶은 사람이 누가 있을까. 물론 회피나 도피는 고통에 대한 자연스러운 반응이다. 하지만 어떤 대상이나 상황을 회피할 때, 마음속에서는 자신이 그에 대처할 수 없다는 메시지를 내면화한다. 이에 현실에서도 특정 대상이나 상황을 피하면서 스스로 대처할 수 있다는 사실을 깨달을 기회를 잃는다.

예를 들어 고속도로에서 공황 발작을 겪은 이후로 고속도로 운전을 피하고 있다고 가정해 보자. 그러면 자신에게 고속도로 운전에서 발생 가능한 문제에 대처할 능력이 있다는 점과 자신이 공황 발작을 항상 일으키지는 않으리라는 점을 알지 못한다. 그렇게 자신감을 되찾을 수 있음을 배울 기회는 영영 사라지고 만다.

회피를 위한 또 하나의 방법으로는 안전 추구 행동(safety behavior)이 있다. 안전 추구 행동은 불안을 유발하는 상황에 대처할 때 의지하는 버팀목 같은 역할을 한다. 여기에는 항상 누군가와 동행하거나, 다른 사람 앞에서 발언하지 않기, 아니면 언제나 출구 가까이에 앉는 행동 등이 있다. 외출은 특정인과 함께하거나, 특정 경로로만 이동하기 또는 특정 소지품을 항상 챙겨 다니는 것이 그 예이다.

이상과 같은 준비나 의존 역시 다른 방식으로 두려움과 직면하기를 거부한다는 점에서 일종의 회피로 볼 수 있다. 안전 추구 행동 역시 자신에게 대처 능력이 있다는 사실을 깨달을 기회와 자신감을 앗아간다.

때때로 사람들은 불안에 대처하고자 술과 약물에 의존해 감각을 무디게 한다. 술에는 진정 효과가 있어서 신경계를 안정시킨다. 이에 술을 한두 잔 마시면 마음이 차분해지고 잠시나마 두려움을 잊을 수 있다고 말하는 사람도 있다. 하지만 알코올이 제공하는 일시적인 평온함에 몸과 마음이 익숙해지면 음주의 덫에 빠질 수 있다.

음주의 문제점은 다음날 아침이나 온종일 내내 금단 증상으로 불안감이 증가한다는 점이다. 알코올은 체내 세로토닌의 양을 감소시키는데, 세로토닌은 우리에게 평온함을 주는 신경전달물질이다. 따라서 세로토닌이 줄어들면 불안감을 느끼기 시작한다.

체내 알코올이 사라지면서 기분이 나빠지고 다음 날 '숙취 불안(hangxiety)'이 심해지는 상황을 경험한 적이 있을 것이다. 숙취 불안은 짧게는 수 시간, 길게는 하루 이틀 이어지기도 한다. 이렇게 불안감이 고조된 상태에서는 두려움이 커지고 숙면이 어려워지며, 피로까지 더해지면서 무력감이 몰려온다.

다른 회피 전략과 마찬가지로 술은 불안 대처법을 익힐 때 방해가 된다. 특히 약물이나 알코올의 악순환은 알코올 중독에 빠지는 지름길이다. 술이나 약물 남용이 걱정된다면 의사와 상담하여 도움을 받기 바란다.

| 과제 4 |

✓ 불안에 대한 나의 반응

사고방식, 주의 집중 및 감각 해석 방식과 감정, 회피를 비롯한 행동 방식, 그리고 낮은 스트레스 내성은 모두 불안을 지속시킨다. 이번 과제는 이들 요인이 당신에게 각각 어떤 영향을 미치며, 이에 당신은 불안에 어떻게 반응하는지 돌이켜보기 위한 것이다. 이를 통해 지금 무슨 일이 벌어지고 있고, 그것이 불안 문제를 어떻게 지속시키는가에 관하여 중요한 깨달음을 얻기 바란다.

잠시 자신의 사고방식을 살펴보면서 무엇이 걸림돌로 작용하고 있는가를 생각해 보자. 이번에도 공책이나 노트 앱에 답변을 적어 보자.

- 공포에 수반하는 신체 감각에 집중할수록 그 감각을 더 많이 인식하고, 보다 이상하게 느낀다.   그렇다/아니다
- 몸의 감각에 집중할수록 감각을 더 강하게 느낀다.   그렇다/아니다
- 감각이 강하게 느껴질수록 더 걱정스럽다.   그렇다/아니다
- 감각이 걱정될수록 더욱 신경이 쓰인다.   그렇다/아니다
- 감각에 집중하는 방식으로 악순환에 빠졌음을 알고 있다.   그렇다/아니다
- '내 느낌이 맞아.'라는 감정의 함정에 빠지면서 당신이 느끼는 고통을 뭔가 잘못된 게 확실하다는 증거로 생각한다.   그렇다/아니다
- 불안이 몰려오는 순간 미처 생각할 겨를도 없이 곧바로 반응한다.   그렇다/아니다
- 충동적으로 빠르게 반응하면 도움이 되지 않는 행동에 빠져들면서 불안이 악화된다.   그렇다/아니다
- 문제가 빨리 사라지기를 바라며 문제에 빠르게 반응하지만, 그에 비롯되는 감정을 견딜 수 없다.   그렇다/아니다

이제 당신이 불안을 잠재우기 위해 하는 행동을 나열해 보자. 이러한 행동 전략을 얼마나 오랫동안 활용하였는가를 생각해 보고, 그 전략이 당신의 불안 문제 해결에 효과적이었는가를 돌이켜보자.

불안을 이해하는 지침

① 불안을 극복하려면 먼저 불안을 이해하는 과정이 중요하다. 지금 일어나는 일과 자신의 걸림돌이 무엇인지를 이해하기 전까지는 문제를 해결할 수 없다.

② 마음의 평화를 되찾기 위한 첫걸음으로, 자신의 불안을 이해하고자 노력한다.

③ 불안은 누구나 겪는 정상적인 경험이다. 실제로 위험하지 않은 상황에서도 불안이 지속되거나, 과도하여 불균형한 상태일 때는 문제가 된다.

④ 공포 회로는 뇌에서 시작되며 잠재적 위험을 감지한다. 이 회로는 위협 신호에 굉장히 민감하며, 현재 입력되는 정보를 과거의 기억에 비춰 해석한다. 때때로 위협적이지 않은 사건도 자신이 과거에 만든 기억의 연결 고리에 따라 위협적으로 인식될 수 있다.

⑤ 투쟁, 도피, 경직의 세 가지 스트레스 반응을 이해한다. 투쟁이란 구체적인 행위를 통해 위협에 맞서는 것이며, 도피는 상황에서 벗어나는 것, 경직은 공포로 몸이 얼어붙는 것을 의미한다.

⑥ 불안을 효과적으로 관리하기 위해서는 불안으로 수반되는 심리 및 행동 변화를 이해해야 한다. 이러한 변화를 인식하면 불안을 더욱 잘 관리할 수 있다.

⑦ 불안이 불편하고 두려운 여러 신체 감각을 일으킬 수 있음을 이해한다. 이러한 감각은 스트레스에 몸이 자연스럽게 반응하는 것임을 기억하고, 특히 자신이 경험하는 신체 감각을 인식하는 법을 배운다.

⑧ 즉각적인 위협에 직면하지 않더라도 불안은 낮은 수준이나 중간 수준을 유지할 수 있음을 기억한다. 불안 수준을 높이는 내·외부 트리거를 파악하면 자신의 반응을 더 잘 인지함으로써 불안에 효과적으로 대응할 수 있다.

⑨ 불안한 기질과 성격, 외상 경험, 가족력, 상황 요인 및 생활 스트레스는 모두 불안장애의 원인에 속한다. 때로는 원인을 파악하기 어려운 경우도 있지만, 불안의 원인이 무엇이라도 자신의 불안을 효과적으로 관리하기 위한 전략 찾기에 집중한다.

⑩ 사고방식, 주의 집중 방식, 감각 해석 방식, 감정, 그리고 회피를 비롯한 행동 방식이 모두 불안을 지속시키는 요인임을 이해한다. 낮은 스트레스 내성도 불안 증상을 악화시킨다.

➕ 껌 씹기

껌 씹기는 불안 수준을 낮추는 좋은 방법이 될 수 있다. 껌은 마음의 안정은 물론 인지 기능 향상에도 도움을 준다. 특히 불안한 생각을 잠재울 때도 좋다.

껌을 씹으면 불안으로 생긴 초조한 에너지가 물리적으로 배출되면서 턱과 목구멍, 목덜미의 긴장이 완화된다. 또한 뇌로 가는 혈류량이 증가하여 집중력, 기억력, 회상 능력이 향상된다. 그러니 학생이나 운동선수, 군인이 정신력 향상을 위해 껌을 씹는 것은 당연한 일이다. 껌을 씹겠다면 설탕이나 카페인이 함유되지 않은 껌을 선택하여 불안한 상태에 불필요한 자극을 더하지 않도록 주의한다.

제2장

발상의 전환

이제 불안이 무엇인가를 충분히 이해했을 것이다. 지금부터는 불안에 대처하는 방식을 바꾸는 방법을 살펴보자. 이 장에서는 유연성과 수용을 바탕으로 불안을 관리하는 새로운 기법을 중점적으로 다룬다.

유연성과 수용은 불안 극복에 도움을 주는 여러 기법 중에서도 핵심적인 해결책이다. 이들 기법은 불안에 맞서 불안을 억누르는 대처방법에서 벗어나 불안과 좋은 관계를 맺도록 도와준다. 즉 불안과 동행하는 새로운 기법으로 볼 수 있다. 불안을 있는 그대로, 즉 생각과 감정과 신체 감각의 흐름으로 인식하는 것이다.

대개 불안에 따르는 고통은 불안보다 그에 대한 집착과 저항, 통제 욕구에서 비롯된다. 따라서 불안과의 관계 양상을 바꾸려면 불안뿐 아니라 삶 전반에 대한 접근 방식이 유연해야 하고, 고통스러운 내적 경험을 수용할 줄 알아야 한다.

무릇 같은 행동은 같은 결과를 불러오는 법이다. 처음에는 불안에 대처하는 새로운 방식이 익숙하지 않아 불편하고 어렵게 느낄 법도 하다. 하지만 의지력으로 꾸준히 실천한다면 불안을 극복할 수 있다.

엉킨 실타래를 매번 같은 방식으로만 푼다면 단단한 매듭이 남을 수밖에 없다. 하지만 방법을 바꾸어 다른 각도에서 끈을 당겨 보거나 도구를 활용하면 매듭이 느슨해지며 풀린다. 불안한 생각과 감정 관리도 마찬가지로 새로운 접근 방식을 시도하면 불안의 매듭을 풀고 그토록 바라던 평온함을 누릴 수 있을 것이다.

이번 장을 다 읽고 나면 유연성과 수용의 개념, 불안 대처 기법으로서의 중요성, 활용법은 무엇인지 확실히 깨닫게 될 것이다. 우리는 어느 기법이든 '활용법'에 중점을 두었다. 지식만으로는 부족할 때가 많다. 따라서 지식을 실천에 옮기는 방법을 보여 줄 필요가 있다.

1. 유연성

　유연성은 진전이 없는 방법을 고수하기보다는 열린 마음으로 새로운 관점을 받아들이는 능력이다. 불안감이 일 때, 다양한 대처법이 있음을 인식하고 대처법을 융통성 있게 선택하는 것이 유연성이다. 당장 떠오르는 생각이나 감정에 휘둘리지 않고 자신이 원하는 방향으로 유연하게 나아간다는 의미다. 유연성의 목표는 불안과의 싸움에서 벗어나 성취감과 평온함을 누리는 것이다.
　당신도 불안장애로 고통받는 많은 이들과 마찬가지로 잇따른 좌절과 실패에 지쳐 모두 쓸데없는 짓이라며 도움이 될 만한 조치를 포기하고 삶을 놓아버렸을 수도 있다. 아니면 불안 문제 때문에 아무것도 할 수 없다는 믿음 속에 살기도 할 것이다. 이것이 바로 우리가 버려야 할 융통성 없는 태도다.
　불안에 유연하게 대처하는 일은 평온함을 얻고자 할 때 가장 중요하다. 이 책에서 다룰 여러 기법은 당신이 불안으로 지금껏 고려하지 못했던 대안 행동과 반응을 떠올리도록 돕는다.
　불안에 대처하는 대안적 방법을 고려할 수 있다면 불안에 휘둘려 경직된 반응을 보이지 않고 더욱 유연하게 대처할 수 있다. 우리는 불안할수록 문제 해결에 도움이 되지 않는 방식으로 행동하기 쉽다. 따라서 불안에서 벗어나려면 대안 행동을 찾는 능력을 길러야 한다.
　유연성은 불안에서 비롯되는 힘든 경험을 조금 더 효과적으로 받아들여 대처하고, 유연한 사고로 여러 건설적인 방법을 고려하도록 한다. 유연성은 불안 관리 과정에서 유의미한 변화를 이끌어 내려 할 때 큰 힘이 된다. 불안에 접근하고 대처하는 다양한 방법을 받아들이면 변화는 일어난다.
　유연하지 못한 사람은 자신이 어떻게 행동하고 있으며, 그 행동이 불안을 어떻게 악화시키는가를 제대로 알아차리지 못한다. 이와 달리 유연성을 발휘하면 불안한 생각과 감정에 대한 자신의 반응이 어떤 영향을 미치는가를 더 많이 알 수 있다.

여기에서 우리는 한발 물러서서 힘든 생각과 감정에 어떻게 대처할지 생각한 뒤, 두 가지 중 하나를 선택할 수 있다. 그 선택지는 불안과의 싸움에서 벗어나기와, 그것을 격화시켜 더 많은 고통과 불안을 야기하는 행동을 말한다.

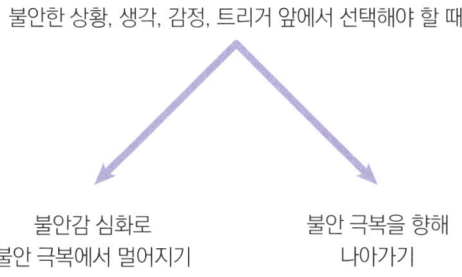

유연성을 기르면 원치 않는 생각과 감정을 비롯한 내적 경험과의 무의미한 싸움을 멈출 수 있다. 무의미한 싸움 속에서 우리는 길을 잃고 옴짝달싹하지 못하면서 문제를 악화시킨다.

불안을 통제하고 관리하기 위한 당신의 행동이 불안 극복에 도움이 되었는가? 내가 상담한 불안장애 환자는 모두 자신에게 도움이 되지 않는 행동을 고수했다. 이는 당시 환자의 상태가 시간이 흐름에 따라 점차 악화되었다는 사실로 증명할 수 있다.

지금껏 시도한 행동이 효과적이었다면 불안 문제는 악화가 아니라 개선되어야 한다. 문제가 점점 더 심각해진다면, 이는 분명 불안 극복에서 멀어지는 행동 방식 탓이다.

환자 사례
소피의 공포스러운 감각

36세인 소피는 아버지의 심장 마비 이후 극심한 공포에 사로잡혔다. 높은 불안 수준으로 소피는 심장을 비롯하여 몸 전체에서 여러 강한 신체 감각을 느꼈다. 소피는 이들 감각에 사로잡혀 심장이 뛰고, 가슴이 두근거리거나 답답하며, 맥박이 불규칙한 느낌을 받곤 했다.

소피는 날마다 오늘이 바로 심장 마비가 오는 날이라 믿었다. 항상 '바로 오늘이야. 느낌이 오는걸. 난 알고 있어.'라고 되뇌었다. 물론 의사에게 진찰을 받은 적도 있었다. 그러나 의사들은 한결같이 소피의 심장에는 아무런 문제가 없으며, 불안한 심리 상태가 문제라고 말했다.

의사의 확인을 받은 후에도 소피는 여전히 갖가지 신체 감각에 휩싸였다. 그녀는 스마트 워치로 자신의 상태를 주기적으로 확인했으며, 산소 수치를 확인하는 장치인 산소포화도 측정기와 혈압계까지 구비했다. 그렇게 소피는 자신의 상태를 확인하기를 멈추지 못했고, 언제 찾아올지도 모를 심장 마비에 대한 염려에서 헤어나지 못했다. 이에 소피는 운동과 외출을 중단했고, 마음이 위축되면서 집 밖으로 나서기 어려워했다.

① 소피의 최종 목표

소피는 의사에게서 심장을 더는 검사할 필요가 없으며, 불안 문제와 관련해 도움을 받아야 한다는 말을 듣고 나를 찾아왔다. 나는 소피에게 다음과 같이 질문했다.

- 최종 목표는 무엇인가?
- 목표 달성을 방해하는 걸림돌은 무엇인가?

소피는 아버지가 심장 마비를 일으키기 전으로 돌아가 불안에 따른 신체 감각을 더 이상 느끼지 않기를 바란다고 답했다. 그렇다면 소피의 발목을 잡는 걸림돌은 무엇일까?

② 정답: 유연성 부족

소피는 다음과 같은 융통성 없는 대처로 원하던 목표를 향해 나아가지 못했다.

- 자신의 생각을 의심하지 않고 맹신했다.
- 자신의 생각과 감정을 기정사실로 취급했다.
- 대안을 고려하지 않았다.
- 확인과 회피, 침잠과 함께 자신에게 의식적으로 집중하는 등 불안을 악화시키는 행동을 했다.
- 현재에 머물지 않고 자꾸 미래에 일어날 최악의 상황을 상상했다.
- 의미 있고 흥미로운 활동을 모두 중단했다.
- 자신에게 불안 문제가 있다는 것을 인정하지 않으면서 불안하지 않기를 바랐다.
- 같은 대처 방식을 고수하다가 오히려 더 힘들어졌음에도 유연하게 바꾸지 못했다.

소피의 치료 계획은 유연성을 발휘하는 기법을 익히고 연습하는 과정에 초점을 두었다. 그중에는 '불안감 감소'라는 목표에 도움을 주는 활동을 신중하게 선택하고, 참여하는 방안도 있었다.

③ 유연한 대처를 위한 소피의 여정
소피가 실천한 방법은 다음과 같다.

- 불안과의 싸움에서 벗어나 평온해지는 것이 최종 목표임을 인식한다.
- 매번 의식적인 선택으로 목표를 향해 나아간다.
- 확인, 회피, 침잠과 같이 불안을 조장하고 문제를 지속시키는 행동은 지양한다.
- 불안 증상이 나타나도 기존 활동을 지속하고 사람들을 만나면서 현재에 머무른다.
- 의미 있고 도움이 되는 활동을 하는 동안에도 힘든 경험을 할 수 있음을 염두에 둔다.

나는 소피에게 융통성 없는 행동을 유연하게 바꾸는 방법과 그 이점을 설명했다.

- **융통성 없는 대처 방식**: '불안해서 아무것도 못 하겠어. 친구랑 산책도 나갈 수가 없어. 머릿속에 불안한 생각만 가득하고 가슴도 쿵쾅거려서 참을 수가 없어. 그냥 집에 있을래.'
- **유연한 대처 방식**: '불안 때문에 끔찍한 감각이 느껴지는 건 사실이야. 가슴이 뜨겁고 꽉 막힌 것 같아. 하지만 전에도 이런 적이 있어서 익숙해. 일단은 친구랑 산책을 가면서 내 기분이 어떻게 변하는지 살펴보자. 어차피 집에 머문다고 불안감이 사라지는 것도 아니니까 차라리 산책을 다녀오는 게 좋겠어.'

두 상황 모두 어느 정도의 고통을 수반하고 있다. 그러나 첫 번째 상황에서는 회피를 선택하여 불안을 악화시키고 고통을 키운다.

반면 두 번째 상황에서는 자신이 힘듦을 강조하지 않고, 있는 그대로 받아들이고 있다. 이를 통해 불안 문제를 악화시키지 않으면서 불안의 악순환에서 효과적으로 벗어난다. 또한 의미 있는 활동에 참여함으로써 불안과의 싸움을 멈춘다. 불안에 지나치게 몰두하는 대신 다른 활동을 하면서 현재에 머무르면 자기에게 집중된 주의를 분산시킬 수 있다. 여기서 두 가지 선택지를 다시 살펴보자.

- 친구와의 산책을 회피하는 대처 방식이 실제 문제 해결에 도움이 되는가? 그렇지 않다. 오히려 자신의 생각과 감정에 더욱 지배당하면서 문제가 악화된다.
- 친구와 함께 산책하는 대처 방식이 실제 문제 해결에 도움이 되는가? 불안 문제는 당분간 지속되겠지만, 지금까지와 다르게 행동함으로써 불안 문제가 미치는 영향력을 줄일 수 있다. 유연하게 행동할수록 불안의 영향에서 벗어날 수 있다.

소피의 사례를 통해 유연성의 효과가 어떻게 발휘되는지 이해했기를 바란다. 유연할수록 자신의 행동을 더 잘 자각하고 의식할 수 있다는 것을 알 것이다.

유연한 사람은 최종 목표를 염두에 두고 목표를 향해 나아간다. 그리고 두려움에 빠져 감정적으로 행동하지 않는다. 감정에 휘둘리면 목표를 향해 결코 나아갈 수 없다.

소피의 사례와 같이 목표를 향해 나아가는 과정이 힘들 수 있음을 받아들이고, 그 과정을 기꺼이 감내해야 한다. 다시 말해서 지금 힘들더라도 도움이 되는 일을 계속해야 한다. 어차피 당장은 쭉 힘들 것이기 때문이다.

유연성을 키우기 위한 첫 단계는 융통성 없는 불안 대처 방식이 자신에게 어떤 영향을 미치는지 깊이 이해하는 것이다. 이를 이해하고 나면 대처법을 유연하게 바꾸려고 노력할 것이다. 일단 간단한 연습부터 해 보자.

과제 5

✓ **나는 유연성이 얼마나 부족한가?**

다음 질문에 답하면서 불안이 융통성 없는 반응을 어떤 식으로 이끌어 내는지 생각해 보자.

- 나는 고통스러운 생각과 감정에 따라 행동하고 선택한다.　　그렇다/아니다
- 나는 불안에 휘둘릴 때가 많다.　　그렇다/아니다
- 돌이켜보면 불안을 관리하려는 시도가 오히려 불안을 키웠다.

　　그렇다/아니다

- 나는 불안에 빠르고 충동적으로 반응하며, 불안이 사라지기를 바라기에 곧바로 조치를 취한다.　　그렇다/아니다

- 나는 일상에서 내리는 작은 결정마저 미래에 일어날 최악의 사태를 염두에 둔다.   그렇다/아니다
- 나는 늘 같은 방식으로 불안에 대처한다.   그렇다/아니다

'그렇다'는 유연성이 부족하다는 잠재적 신호이다. 따라서 그 횟수가 많을수록 유연성이 떨어짐을 의미한다. 비록 위의 진단이 공식적인 것은 아니지만, 검사 결과를 통해 당신이 유연하게 행동하기 위해 어느 정도의 노력이 필요한지 감을 잡을 수는 있다.

[과제 5]에서 유연성이 부족하다는 결과가 나오더라도 걱정하지 말자. 불안 문제를 겪는 사람에게는 흔한 일이다. 유연성이 높다면 애초에 불안을 예방할 수 있어 불안으로 큰 어려움을 겪을 일이 드물다. 해당 과제의 목적은 경직된 행동 패턴에 관심을 기울이고, 그 패턴을 유연하게 바꾸도록 노력하는 것이다.

문제에 완벽하게 대처하는 방법을 타고나는 사람은 없다. 또한 그 방법은 쉽게 배울 수도 없다. 그러므로 이제부터는 경직된 반응을 유연하게 바꾸는 기술을 중점적으로 다룰 것이다.

다음은 불안에 대처하는 경직된 반응과 유연한 반응의 사례를 표로 정리한 것이다. 표에서는 새로운 관점을 받아들여 지금까지와는 다른 행동을 선택할 수 있도록 대안적 접근법을 제시했다. 다음 사례를 살펴보고 자신의 경험을 돌이켜보며, 불안한 상황에서 조금 더 유연하게 대처하려면 어떻게 해야 하는가를 적어 보기 바란다.

경직된 반응	유연한 반응
최종 목표가 무엇이며, 그 과정이 어떠한가를 염두에 두지 않은 채 목표 달성에 도움이 되지 않는 방식으로 반응한다.	불안에서 벗어나겠다는 최종 목표를 적어 놓고, 이를 매일 읽으며 마음에 새긴다. 목표를 적은 종이를 벽에 붙이거나, 매일 알림으로 설정해 둔다.
불안한 상황에서 감정적으로 행동한다. '거절당하는 상황을 떠올리는 것만으로도 괴롭고 속상해. 역시 난 틀렸어.' '틀림없이 나에게 무슨 문제가 있는 거야.'	사람들과 어울리는 자리를 중요하게 생각하다 보니, 그런 상황에서 불편함과 불안감을 느낄 수 있음을 받아들인다. 그러니 당신의 느낌이 반드시 사실이 아님을 기억한다. 자신의 선택에 따라 목표를 향해 나아갈 수도, 멀어질 수도 있음을 염두에 둔다.
불안이 시키는 대로 행동한다. 예를 들어 불안한 생각이 들면 혈압을 다시 확인하기로 한다.	생각은 사실이 아니다. 불안한 생각을 따르면 똑같은 행동을 몇 번이고 반복한다는 점을 기억한다. 따라서 불안이 내린 명령을 따를 필요는 없다. 혈압을 다시 재는 행동이 오히려 더 큰 고통을 불러온다는 것을 이해하며, 혈압을 다시 재지 않기로 한다.
기분 나쁜 생각이나 감정 또는 감각이 떠오를 때, 갑자기 충동적으로 행동한다.	충동적으로 반응하는 대신 충동이 솟구치는 것을 인식하고, 심호흡 또는 현재에 머물기 위한 노력으로 시간을 보낸다. 시간이 흐른 후 자신을 되돌아보고, 충동의 강도가 어떻게 변했는지 살펴본다.
'다 소용없는 짓이야. 효과가 없을 거야. 내가 나아지지 않을 거란 건 내가 잘 알아.'	'나아지기 위해 해야 할 일을 배우고 있어. 이 방향으로 계속 나아가면서 도움이 되는 일을 선택해 보자.'
'오늘 참 안 좋은 일이 일어나겠지. 느낌이 와. 그냥 알 수 있어. 난 이제 끝났어. 빠져나갈 방법은 없어.'	'그건 내 마음이 같은 이야기를 또 반복하는 거야. 나를 의심하게 하는 거라고. 지금 당장은 아무 문제가 없잖아. 난 끝장난 게 아니라 그냥 불안한 것뿐이야. 이미 겁을 먹고 있더라도 이런 이야기를 되뇌면서 두려움에 사로잡히지 말자. 차라리 불안을 다스릴 때 도움이 되는 일을 하자.
'이 무서운 감각에 계속 집중해야 해. 한시도 눈을 떼지 않고 주기적으로 확인해야겠어.'	'이 감각에 집중할수록 두려움에 사로잡혀 문제를 해결할 수 없어. 대신 내게 흥미롭고 몰입할 수 있는 활동으로 주의를 돌리자. 그게 더 도움이 될 거야.'
'이렇게 불안할 때는 운동이나 다른 활동도 할 수 없어. 휴가는커녕 나들이도 불가능해. 어차피 즐겁지도 않을 테니 아무 소용없겠지.'	'집 안이나 밖이나 괴로운 건 매한가지야. 그래도 밖으로 나가면 적어도 불안에 사로잡히거나 불안을 회피하면서 문제를 키우진 않겠지.'

2. 수용

'그저 받아들이면 된다(You just have to accept it).' 또는 '수용이 답이다(Acceptance is key).'라는 문구를 본 적이 있을 것이다. 하지만 모호한 이들 문구는 대체 무슨 뜻이며, 수용은 어떻게 실천할 수 있을까? 이에 수용의 의미와 중요성, 그리고 실천 방법을 지금부터 쉽게 설명하고자 한다.

불안은 마치 불안한 생각과 감정, 감각과 줄다리기를 하는 것과 같다. 우리가 줄의 한쪽 끝을 당기면 그들이 반대쪽을 잡아당긴다. 우리가 줄을 더 많이 당길수록 불안한 생각과 감정, 감각 또한 강해지면서 헤어 나오기 힘든 싸움에 휘말린다.

문제는 불안한 생각과 감정, 감각에 맞설수록 불안은 오히려 강해진다. 이렇게 불안이 거세지는 만큼 줄을 더 세게 잡아당겨야 하므로 줄다리기는 끝이 나지 않는다. 대신 그들의 존재를 받아들이면서 우리의 생각과 감정, 감각에 휘둘리지 않도록 해야 한다. 줄다리기를 하더라도 그것들에 대처하는 능력을 기르는 데 에너지를 집중해야 한다.

수용이란 경험을 의식적으로 인정하고, 있는 그대로 받아들이는 것이다. 수용은 고통스러운 생각과 감정, 감각 그리고 내적 경험을 받아들일 공간을 마련하는 법을 익히도록 도와준다. 즉 그들이 지금 여기 존재하기 때문에 그 공간에 머무르도록 허용하는 것이다.

생각과 감정을 그냥 없앨 수는 없다. 생각과 감정은 그렇게 사라지지 않는다. 부정적인 감정을 없애려는 노력은 언뜻 좋은 생각처럼 보인다. 기분이 늘 나쁜 채로 있고 싶은 사람이 누가 있겠는가? 누구나 불안에서 도망치거나, 숨거나 아니면 불안과 맞서 싸우려 했던 적이 있을 것이다.

그런데 불안과 관련된 생각과 경험을 없애거나 억누르는 것이 극복에 도움이 되었는가? 혹시 그 시도가 실패로 돌아가면서 오히려 불안을 가중시키는 결과로 돌아오지는 않았는가?

불안을 없애려는 시도는 회피의 유형에 속하며, 수용은 회피와 정반대의 개념이다. 회피는 불편한 생각이나 감정, 감각과의 접촉을 거부하는 행위로, 장기적으로 부정적인 결과를 부른다. 불안을 회피하려고 할수록 오히려 불안에 갇히고 만다.

회피는 불안을 강화하는 주범으로, 불안과의 싸움에 사로잡혀 문제를 키운다. 결국 고통을 없애려는 시도가 오히려 고통을 키우는 꼴이다. 그렇게 아무런 진전 없이 불안 문제와 씨름하며 옥신각신하는 상태에 머물게 된다.

이때 해결책은 바로 불안을 받아들이는 것이다. 그렇다고 포기하거나, 패배를 인정하거나 고통을 당연시하라는 말은 아니다. 수용은 현재 겪고 있는 고통을 인정하고, 그 경험을 있는 그대로 받아들이겠다는 의지의 표현이다.

불안을 수용한다고 해서 지금 겪고 있는 상황을 반드시 좋아해야 한다는 말은 아니다. 불안을 수용하려는 의지는 불안을 계속 느끼거나 두려워해도 괜찮다는 의미가 아니다. 오히려 '불안이 여기 있으니 이 불안을 기꺼이 받아들이겠어.'라는 마음가짐에 가깝다. 자신의 감정과 생각을 받아들일 수 있다면 마음속의 줄다리기를 더는 할 필요가 없다.

수용은 우리의 최종 목표 달성에 도움을 주며, 의식적으로 자신의 감정과 생각을 직시하면서 소통을 선택하는 것이다. 이에 수용은 불안과 싸우며 발버둥치는 처지에서 벗어나 열린 마음으로 받아들이는 자세를 만들어 준다.

또한 수용은 유연성을 실천하는 가장 좋은 방법이기도 한다. 수용을 통해 우리는 불안과의 싸움을 극복하는 방향으로 나아가면서 불안을 극복하는 데도 도움이 된다. 이처럼 수용은 치유는 물론 고통을 인정하고 처리하기 위한 공간을 마련하는 데 필요하다.

그러니 불안을 통제하거나 없애려 들지 말고, 그저 경험하면서 그 시간이 지나가기를 기다려 보자. 얼마나 걸릴지는 사람마다 다르겠지만, 상황을 개선하는 데 기나긴 시간이 필요하지는 않을 것이다. 누군가는 몇 주 만에 좋아지겠지만, 다른 이는 몇 달이나 그 이상이 걸리기도 한다. 하지만 중요한 것은 긍정적이고 희망적인 태도를 유지하면서 이 책에서 권장하는 전략을 적극적으로 실천하는 것이다.

> **수용의 핵심 원칙**
>
> ① 수용은 불안을 위한 공간을 마련하고, 불안을 통제하려 들기보다 불안의 존재를 허용하는 법을 배우는 것임을 이해한다.
> ② 불안 또한 인간적인 감정이다. 따라서 불안을 이해하며 친절하고 열린 마음으로 받아들인다.
> ③ 수용이란 끊임없이 불안에 저항하면서 도망치거나 없애기 위해 애쓰는 것이 아니다. 당분간 불안과 함께 살아가야 한다는 사실을 받아들이는 것이다.
> ④ 자신의 신경계가 스트레스에 습관화된 방식으로 반응한다는 사실을 인정한다.
> ⑤ 신경계의 습관화된 반응은 한순간에 바뀌지 않으며, 시간이 흐름에 따라 서서히 변한다는 사실을 인정한다.
> ⑥ 불안을 극복하려고 노력하는 동안에도 불안이 존재하리라는 점을 인정한다.
> ⑦ 불안을 단번에 모두 고치는 특효약은 없다. 하지만 꾸준히 노력하면 고칠 수 있다는 점을 인정한다.
> ⑧ 자신에게 변화를 위해 노력할 능력과 의지가 있다는 사실을 인정한다.

격언은 불안의 존재를 받아들이는 유용한 생각의 길잡이가 되어 준다. 개인적으로 좋아하는 격언은 '갖기 싫어하는 것일수록 오히려 손에 들어온다(If you're not willing have it, you will).'이다. 이 말은 감당하기 어려운 감정이나 내적 경험을 부정하거나, 그에 저항할수록 지속 또는 악화된다는 뜻을 지니고 있다.

우리는 감당하기 어려운 감정과 불편한 내적 경험을 삶의 일부로 받아들여야 한다. 이처럼 감정의 존재를 받아들이고 인정하면 감정을 더 효과적으로 관리할 수 있으며, 감정에 덜 휘둘린다. 감당하기 어려운 경험을 불가피한 현실로 받아들이면 감정과의 진흙탕 싸움에서 벗어나 개선 방법을 찾는 일에 집중할 수 있다.

수용은 또한 감당하기 어려운 감정이라도 피할 수 없으며, 때로는 그 감정이 몰고 오는 불편함을 견디는 것만이 유일한 돌파구임을 받아들이는 것이다. 이 과정에서 감정이 이끄는 대로 행동하지 않는 것이 중요하다. 이렇게 불안에 대처하는 방법을 바꾸면 감정은 곧 지나갈 것이며, 나중에는 그 속도가 더더욱 빨라질 것이다.

> **과제 6**
>
> ✓ **나의 수용 선언문**
>
> 앞서 살펴본 '수용의 핵심 원칙'을 참고하여 나만의 짧은 수용 선언문을 만들어 보자. 글에는 불안을 유발한 트리거, 불안의 원인, 불안으로 두려워하는 대상, 불안에 대한 당신의 느낌을 모두 포함하여 적는다. 그리고 지금까지 효과가 없었던 대처법을 적고, 시간이 지나면 당신의 불안이 점차 나아질 것임을 받아들이자. 다음 예시를 참고하자.
>
> 남자친구와 헤어진 후로 나는 다른 사람이 된 것 같았다. 사는 것도 너무 힘들었다. 불안하고 겁이 날 만도 하다. 예상치 못한 이별로 삶의 궤도를 이탈하게 되었으니, 누구에게나 아픈 상황일 것이다.
>
> 하지만 나는 이 고통스러운 시간을 견딜 것이다. 이 상황에서 내 몸과 마음이 편치 못한 것은 이해할 만한 일이다. 나는 스스로 불안하다는 사실을 인정한다. 그리고 지금은 특정 트리거에 대한 내 몸의 공포 반응과 두려움이 만들어 낸 감각을 받아들이려 한다.
> 신경계가 치유될 때까지는 시간이 필요하며, 스위치를 끄듯 모든 것을 한순간에 사라지게 만들 수 없다는 점도 인정한다. 내가 회복되면서 신경계 또한 평온한 상태로 바뀐다면 그런 감각도 사라질 것임을 알고 있다. 나는 지금의 상황을 모두 받아들인다.
>
> 위 사례는 선언문에 넣을 내용을 다양하게 보여 주기 위해 상당히 길게 작성된 편이다. 분량은 그보다 짧거나 비슷해도, 길어도 상관없으니 아무래도 괜찮다. 그

중에서 강렬한 문장 한두 가지를 메모하거나 외워도 좋다.

선언문을 작성하고 중요한 문장을 정리했다면, 그 문장을 가능한 매일 읽는다. 잘 보이는 곳에 써 붙이거나 시간 간격을 바꿔 스마트폰에 뜨도록 알림을 설정해 보자. 그리고 불안에 휩싸여 막막하거나 어쩔 줄 모르겠다면 그 문장을 다시 읽어 보자. 이는 자기 경험을 열린 마음으로 이해하고 수용하며 자신을 다독이는 연습이 될 것이다. 수용은 충동적으로 반응할 가능성을 줄인다. 그러니 원한다면 하루에 한 번 이상 선언문을 읽도록 하자.

아니면 선언문을 읽는 목소리를 녹음하거나 영상을 녹화한 뒤, 선언문을 읽는 대신 재생해도 좋다. 여러 환자가 이 방법을 선호한다. 이때 당신이 좋아하는 차분한 음악을 배경음악으로 튼다면 더욱 좋다. 스스로 말한 것을 시청하는 과정에는 실제적인 힘이 있다. 한번 시도해 보고 효과가 있는지 살펴보자.

불안을 수용하면서 유연하게 대처하자. 그리고 당신의 관심사나 대인 관계, 일, 개인적 성장 등 의미 있는 목표 추구에 전념하자.

불안에 휩싸일 때도 당신에게 의미 있는 활동을 계속하는 것이 중요하다. 그러한 일을 하지 않으면 시간이 지나면서 고통이 계속되거나 더욱 거세진다는 점을 기억하자. 더 나빠지지 않더라도 아무런 진전 없이 불안한 상태에 갇힌 상태가 계속 이어질 것이다.

물론 초기에는 의미나 가치가 있는 일에 적극적으로 참여하기에는 큰 노력이 필요할 것이다. 그럼에도 노력한다면, 적어도 불안을 키우고 상태를 악화시키는 방향으로 나아가지는 않을 것이다.

3. 마음의 소리

수용과 유연성의 원칙을 이해하는 일은 필수적이지만, 관련 지식만으로는 충분하지 않을 때가 있다. 이제부터는 그 원칙이 효과를 발휘하지 않을 때의 대처법을 살펴보겠다. 불안을 수용하고 유연하게 대처하고자 적극적으로 노력함에도 마음속에 여전히 괴로운 심상과 시나리오가 떠오를 때는 어떻게 해야 할까?

불안에 휩싸였을 때, 불안이 우리에게 속삭이는 말을 믿는다면 경험을 수용하기가 어려워진다. 그 경험을 수용하지 못하면, 불안이 이끄는 대로 반응하므로 유연한 대처가 힘들다. 이러한 상황에서는 불안한 경험에서 자신을 분리함으로써 지나친 동일시를 피하여 불안의 절대화를 막는 기법을 활용해 보자. 이 기법은 분산하기(Diffusing), 거리두기(Distancing), 분리하기(Detaching)에 토대를 두고 있다. 이를 통해 내면의 목소리가 곧 자신이 아님을 인식할 수 있다.

마음은 우리에게 다양한 이야기를 한다. 그중에는 다른 것보다 자주 등장하는 이야기가 있다. 이 이야기는 비판적이고 부정확하여 우리를 잘못된 길로 이끌기도 한다. 이때 우리는 그 목소리에서 우리를 분리해 내야 한다.

우리의 내면은 경험을 이해하도록 도움을 주지만, 때로는 신뢰할 수 없는 그릇된 이야기로 불안감을 조성한다. 내면의 이야기는 주관적인 경우가 많아 객관성이 떨어질 수 있음을 기억해야 한다.

내면의 이야기는 우리가 지나치게 집착하는 가장 사적이면서 문제투성이일 때가 많다. 특히 이들 이야기는 마음속에 수없이 반복되면서 마치 우리 정체성의 일부처럼 느끼기도 한다. 당신에게도 그런 이야기가 있는가? 그렇다면 자신의 일부처럼 느낄 정도로 머릿속에 맴돌던 이야기는 무엇인가?

우리 마음은 과거의 경험과 불안에 대한 과도한 집중, 감정적 반응 또는 습관적 성향 등 다양한 이유로 이야기를 반복한다. 이에 어떤 이유에서든 내면의 이야기가 마음의 정상적인 기능이라는 사실을 받아들이자. 생각의 내용보다는 생각과의 관계가 문제를 일으킬 때가 많기 때문이다.

'마음에 감사하고 이야기에 이름 붙이기'는 견디기 힘든 내적 경험과 거리를 둘 때 유용한 분산 기법이다. 분산은 괴로운 내적 경험에서 자신을 분리하는 심리적 과정이다. 여기에는 견디기 힘든 내적 경험에 사로잡혀 통제당하지 않고, 그 경험을 있는 그대로 인식하는 과정을 포함한다. 나를 힘들게 만드는 이야기에 이름을 붙이고 정체를 알아차림으로써 그 이야기의 신빙성을 떨어트리는 효과도 있다.

분산하기는 자신이 겪는 어려움을 완전히 억누르거나 밀어내지 않는다는 점에서 분리하기와는 다르다. 대신 분산하기는 내적 경험과의 관계를 조금 더 유연하게 만드는 데 중점을 둔다. 분산하기는 현재에 집중하도록 도와주며, 심리적 유연성을 높이고 원하는 결과를 위해 더욱 효과적으로 행동하도록 한다.

> **과제 7**
> ✓ **마음에 감사하고 이야기에 이름 붙이기**
>
> 마음이 우리에게 불안한 이야기를 들려주면서 그 이야기에 관심을 기울이라고 종용할 때 아래 단계를 따른다.
>
> 먼저 우리의 마음에게 제 역할을 해 주어 고맙다고 인사한다. 그리고 당장 들리는 이야기에 다음과 같이 이름을 붙인다.
>
> "네 의견을 들려줘서 고마워, 마음아. 이건 '또 기절할 예정' 이야기네."
>
> 나는 환자들에게 되도록 소리 내어 말하도록 권하지만, 공공장소에 있다면 마음속으로 말해도 괜찮다. 물론 글로 옮겨 적어도 좋다. 그러면 마음속에서 반복되는 이야기 패턴을 쉽게 알 수 있다.
>
> 불안한 이야기들이 더 많이 떠오른다면, 그것이 마음의 산물임을 인정하고, 마음의 역할에 감사하도록 하자. 그리고 마음이 전하는 이야기에 이름을 붙이고, 자연스럽게 지나가도록 하자. 이야기가 머릿속을 맴돌 때는 가만히 내버려 둔 채 당신이 원하는 활동에 집중한다. 다음은 마음의 이야기 사례다.
>
> - 아, 또 '아플 예정' 이야기네.
> - 이건 '너에게 문제가 있음' 이야기야.
> - 그건 '모두 널 안 좋게 보고 있음' 이야기야.
> - '심장 마비가 올 예정' 이야기가 또 나왔네.

이 장에서 다룬 기법을 활용하면 불안 문제에 유연하게 대처함으로써 고통을 줄일 수 있다. 불안에 휩싸여 마음속의 이야기를 믿는다면 불안의 경험을 수용하기가 어려워진다. 하지만 이상에서 다룬 전략을 활용할 때 불안한 생각과 거리를 두고, 그 생각이 당신을 정의하지 않음을 깨달을 수 있다.

앞으로 나아가려면 유연성과 수용을 꾸준히 실천하는 것이 중요하다. 처음에는 어려워 보여도 계속해 보자. 불안이라는 익숙한 함정에 빠져버린 자신을 발견한다면, 수용과 유연성의 관점에서 다른 접근법은 없었을지 돌이켜보자. 그리고 그 경험에서 교훈을 얻고 다시 시도하자.

이상의 과정을 매일 반복하면 불안을 수용하는 능력이 커진다. 그리고 당신이 불안에 대처하는 방법을 보다 유연하게 바꾸는 과정에 익숙해질 것이다.

불안에 접근하는 방식 바꾸기

① 자신의 생각과 감정을 판단하거나 사실로 여기지 않고, 수용을 통해 유연하게 대처하는 능력을 키운다. 한 걸음 물러서서 있는 그대로 바라보면 더 나은 관점을 획득함으로써 더 많은 정보를 바탕으로 대처법을 결정할 수 있다.

② 불안을 자연스럽고 정상적인 경험으로 받아들인다. 불안의 수용은 불안 증상을 심화시키는 내적 갈등과 저항을 줄인다.

③ 불안에 유연하고 개방적인 자세로 접근하여 불안과의 관계 및 불안에 대처하는 방식을 유연하게 바꾼다. 유연성을 발휘하면 효과적인 대처법을 개발할 수 있으며, 불안에서 비롯되는 어려움을 더 쉽게 극복할 수 있다.

④ 불안을 통제하거나 회피하려는 욕구를 최대한 내려놓는다. 이에 대한 노력은 무엇이라도 그만두도록 실천한다.

⑤ 대처를 위한 특정 행동은 오히려 불안을 강화한다. 단기적인 안도감을 위한 행동에 의존하기보다는 장기적인 전략 개발에 시간과 에너지를 투자하여 지속가능한 불안 관리법을 배우자.

⑥ 불안에 대처하는 방법으로 회피를 선택하지 않도록 주의한다. 회피는 고통스러

운 경험과의 접점을 줄이거나 없애는 방식으로, 단기적으로는 불안을 완화할 수 있다. 그러나 장기적으로는 오히려 불안을 강화하고 지속시킨다.

⑦ 불안으로 인한 감각에 자신이 어떻게 반응하는지, 그리고 그 반응이 불안이나 삶 전반에 어떤 영향을 미치는지 살펴본다. 그러면 그 반응이 도움이 되는지 방해가 되는지 명확히 보인다.

⑧ 불안한 순간에도 자신에게 좋은 영향을 미치는 활동은 피하지 말고 참여한다.

⑨ 궁극적으로 바라는 목표가 무엇인지, 그리고 목표 달성에 방해가 되는 걸림돌이 무엇인지 계속 인식한다.

⑩ 불안한 순간에도 삶에 가치를 더하는 활동에 계속 참여한다. 그래도 불안은 지속되겠지만, 의미 있는 활동에 집중하면 불안이 삶에 미치는 영향을 줄일 수 있다.

✚ 라벤더 향기 요법

라벤더에는 놀라운 효능이 있다. 라벤더는 향 자체도 훌륭하지만, 불안 감소와 긴장 완화에도 효과적이다. 라벤더의 불안 감소 효능은 여러 연구에서 입증되었다. 그 중 한 연구에서는 무작위 통제 실험을 통해 라벤더 오일 캡슐이 범불안장애 환자의 불안 증상을 감소시킨다는 것을 밝혔다.

열다섯 차례에 달하는 무작위 통제 실험을 분석한 또 다른 연구에서는 라벤더 향기 요법(Aroma Therapy)이 통계적으로 유의미하게 불안 수준을 낮추는 효과를 보였다. 한편 또 다른 연구에서는 라벤더 오일의 향기를 10분만 들이마셔도 불안도가 크게 감소하는 것으로 나타났다.

글을 읽으면서 라벤더가 우리 기분에 어떤 영향을 미치는지 살펴보고 싶지 않은가? 라벤더 향은 디퓨저, 에센셜 오일 마사지 또는 숙면을 위해 베개에 뿌리는 방법으로 활용할 수 있다.

제3장
스트레스와 신경계

스트레스를 받은 신경계는 먹구름이 잔뜩 낀 하늘에 번개와 폭풍우가 몰아치는 날씨와 같다. 스트레스 수준이 높아지면 먹구름은 점점 짙어지고, 번개는 사납게 내리친다. 이 폭풍우를 잠재우려면, 자신을 구름을 뚫고 들어와 서서히 밝게 빛나며 먹구름을 걷어 내는 한 줄기 햇살이라고 생각해야 한다. 이 장과 다음 장에서 소개하는 전략을 활용하면 누구나 그렇게 할 수 있다. 내면의 빛을 끌어내는 작업에 집중하다 보면 폭풍우가 가라앉고 하늘이 맑아지면서 날씨가 다시 화창해질 것이다.

스트레스를 받은 신경계를 안정시키면 불안이 계속될 때 자주 일어나는 스트레스 반응을 줄일 수 있다. 불편한 상황에서 유발되는 불안은 생리와 감정뿐 아니라 사고와 인식, 그리고 행동까지 변화시킨다. 이 장에서는 생리적 스트레스와 그에 대처하는 방법을 중점적으로 다룬다.

생리적 스트레스는 안전과 건강이 위협받는다고 느낄 때 발생한다. 그러면 투쟁-도피 반응에 관여하는 스트레스 호르몬인 아드레날린과 코르티솔이 분비된다. 이 과정은 복잡하지만, 매우 자연스러운 우리 몸의 경보 시스템이다.

불안장애의 종류와 상관없이 두려운 상황을 마주할 때면 아드레날린이 치솟는다. 이때 두려운 상황은 과거에 공황 발작의 원인에 해당하는 상황이며, 사회불안장애라면 특정한 사회적 상황이 된다. 건강염려증 환자는 질병에 관한 뉴스를 통해 생리적 스트레스를 경험한다.

그렇다면 이제부터 아드레날린과 코르티솔의 기능을 자세히 살펴보겠다. 그리고 이들 호르몬이 유발한 스트레스를 관리하는 네 가지 기법을 소개하도록 하겠다.

1. 아드레날린

아드레날린은 우리 몸이 실제 또는 인지된 위협에 반응할 때 중추적인 역할을 담당하며, 스트레스 반응이 유발되면 거의 즉각적으로 분비된다. 그러면 신체 기능이 강화되면서 활력 수준이 높아져 필요한 조치를 취할 수 있다. 이는 유사시를 대비해 신경계에 내장된 기능이다. 이러한 인체의 놀라움이 참 다행스럽지 않은가?

문제는 그 기능이 대개 필요하지 않다는 점이다. 물론 번지점프처럼 아찔한 활동이라면 아드레날린이 도움을 준다. 그러나 근거 없는 위협을 통한 아드레날린의 지속적인 분비는 우리에게 도움이 되지 않는다.

이상과 같이 아드레날린이 치솟으면 몸에 여러 변화가 일어난다. 그중 몇 가지는 불안장애를 겪는 환자에게 문제를 일으킨다. 여기에는 심박수 증가, 대근육으로의 혈류 재배열, 산소 요구량 증가, 호흡 및 시야 변화, 동공 확장, 통각 감소가 있다.

부상을 당한 지 한참이 지나서야 통증을 느꼈다는 사람의 이야기를 들어본 적이 있을 것이다. 이 흥미로운 현상은 체내 스트레스 반응으로 일어난다. 아드레날린은 일시적으로 통각수용기(Nociceptor)를 둔화시켜 우리로 하여금 신속한 행동으로 안전을 확보하도록 도와준다.

그 예로 교통사고로 다리가 골절된 한 환자의 사례를 살펴보자. 사고 당시 그는 아드레날린 덕분에 차에서 내려 다른 사람들이 안전한 장소로 이동하도록 돕고, 현장을 벗어나기까지 아무런 고통을 느끼지 못했다. 그러나 안전한 장소에 도착하자 아드레날린 분비가 줄면서 갑자기 극심한 통증을 느꼈다.

아드레날린 분비에 따른 신체 변화는 보통 스트레스 요인이 사라지면 진정되지만, 때로는 몇 시간 동안 지속되기도 한다. 인체에서는 불안감이 높거나 위험을 감지할 때 아드레날린을 분비한다.

아드레날린이 솟구치면 여러 신체 반응이 일어난다. 이에 이상하고 불편한 느낌에 무슨 일이 일어나고 있는지 의문이 들면서 더 큰 공포에 사로잡힐 수 있다. 그러면 에너지가 지나치게 치솟고 두려운 생각이 더 많이 들면서 불안해진다. 그러다 보면 다시 아드레날린이 치솟으며 스트레스가 지속되는 악순환에 빠진다.

스트레스를 받아 불안한 상태가 오랫동안 이어지면, 아드레날린 수치는 계속해서 높은 상태를 유지한다. 그러면 여러 가지 문제가 생긴다. 스트레스로 신체 감각이 지속되면서 고통과 불안을 가중시키고, 두려운 생각이 꼬리에 꼬리를 물면서 불안의 자기 영속적 순환 고리에 갇힌다. 이 감각은 지속적인 가슴 두근거림이나 안면 홍조, 때로는 저림이나 따끔거림으로 나타날 수 있다.

아드레날린이 스트레스와 불안에 대한 반응으로 몸에서 분비되는 물질이라는 점을 고려할 때, 이러한 자기 영속적 순환 고리에서 벗어나려면 전반적인 불안과 스트레스 수준을 낮춰야 한다. 그러려면 우리 몸이 겪고 있는 생리적 스트레스의 영향을 줄이기 위해 이완 상태를 유도하는 활동을 꾸준히 해 나가야 한다.

이상으로 몸을 이완하고 스트레스를 줄이는 기법을 시도하면, 스트레스가 몸에 미치는 영향을 줄이고 균형을 되찾을 수 있다. 그 방법은 나중에 살펴보기로 하고, 먼저 코르티솔을 살펴보기로 하겠다.

2. 코르티솔

코르티솔은 다양한 신체 작용을 조절하여 스트레스 대응에 중점적인 역할을 담당한다. 코르티솔에는 여러 긍정적인 효과가 있어 아드레날린처럼 생존을 위해 꼭 필요하다. 코르티솔은 혈당을 조절하고 염증을 억제한다.

일반적으로 코르티솔 수치는 아침에 최고조에 달하여 각성 수준을 높이고 하루 동안 서서히 감소하여 우리 몸이 휴식을 취할 수 있도록 돕는다. 스트레스 반응이 건강하게 유지될 때 코르티솔은 빠른 조치가 필요한 상황에서 분비되고 스트레스 요인이 해결되면 줄어든다.

> **아침에 일어날 때 불안도가 높아지는 이유는?**
>
> 아침에 깰 때쯤 우리 몸에서는 자연스럽게 '코르티솔 각성 반응(Cortisol Awakening Response, CAR)'이 일어나면서 코르티솔 수치가 높아진다. 그러면 뇌에도 각성이 일어나면서 다가올 하루를 살아내기 위해 다시 활성화된다.
>
> 하지만 코르티솔이 증가할수록 불안도 또한 높아진다. 이때 카페인을 섭취하면 코르티솔 수치가 더욱 상승하면서 불안감이 가중된다. 특히 불안에 시달리는 시기에는 코르티솔 수치가 평소보다 높은데, 여기에 코르티솔 각성 반응이 더해져 불안감이 커지는 것이다.

코르티솔은 또한 감정적 사건에 대한 기억을 강화하여 학습 및 기억 형성에 중요한 역할을 담당한다. 불안했던 상황을 떠올리면 코르티솔 수치가 급등하면서 그때마다 기억이 공고화된다. 그 이유는 미래에 유사한 상황을 회피함으로써 생존하기 위함이다. 이러한 과정에 따라 공황 발작이 일어나거나, 때로 극심한 불안과 공포를 느꼈던 기억에 격하게 반응하기도 한다.

코르티솔의 역할은 우리의 두려운 기억이 사라지지 않고, 오히려 기억을 떠올릴 때마다 강화되는 이유를 설명한다. 하지만 두려운 기억을 회상하는 단계에서 반응을 달리한다면 기억의 공고화(memory consolidation)를 방지할 수 있다. 이에 이 책에서는 당신이 그러한 기억 앞에서 이전과 다르게 반응하도록 돕는 기법을 소개하겠다.

과도한 불안으로 코르티솔 수치가 높은 상태를 유지하는 동안은 이 호르몬의 유용한 기능이 빛을 잃는다. 하지만 코르티솔은 필요하지 않은 상황에서도 분비된다. 코르티솔이 분비되는 양과 시간이 늘어날수록 만성 불안 증상에 속하는 불편한 신체 감각을 유발한다.

코르티솔 반응은 스트레스를 받는 상황에서 필요할 때 작용했다가 스트레스가 사라지면 멈추는 것이 가장 좋다. 생리적 스트레스가 장기간 과도하게 유지되면 코르티솔 역시 기능 장애가 지속된다. 이는 불안장애가 오랫동안 이어지는 데 중요한 역할을 한다.

불안 문제가 생기면 스트레스 반응이 더 오래 활성화된다. 이후에는 그러한 반응이 더 빠르게 재활성화되는 경향이 나타난다. 결과적으로 작은 스트레스라도 격렬한 반응을 유발할 수 있다.

비유하자면 실제로 불이 나지 않았는데도 화재경보가 울리는 상황과 비슷하다. 집에 설치된 화재경보기가 화재 위험을 경고하려는 목적으로 만들어진 것처럼, 불안은 인체가 우리에게 위험을 경고하는 방식이다. 불안은 우리 몸의 경보 시스템이다.

때로는 경보 시스템에 결함이 생기면, 실제로 위험하지 않은 상황에도 경보가 울리기도 한다. 그러면 그저 소파에 앉아 있기만 하는, 전적으로 안전한 상황에서도 몸이 투쟁-도피 반응으로 전환된다. 그렇게 심장이 뛰고 손바닥에 땀이 나면서 이제 끝이라는 생각이 들 것이다.

우리는 그러한 신호에 반응하는 방식에 따라 불안 수준을 크게 낮출 수 있다. 앞으로 소개할 기법을 활용하면 불안에 수반되는 신체 반응을 조절하는 방법을 배울 것이다. 이를 통해 인체의 경보 오류에서 비롯되는 불필요한 투쟁-도피 반응을 줄일 수 있다.

코르티솔과 아드레날린이 필요한 상황에서 제 역할을 하는 것은 분명 좋은 일이다. 다만 스트레스 반응을 끊고 몸이 평소의 편안한 상태로 돌아가는 법을 배우는 것도 그만큼 중요하다.

그러나 오랫동안 불안에 시달려 왔다면 스트레스 반응을 도대체 어떻게 관리하는지 의문이 들 수 있다. 하지만 스트레스 반응은 충분히 관리할 수 있다. 이에 이 장에서는 신경계를 진정시키는 매우 효과적인 전략을 소개한다. 이 전략을 꾸준히 실천한다면 스트레스 반응에서 평온함을 되찾을 수 있을 것이다.

3. 눈덩이 효과

불안은 처음에 작지만, 시간이 지나며 점점 크게 불어나는 눈덩이와 같다. 그렇다고 해서 처음으로 불안을 유발한 사건이 사소하다는 뜻은 아니다. 그보다는 불안이 자리 잡을 때 처음에는 생각과 감정에, 그다음에는 행동에 특정한 방식으로 영향을 미치기 시작하면서 눈덩이가 점차 불어나듯 영향력도 커진다는 뜻이다. 이 눈덩이는 커질수록 신경계와 인체에 더 큰 스트레스를 가한다.

불안은 언덕을 굴러 내려가는 눈덩이처럼 점점 더 크고 무겁고 강력해진다. 불안에서 벗어나려 해도 불안은 눈덩이처럼 불어나 우리 몸에 더 큰 스트레스를 준다. 불안을 효과적으로 공략하기 위해서는 다양한 각도로 불안에 접근하면서 그 영향력을 점차 줄여 가는 것이다. 지속적이고 꾸준한 노력으로 불안의 눈덩이를 서서히 해체하여 앞으로 문제를 더 일으키지 않도록 해야 한다.

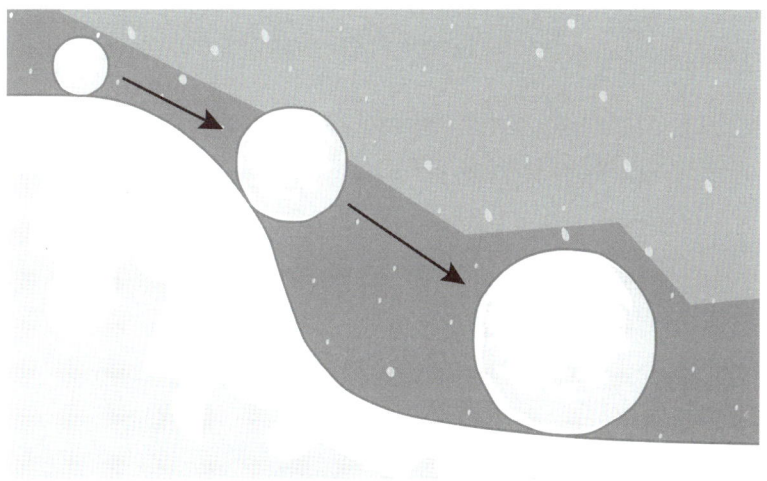

눈덩이 효과는 심리학계에서 잘 알려진 비유로, 하나의 상황이 추진력을 얻고, 영향력이 점차 커지면서 눈에 띄는 영향을 미치는 과정을 생생하게 보여 준다. 여기에서는 눈덩이 효과를 통해 불안이 커지고 지속되는 과정에서 여러

요인이 어떻게 작용하는지를 소개하고자 한다.

우리가 반드시 알아야 할 것은 바로 불안 및 스트레스 수준을 전반적으로 최소화하여 아드레날린과 코르티솔의 분비량을 줄이는 방법이다. 두 호르몬은 우리가 스트레스를 받는 상황에서 분비된다는 점에서 스트레스 요인을 적극적으로 관리하고 줄이는 것이 가장 효과적이다.

환자 마크의 사례를 통해 생리적 스트레스가 신경계에 누적되고 고착되는 과정을 살펴보도록 하자. 그리고 구체적으로 스트레스 요인을 관리하는 방법을 알아보자.

환자 사례
마크의 발한 및 안면 홍조 증상

마크는 안면 홍조와 손바닥에 나는 땀을 최악의 불안 증상으로 꼽았다. 그는 이들 증상을 없애는 데 골몰하면서 그와 직접 연관된 요법만을 원했다. 마크는 손바닥에서 땀이 나지 않게 하려고 비싼 크림을 사서 하루에 여러 차례 발랐지만, 안타깝게도 땀은 계속 났다.

그 성가신 증상은 스트레스 호르몬이 얼굴의 모세혈관을 확장시켰기 때문이다. 따라서 혈관이 눈에 더 잘 띄고, 화끈거리는 느낌과 더불어 얼굴이 상기된다. 이에 나는 마크에게 그 증상은 높은 사회적 불안도, 지나친 자의식, 끊임없는 자기 비하, 타인 앞에서 이야기하는 상황에 대한 극도의 두려움, 높은 수준으로 지속되는 생리적 스트레스로 일어난다고 설명했다.

마크가 사회적 불안을 극복하기 위해서는 먼저 아드레날린과 코르티솔 수치를 낮추어야 한다. 그다음 신체가 이완된 상태에서 머무는 시간을 늘려 스트레스를 줄인다. 그렇게 나는 사고방식을 바꾸는 등 불안을 줄이기 위한 다른 작업을 해 나가야 했다.

우리는 마크의 발자취를 따라 스트레스를 효과적으로 관리하고 조절하기 위한 다양한 전략을 살펴볼 것이다. 목표는 스트레스 호르몬 수치를 가능한 한 낮추는 것이다.

4. 신경계 진정 기법

이제 신체의 생리적 스트레스를 줄이고 신경계를 진정시키는 네 가지 기법을 살펴보자. 네 기법 모두 당신에게 잘 맞을 수도 있지만, 그중 한 방법이 다른 것보다 더 효과적일 수도 있다. 그러니 자신에게 잘 맞는 방법을 불안 관리법에 추가해 보자. 꾸준한 실천이 무엇보다 중요하다.

그중 일부는 별다를 것 없다는 느낌이 들 수 있겠지만, 이 기법은 꾸준히 실천해야만 효과가 나타난다. 연습 목표는 생리적 스트레스를 줄이고 몸의 이완 반응을 반복적으로 활성화하여 신경계를 진정시키는 것이다.

> **환자 사례**
> **클로이의 호흡법**
>
> 몇 해 전, 나는 클로이에게 호흡 요법을 처방했다. 그다음 진료에서 클로이는 호흡 훈련이 별 효과가 없었다고 말하며, 전에도 비슷한 것을 시도했지만, 자신에게는 잘 맞지 않았다고 덧붙였다.
>
> 물론 그럴 수도 있다고 생각한다. 하지만 나는 클로이에게 호흡법을 얼마나 자주, 며칠 동안 실천했는지 물었다. 클로이는 어쩌다 한 번씩 일주일 정도 했다고 답했다. 이에 나는 매일 4~6회, 최소 30일간 실시한 뒤에 횟수를 줄여야 한다고 얘기하자, 클로이는 놀라워했다.
>
> 물론 호흡법을 그 정도로 많이 해야 할까 하는 의문이 들 수 있다. 하지만 당시 만성 불안에 시달리는 클로이의 상황을 고려하면 조금 더 집중적으로 수행할 필요가 있었다.
>
> 이후 진료에서 클로이는 몸과 마음이 이완되며, 생리적 스트레스도 줄어드는 효과를 분명히 체감할 수 있었다. 그리고 나머지 치료 과정 동안 불안에 조금 더 차분하게 대응할 수 있었다. 클로이는 생리적 스트레스에 대응하는 몇 가지 기법을 익히고 나서부터 불안감이 엄습할 때 자신을 효과적으로 진정시킬 수 있었다.

사람이 스스로 몸과 마음의 긴장을 풀고 편안한 상태로 만들 수 있을 것이라는 생각은 수천 년 동안 존재해 왔다. 그러나 이러한 요법이 불안장애로 고통받는 사람에게 미치는 영향력은 과소평가되어 왔다.

요법을 어쩌다 한 번만 시도하고서 스트레스를 받은 신경계가 금세 진정되기를 바라는 것은 비현실적이다. 효과는 꾸준히 연습할 때 나타난다. 호흡법의 효과를 검증한 연구 결과는 정말이지 놀랍다. [3]

호흡법을 통해 몸이 깊은 이완 상태에 도달하면 스트레스에 대한 정서적, 신체적 반응이 달라진다. 깊은 이완 상태에서는 엔도르핀이 분비되어 불안과 스트레스가 줄어든다. 또한 심박수와 호흡이 개선되면서 전반적으로 건강이 증진된다.

이완 요법을 꾸준히 실시하면 생리적 스트레스와 불안이 현저하게 줄고, 수면의 질과 기분이 개선되는 등 수많은 장점이 따른다. 물론 불안에서 빨리 벗어나고 싶어 한다면 여러 이완 기법을 익히는 데 많은 시간을 쏟는 일이 탐탁지 않을 수 있다. 하지만 단순한 요법이라도 올바른 방법으로 꾸준히 연습하면 장기적으로 상당히 유익하다는 점을 기억하자.

여기서 소개하는 기법을 주기적으로 실천하도록 노력하자. 클로이의 사례를 통해 불안이 이제껏 당신의 삶에 얼마나 큰 영향을 미쳤는지 돌이켜보자. 그리고 몸과 마음에 유익한 훈련에 시간을 투자하도록 한다. 매일 시간을 조금씩 투자한다면 분명 신경계를 진정시키고 생리적 스트레스를 완화하는 효과를 볼 것이다. 매번 모든 요법을 실천할 필요는 없다. 하지만 당신에게 가장 잘 맞는 요법을 파악하기 위해 모두 시도해 보자.

물론 한 번만 시도한다면 효과를 가늠할 수 없다. 시간을 들여 여러 번 실천하면서 그 영향을 제대로 평가해야 한다. 자신에게 맞는 요법을 찾았다면, 그 효과를 극대화하기 위해 규칙적으로 연습하자.

다만 요법에 대한 반응은 사람에 따라 다르다. 그러므로 나는 늘 환자에 맞추어 요법을 처방한다. 거동이 불편하거나 건강에 문제가 있다면, 여기서 소개한 기법을 연습하기 전에 의사와 상담하기 바란다.

4.1. 호흡법

규칙적인 호흡은 아드레날린 분비를 줄이고 신경계를 진정시킴으로써 불안 증상을 개선하는 효과가 있다. 연구에 따르면 제대로 된 호흡은 코르티솔 수치가 전반적으로 낮아지면서 몸 전체에 순환하는 스트레스 호르몬의 양이 감소한다. [4)]

생리적 스트레스는 기도를 수축시켜 호흡이 가쁘고 공기를 충분히 들이마시지 못해 숨이 찬 듯한 느낌을 준다. 이를 '공기가 고픈' 느낌이라고 부른다. 호흡법을 배우면 이러한 문제가 줄어들고 스트레스가 완화되며, 심박수도 낮아진다.

생리적 스트레스는 호흡의 리듬과 깊이를 짧고 얕게 만들며, 과호흡을 유발하기도 한다. 과호흡 증상은 늘 알아차릴 수 있을 만큼 분명하게 나타나지 않고 때로 미묘하게 나타난다. 따라서 신경계를 진정시키려면 호흡에 대한 통제력을 되찾는 것이 굉장히 중요하다.

현재 호흡수가 정상범위에서 벗어나 있다 해도 걱정할 필요는 없다. 앞으로 설명할 간단한 호흡법을 통해서 호흡 속도를 점차 개선할 수 있다. 좋은 호흡 습관을 들이기 위해서는 꾸준히 연습해야 한다.

호흡법은 스트레스 호르몬을 줄이고 조절하는 단순하지만 중요한 방법이다. 개인적으로 가장 효과적인 호흡법은 숨을 코로 천천히 들이마시고, 들이마실 때보다 조금 더 길게 입으로 천천히 내쉬는 복식호흡이다.

과제 8

✓ **호흡법**

① 침대나 의자, 마루 위, 야외 등 자신에게 편안한 장소를 찾는다. 꼭 끼는 옷을 입었다면 잠시 옷을 느슨하게 풀고 편안한 자세를 유지한다.

② 코로 숨을 최대한 깊고 길게 들이마시면서 폐를 천천히 채운다. 넷 또는 다섯까지 천천히 세면서 숨을 들이마실 때, 배를 바깥쪽으로 부드럽게 밀어내면

서 최대한 확장시킨다. 아래의 왼쪽 그림을 보자.
③ 4~5초간 숨을 참는다. 그다음 다시 넷이나 다섯까지 세면서 오므린 입술 사이로 천천히 숨을 내뱉는다. 호흡 조절을 위해 빨대를 이용하는 것도 좋다. 이 과정을 6회 이상 연속으로 반복하면 마음이 진정되는 효과를 느낄 수 있다. 호흡법은 하루에 최소 2회, 필요에 따라 더 자주 시행한다.

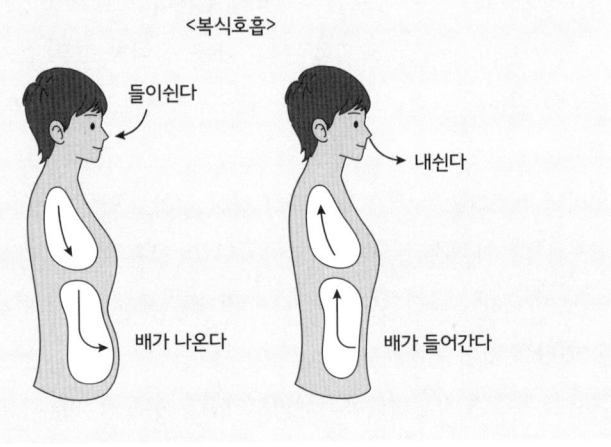

〈복식호흡〉

이상에서 소개한 호흡법은 간단함이 장점이다. 물론 이완 기법은 다양하지만, 무엇을 활용하더라도 꾸준한 연습이 가장 중요하다. 특히 불안이 치솟는 순간에는 호흡법이 큰 도움이 된다. 그러므로 이때만큼은 주저하지 말고 더 자주 시행하는 것이 좋다. 하루에 두 번 정도 집중할 수 있는 시간을 따로 마련하면 호흡법을 제대로 익힐 수 있다.

아침에 일어난 뒤나 잠들기 전에 규칙적으로 연습해 보자. 식사 전이나 화장실에 다녀온 후도 좋다. 그러니 자신에게 적당한 시간대를 찾아보자. 한편 달력이나 스마트폰에 알림을 설정하는 것도 규칙적인 습관을 유지하는 방법이다. 이렇게 호흡법에 능숙해지면 어디서나 편안하게 시행할 수 있을 것이다.

혹시 호흡 중에 어지러움을 느낀다면 호흡이 너무 빠르거나 무겁다는 신호일 수 있다. 그렇다면 호흡을 천천히, 조금 더 부드럽게 하려고 노력해 보자. 처음이라면 당연히 감이 잘 잡히지 않을 것이다. 이때 자신을 격려하며 인내심을 갖고 자신감이 생길 때까지 호흡을 계속한다. 다른 기법과 마찬가지로 호흡법도 숙달되기까지 시간과 반복, 인내가 필요하다.

불안장애 환자 중에는 호흡 관련 감각을 민감하게 느끼며 두려워하는 사람들이 있다. 이들은 호흡에 지나치게 집중하면서 정상적인 감각을 심각한 이상 징후로 해석하기도 한다. 이는 공포와 지나친 경계의 악순환이 반복되는 원인이며, 자신의 호흡과 그 잠재적 의미를 두려움으로까지 나아갈 수 있다.

그러한 불안 증상은 올바른 전략으로 해결할 수 있다. 호흡 문제가 있다면 당연히 호흡법을 실천하기가 어려울 수 있다. 이때는 제8장에 제시한 방법대로 호흡 감각에 대한 두려움을 먼저 해결한 후에 호흡법을 시작한다. 또는 두 전략을 병행하는 것도 방법이다.

4.2. 점진적 근이완법

점진적 근이완법은 몸의 근육을 부위별로 천천히 긴장시켰다가 이완하는 기술로, 신경계를 진정시키는 효과가 매우 뛰어나다. 이 방법은 전신의 근육 긴장을 줄이고, 이완을 촉진하여 스트레스 반응을 상쇄하는 효과가 있다. 점진적 근이완법을 실행하면서 의도적으로 각 근육 부위를 긴장시켰다가 이완하면 우리 몸에 긴장을 풀어도 된다는 신호가 전달된다. 이 과정을 통해 신체의 이완 반응이 활성화되어 스트레스 호르몬의 영향을 상쇄한다.

생리적 스트레스는 근육을 긴장시켜 몸에 갖가지 통증을 일으킴에 따라 몸이 무겁고 피곤하거나 약해졌다는 느낌을 줄 수 있다. 따라서 점진적 근이완법은 특히 불안 때문에 근육이 긴장되는 사람들에게 효과적이다.

스트레스나 위협을 느낄 때 우리 몸은 투쟁-도피 반응의 일환으로 근육을 긴장시킨다. 장기간 불안에 시달리는 사람들은 신체가 스트레스 호르몬을 지속적으로 생성하여 신경계를 진정시키기 어렵다. 그러므로 근육의 긴장 상태가 오래 지속될 수 있다.

불안에서 비롯된 근육 긴장은 가슴 근육에도 영향을 미쳐 가슴이 답답한 느낌을 준다. 목의 경우, 전체 또는 목구멍이 긴장되면서 목에 덩어리가 만져지는 듯한 느낌이 들 수도 있다. 또 턱은 이를 악물다 보니 조이는 느낌이 들 것이다. 어깨도 마찬가지로 당기는 느낌이 들 수 있다.

한편 다리는 힘이 풀리거나 후들거려 떨리거나, 저리거나 뻣뻣해지는 등 다양한 증상이 나타난다. 나는 이러한 증상을 '불안 다리 증후군'이라 명명했다.

과제 9

✓ 점진적 근이완법

근육 이완 훈련에 앞서 침대나 매트 등 편안하게 누울 장소를 찾는다. 먼저 코로 깊게 숨을 들이마시고 입으로 천천히 내쉬기를 세 번 반복한다. 그리고 아래에 제시한 단계마다 긴장 상태를 10초간 유지한다.

① 손부터 시작해서 주먹을 쥐고 긴장을 유지한 다음, 천천히 힘을 뺀다.
② 다음으로 팔로 이동한다. 팔을 어깨 쪽으로 접어 긴장 상태를 유지한 후 이완한다.
③ 눈을 비롯한 얼굴 근육을 찡그렸다가 이완한다.
④ 하품하듯 입을 벌렸다가 힘을 뺀다.
⑤ 어깨와 목을 귀 쪽으로 끌어올렸다가 이완한다.
⑥ 이제 몸으로 이동한다. 견갑골을 아래쪽으로 모아 내리면서 긴장을 푼다.
⑦ 복근을 조였다가 힘을 푼다.
⑧ 허벅지와 엉덩이 근육 긴장 후 이완한다.
⑨ 발가락을 위쪽으로 들어 올려 종아리 근육을 긴장시켰다가 이완한다.
⑩ 발을 오므렸다가 편다.

점진적 근이완법을 실시하고 나면 근육이 이완되면서 긴장이 완화되는 느낌이 들 것이다. 규칙적으로 연습하면 더 많은 효과를 볼 수 있다.

4.3. 가벼운 활동

몸을 움직이는 것이 도움이 되는 상황에서도 의도치 않게 활동량을 줄이는 경우가 종종 있다. 나는 불안과 스트레스에 대한 처방으로, 특히 급성일 경우 몸을 움직일 것을 권장한다. 여기서 몸을 움직인다는 것은 본격적인 운동 계획을 세운다는 의미는 아니다. 운동에 관해서는 다음 항목에서 설명할 것이다.

불안할 때 몸을 움직이지 않으면 생리적 스트레스를 줄이고 신경계를 진정시키는 긍정적인 효과를 누리지 못한다. 몸을 움직이지 않으면 현재의 상태에 갇혀 신경계가 스트레스를 풀지 못한다.

신경계를 스트레스 호르몬을 담는 잔이라고 생각해 보자. 생리적 스트레스를 받으면 잔이 차기 시작하는데, 그 스트레스를 해소하지 않은 채 오랜 시간을 보낸다면 잔은 점점 차오른다. 그러면 잔은 넘쳐흐를 정도로 가득 찬 상태가 된다. 이때 몸을 움직이면 도움이 된다.

몸을 움직이면 과도한 스트레스가 담긴 잔이 비워지기 시작하고 안도감과 평온함이 스며든다. 또한 규칙적인 움직임은 스트레스 호르몬이 축적되어 나타나는 부정적 효과를 예방할 수 있다. 이 방법은 간단하지만, 스트레스와 불안을 다스리는 데 매우 효과적이다.

규칙적인 신체의 움직임은 신경계에 가해지는 생리적 스트레스를 완화시킨다. 이 효과는 시간이 흐를수록 커지는데, 즉각적인 효과도 눈에 띄게 나타난다. 그렇다면 지금 내 몸을 어떻게 움직이고 싶은가를 자신에게 물어보자. 그리고 몸의 신호에 귀를 기울이고 자신에게 가장 적합한 활동을 선택해 보자.

위와 관련하여 아래 상자에 있는 몇 가지 예시를 살펴보자. 목록에서 마음에 드는 것이 있는가? 몸을 움직이고 활동할 때 염려되는 점이 있다면 새로운 활동을 시도하기 전에 의사와 상담하자.

몸을 움직이는 활동	
직장/가게까지 걷기	인라인 스케이트 타기
반려견 산책시키기	트램펄린에서 뛰기
잔디 깎기	청소기 사용하기
정원 가꾸기	집에서 한 곳을 정해 대청소하기
DIY 만들기	세차하기
야외에서 아이들과 놀기	마당 쓸기
원반 주고받기	자전거 타기

4.4. 운동

규칙적인 운동은 전반적으로 몸과 마음의 건강에 굉장히 긍정적인 영향을 미친다. 규칙적인 운동은 신경계를 안정시킨다. 운동은 기본적으로 코르티솔과 아드레날린 수치를 낮춘다. 또한 엔도르핀 분비를 촉진하여 통증을 완화하고 기분을 개선하며, 행복감을 높인다.

그러니 일주일에 서너 번, 가능하다면 매일 30분 이상 운동하는 것을 목표로 삼자. 건강에 문제가 있다면 새로운 운동을 시작하기 전에 먼저 의사와 상담하기 바란다.

물론 운동을 시작하기란 쉽지 않으며, 특히 불안장애를 겪고 있다면 더욱 어려울 수 있음을 이해한다. 운동이 힘들다면 조금씩 시작해서 30분까지 서서히 늘려 가면 된다. 5분 걷기부터 시작해서 매일 또는 매주 운동 시간을 늘려 보자. 그러면 한 달 안에 하루에 30분까지 늘릴 수 있을 것이다.

피트니스 센터나 스포츠 클럽에 가입하는 것은 모든 사람에게 가능한 일이 아니며, 원치 않는다면 그렇게 할 필요도 없다. 몸을 움직이고 근육을 단련하는 방법은 다양하다. 중요한 점은 자신이 좋아하면서 규칙적으로 할 수 있는 운동을 찾는 것이다.

위에 따라 아이디어 탐색에 도움이 될 만한 몇 가지 운동을 다음과 같이 제시하였다. 이에 당신의 관심사에 맞는 다양한 선택지를 자유롭게 탐색해 보기 바란다.

운동	
걷기	요가
자전거 타기	필라테스
조정	테니스
줄넘기	배드민턴
달리기	등산
수영	축구
댄스	에어로빅 또는 고강도 인터벌 트레이닝

각자의 라이프 스타일에 맞추어 운동 루틴을 조정하는 방법은 무수히 많다. 짧은 시간 동안 여러 번 운동하는 것도 길게 운동하는 것만큼 효과적일 수 있다. 또는 아침, 점심, 저녁, 하루 세 번 10분씩 빠르게 걸어 보자. 아니면 아침에는 청소를 하고, 초저녁에는 친구나 이웃과 함께 산책을 해 보자. 좋아하는 음악이나 팟캐스트를 들으며 혼자 걸어도 좋다.

온라인에서 요가나 댄스, 운동 영상을 보고 따라 하는 것도 좋은 방법이다. 운동에 대한 거부감이 있거나 동기가 부족하다면 2주간 시도해 보고, 기분의 변화를 경험해 보자. 운동의 긍정적 효과는 이미 과학적으로 입증되었다. 그러니 규칙적으로 운동을 하면서 기분이 나아짐에 놀라워할 수도 있다.

호흡과 마찬가지로 운동할 때 느껴지는 감각에 불안감을 느끼는 사람도 있다. 운동 중 공황 발작을 경험해 본 사람이라면, 미래에 겪을 고통을 피하기 위한 보호 기제로 운동을 두려워하거나 회피할 수 있다.

공황 발작을 두려워하는 사람은 그것이 실제로 일어나지 않음에도 그와 유사한 감각을 경계하고 민감해한다. 운동 중에는 심박수가 오르고 땀 배출이 늘며, 호흡이 가빠지는 등의 신체 변화가 자연스럽게 일어난다. 이들 변화가 불안을 유발할 수 있다. 그런데 그 증상을 공황 발작이나 위험 징후로 잘못 해석해 공포 반응이 일어날 수 있는 것이다.

결과적으로 그 감각으로 자제력을 잃는다는 인식이 생기면, 자제력을 되찾는 방편으로 운동을 더욱 기피할 수도 있다. 이때라면 제8장에 소개하는 전략을 활용해 운동을 피하려는 마음을 해결해 보자.

신경계를 진정시키는 방법

① 우리 몸에는 불안한 상황에서 생리적 반응을 일으키는 선천적 경보 시스템이 있다. 이 메커니즘에 따라 아드레날린과 코르티솔 등의 스트레스 호르몬이 체내에 분비된다.

② 아드레날린은 인체가 위협적인 상황에 대응할 때 중요한 역할을 담당한다. 아드레날린은 우리 몸의 자원을 강화하여 위기 상황에 효과적으로 대처하도록 돕는다.

③ 코르티솔은 인체에 유익하게 작용하는 중요한 호르몬이다. 하지만 불안감이 오래 지속되면 코르티솔 수치가 높은 상태로 지속되면서 원치 않는 증상을 유발할 수 있다. 이 문제를 해결하려면 이완법을 꾸준히 실천해야 한다.

④ 아드레날린과 코르티솔 수치가 높아지면 불편한 신체 감각이 나타나면서 불안감을 키울 수 있다. 불안이 증가하면 신체 감각의 악화를 반복하는 악순환에 빠진다. 따라서 이완 반응을 촉진하는 방법을 이용하면 악순환을 깨고 불안과 신체 감각이 서로를 부채질하는 현상을 예방할 수 있다.

⑤ 장기간 스트레스에 노출되면 신경계가 민감해져 사소한 자극에도 격렬한 불안 반응을 일으킬 수 있다. 예민해진 신경계는 불안감을 더욱 증폭시킨다. 이에 이완 요법을 규칙적으로 실천하면 민감해진 신경계를 진정시킬 수 있다.

⑥ 이완 요법을 일상에서 규칙적으로 실천하면, 신체의 이완 반응을 활성화하여 스

트레스 호르몬의 영향을 상쇄할 수 있다.
⑦ 신경계에 가해진 스트레스를 줄이려면 시간과 인내심을 갖고 이완 요법을 꾸준히 활용해야 한다. 지속적인 결과를 얻으려면 해당 요법을 우선순위로 두고, 일상 속에서 규칙적으로 실천한다.
⑧ 일상에서 간단한 호흡법으로 몸의 스트레스 반응을 조절한다.
⑨ 점진적 근이완법으로 생리적 스트레스를 줄이고 몸의 긴장을 완화한다. 다양한 근육의 체계적인 긴장 및 이완으로 깊은 안도감과 평온함을 느낄 수 있다.
⑩ 불안감이 치솟을 때는 짧은 산책이나 집안일을 하면서 몸을 움직인다. 이러한 활동은 신경계를 안정된 상태로 유지하기 위해 반드시 필요한 규칙적인 운동을 보완한다.

➕ 얼음 찜질

얼음 찜질은 불안을 빠르게 다스리는 유용한 방법이기도 하다. 얼음 조각을 손에 쥐거나, 팔꿈치 안쪽과 손목을 따라 움직여 보자. 얼음의 강렬하고 차가운 감각은 마음을 안정시켜 현재에 집중하고 불안한 생각에서 벗어나도록 도와준다. 얼음에서 비롯된 감각은 신경계의 활동에서 감각계로 주의를 옮기도록 한다.

또 얼음은 체온을 조절하여 불안에서 비롯된 안면 홍조 증상을 개선하는 데 특히 도움이 된다. 체온이 내려가면 신체 증상이 가라앉으면서 전반적인 걱정과 불안감이 줄어들 것이다.

제4장

마음속의 코끼리

이제 불안이 무엇이고 불안에서 비롯된 생리적 스트레스는 어떻게 관리하는지 확실히 이해했을 것이다. 지금부터는 불안한 생각을 다루는 법을 집중적으로 살펴보도록 하겠다.

불안을 극복하는 과정에서 불안과 관련된 생각을 효과적으로 관리하는 과정이 반드시 필요하다. 나는 지금까지의 임상 경험을 통해 불안한 생각의 위력을 경험한 바 있다. 따라서 이 장에 많은 지면을 할애하였다. 결과적으로 제4장은 이 책에서 가장 긴 장이 되었다.

불안한 생각은 불안장애를 지속시키는 주요인이다. 그러나 불안한 생각에 대처하고, 벗어날 방법을 몰라 어려움을 겪는 사람이 많다.

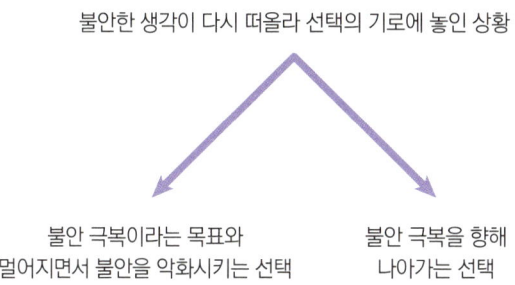

이제 생각의 흐름을 순서대로 적어 보자. 우리의 선택에 따라 불안 문제는 개선되거나 악화될 수 있으며, 현 상태를 유지하기도 한다.

쉽지는 않겠지만 불안한 생각이 들 때 그 생각에 동의하지 않기로 선택할 수도 있다. 아니면 그 생각을 그냥 받아들이거나, 적극 동의하기로 선택할 수도 있다. 불안한 생각이 들 때 그 생각에 동의하고 따른다면 불안감이 강해질까, 약해질까?

환자 사례
침묵을 선택한 조

사회불안장애로 힘든 시간을 보내던 조는 치료 과정에서 반복적으로 떠오르는 생각을 발견했다. 그 생각은 바로 '모두가 나를 쳐다보고 있어. 나는 바보 같은 말로 웃음거리가 될 거야.'였다. 조는 그 생각을 사실로 믿고 받아들였다.

결국 조는 당황함을 느낄 만한 상황을 피하는 안전한 선택을 했다. 사람들과 어울리는 자리에서 입을 열지 않기로 결정한 것이다. 조가 자신의 생각을 기정사실로 받아들일 때마다 생각과 감정, 행동 간 연결고리가 더욱 강해지면서 불안감도 점점 더 심해졌다.

조는 당혹스러운 사회적 상황을 회피하면서 일시적으로는 안도감을 느꼈다. 그러나 그런 행동 패턴은 의도치 않게 불안을 강화하면서 자기 생각의 타당성을 따지지 못하도록 방해했다.

환자 사례
마야의 선택

마야는 신경 질환을 끊임없이 걱정하면서, 그것을 다리가 저릿한 증상의 원인이라고 생각했다. 이 생각이 떠오를 때마다 그녀는 불안감에 휩싸였다. 결국 자신의 생각이 옳다고 확신한 마야는 상태가 더 악화되지 않도록 조치를 취해야 한다고 생각했다.

마야는 세 신경과 전문의에게 아무 문제가 없다는 진단을 받았지만, 안도감은 오래가지 않았다. 그녀는 계속 자신의 생각이 옳다고 믿었다. 또 다리가 저려 오자, 마야는 조처럼 불안한 생각에 다시 빠져들었다. 그렇게 그녀는 의도치 않게 불안한 생각과 행동 간의 연결을 강화했다. 결과적으로 마야는 다리가 저릴 때마다 예전과 같은 생각과 행동의 경로를 따르며 불안을 강화했다.

이상의 두 사례 모두 과도한 사고 패턴이 과장된 반응과 결합한 사례다. 불안한 생각에 과도한 반응은 위협을 기정사실로 받아들이고 최악을 가정한다는 점에서 부적응적이다. 그러면 체내 코르티솔 수치가 높아지고, 불쾌한 신체 감각이 느껴진다. 그리고 두려운 기억이 강화되면서 불안 문제가 계속된다.

앞서 살펴본 조와 마야를 비롯하여 불안장애를 겪는 많은 이들과 같이 당신도 불안에 대응하는 나름의 방법이 있을 것이다. 일반적으로 그 방법이 효과적이었다면 시간이 지나면서 불안이 개선되었을 것이고, 그렇지 않았다면 악화되었을 것이다. 불안장애 환자들이 불안에 대처하는 방식은 대부분 불에 기름을 끼얹는 격인데, 이는 효과적인 대처법을 모르기 때문인 경우가 많다.

불안한 생각을 효과적으로 관리할 수 있다면 코르티솔 분비를 줄일 수 있다. 최악의 상황이 일어나리라는 생각을 곧이곧대로 받아들이면 불안감이 커질 수밖에 없다. 그러면 몸이 생리적 반응을 일으켜 명료한 사고가 어려워지면서 두려운 생각과 이미지가 더 자주 떠오른다. 불안한 생각은 눈덩이처럼 불어나기 때문이다.

불안한 생각을 따라 행동할수록 그 생각은 더 빠르고 크게 자라나면서 강력해진다. 그렇게 불안한 생각은 우리의 행동을 더 자주 쥐락펴락한다. '○○ 해! □□ 해! 곧 끔찍한 일이 일어날 거야, 넌 안전하지 않아, 넌 △△한 사람이야, 넌 ◇◇한 사람이야!'라고 말하면서 말이다.

다행히도 불안한 생각에는 효과적인 대처법이 많으며, 여기에서는 그 방법을 다룰 것이다. 몇몇 기법은 간단하면서도 효과가 좋아 꾸준히 실천하면 사고의 관점을 바꿀 수 있다. 물론 일부는 처음에 어렵겠지만, 계속하다 보면 능숙해질 것이다.

기법을 처음 실천할 때는 기록을 남기는 편이 좋다. 물론 익숙해졌다면 마음속으로 해도 좋다. 궁극적인 목표는 이러한 기법이 몸에 밸 정도로 능숙한 사람이 되어 불안한 사고 패턴을 대체하고, 불안과의 싸움에서 벗어나는 것이다.

이 장에서는 불안한 생각을 극복하기 위한 기법을 세 부분으로 나누었다. 첫째로 불안한 생각에 대처하는 방법을 살펴본다. 둘째는 불안한 생각을 평가하는 방법을 다룬다. 셋째는 불안을 부추기는 사고 패턴을 바꾸는 방안을 제시한다. 특히 이 장의 초반부에는 사고 패턴을 바꿀 토대를 마련하는 내용이 이어지니, 건너뛰지 말고 차례대로 읽어 나가기 바란다. 가장 먼저 다룰 기법은 기초를 단단히 다지는 데 꼭 필요하다.

이 장에서 다룬 기법을 전부 익혀 능숙해지면 그 기법을 조금 더 유연하게 활용해도 좋다. 당신이 원하는 기법을 몇 가지만 활용해도 된다는 얘기다. 처음에는 제시된 기법을 모두 시도해 본 뒤, 자신에게 가장 잘 맞는 것을 골라서 최대한 꾸준히 활용해 보자.

하지만 불안이 재발하거나 불안의 양상이 달라지는 시기에는 다시 다른 기법을 시도하고 나서 활용해야 할 수도 있다. 한편 어느 기법은 특정한 상황이나 시기에 더 큰 효과를 발휘하기도 한다.

기법을 꾸준히 활용하면 시간이 지나면서 불안한 생각의 강도와 빈도가 감소한다. 이에 따라 불안도가 전반적으로 떨어지기 시작할 것이다. 이 변화는 빠르게 일어날 수도 있고, 다소 시간이 걸릴 수도 있다. 이러한 사실과 별개로 기법을 많이 활용할수록 긍정적인 변화가 더 빨리 일어난다는 점을 유념하자.

1. 대처하기

1.1. 생각의 정체 파악하기

불안한 생각에 대처하려면 먼저 그 생각의 정체를 파악해야 한다. 아는 것이 힘이다. 불안한 생각의 정체를 파악하면 그런 생각이 난데없이 생겨나지 않는다. 이를 통해 우리는 불안을 직접 다룰 수 있음을 알게 될 것이다.

불안한 생각을 파악하는 법은 정말 간단하다. 불안한 생각이 떠오를 때, 그 생각에 주의를 기울이고 기록하는 것이다. 마음이 다시 차분해지고 나면 당시에 머릿속에서 무슨 생각이 떠올랐는지 정확히 기억나지 않을 때가 많다. 따라서 불안한 생각이 떠오른 시점에 적어 두는 것이 좋다.

또 불안한 생각은 난데없이 불쑥 떠오르기 때문에 알아차리기가 어렵다. 그 대신 불안한 감정이나 불안에 자신도 모르게 반응하는 모습에서 불안의 기운을 알아차리기도 한다. 하지만 불안할 때는 늘 그런 생각과 함께한다. 그러니 무슨 생각이 들었는지 찾아서 기록하자.

한편 생각이 이미지로 떠오르기도 할 것이다. 예컨대 두려운 상황에 처한 당신의 모습이 떠오를 수 있는데, 그 이미지도 똑같이 적어 놓는다. 그리고 이미지와 함께 떠오르는 생각도 기록하자.

한편 불안을 유발하는 생각의 정체를 이미 알고 있는 사람도 있을 것이다. 그렇더라도 공책이나 노트 앱에 생각을 기록한다. 그 생각이라면 몇 번이고 반복해서 떠오른다. 이것이 바로 우리가 극복해야 할 대상이다. 일단 기록을 시작하면 생각의 패턴 또는 반복적인 주제를 금방 알아차릴 수 있다. 물론 새로운 종류의 생각이 떠오르지 않는다면 기록을 계속할 필요는 없다.

불안한 생각의 정체를 아직 파악하지 못했더라도 걱정하지 말자. 지금 소개하는 기법을 활용하면 당신의 불안한 생각을 금세 파악할 수 있을 것이다. 일단 다음에 제시한 여덟 개의 질문을 마음속으로 던져 보자.

① 불안감이 들 때 마음속에서 무슨 생각이 떠오르는가?
② 불안한 생각이 들기 전에 무엇을 하고 있었는가? 또는 무엇을 알아차렸는가?
③ 불안감이 치솟은 계기는 무엇이며, 그 상황에서 자신에 대해 어떤 생각을 했는가?
④ 무엇을 가장 두려워하며, 그 이유는 무엇인가?
⑤ 어떠한 걱정을 반복하는가?
⑥ 무슨 일이 일어날 것이라는 예상을 반복하는가?
⑦ 어떠한 속단을 자주 내리는가?
⑧ 불안한 신체 감각이 강하게 느껴질 때, 어떤 생각이 드는가?

몇 가지 일반적인 답변 사례를 들자면 다음과 같다.

- **마야**: 신경 질환에 걸린 것 같아 두려워.
- **제이드**: 나는 오늘 죽고 말 거야.
- **조**: 바보 같은 말로 모두에게 눈총을 살 거야.
- **에밀리**: 심장 마비가 올 거야.

그중 마야의 답변을 바탕으로 각 질문에 답을 적어 보았다.

① 불안감이 들 때 마음속에서 무슨 생각이 떠오르는가?

나는 신경 질환에 걸릴 것이다. 아니, 이미 걸렸는데 의사들이 아직 발견하지 못했을 뿐이다.

② 불안한 생각이 들기 전에 무엇을 하고 있었는가? 혹은 무엇을 알아차렸는가?

종아리 근육을 살펴보며 경련이 일어나는지를 유심히 관찰했다.

③ 불안감이 치솟은 계기는 무엇이며, 그 상황에서 자신에 대해 어떤 생각을 했는가?

다리에서 경련이 일어나는 것을 확인하면서 신경 질환이 확실하다고 생각했다.

④ 무엇을 가장 두려워하며, 그 이유는 무엇인가?

신경 질환에 걸려 오랫동안 끔찍한 고통만 겪다 죽는 것이다.

⑤ 어떠한 걱정을 반복하는가?

내가 미처 발견하지 못한 신경 질환에 걸려 죽는 것이다.

⑥ 무슨 일이 일어날 것이라는 예상을 반복하는가?

내가 이미 신경 질환에 걸렸거나, 결국 걸리게 될 것이라는 예상을 반복한다. 나는 소위 불안 경련이라고 하는 증상이 사실은 불안 때문이 아니라 심각한 신경 질환의 징후라고 생각한다.

⑦ 어떠한 속단을 자주 내리는가?

나는 신경 질환에 걸렸으며, 오랜 시간 고통에 시달리다가 죽을 것이다.

⑧ 불안한 신체 감각이 강하게 느껴질 때, 어떤 생각이 드는가?
신경 질환을 진단받고 가족들이 곁에서 울고 있는 가운데 죽어가는 모습이 떠오른다.

마야의 사례와 같이 답변 내용은 반복될 수 있다. 따라서 매번 같은 답이 떠오른다면, 여덟 개의 질문에 모두 답할 필요는 없다.

불안감이 치솟을 때는 질문을 다시 확인한 후, 새로운 생각이 떠오르는지 살펴본다. 이 작업을 거치는 횟수는 사람마다 다르다. 나는 어느 환자에게 3일, 다른 환자에게는 일주일, 또 다른 환자에게는 2주 또는 한 달 동안 자기 생각을 기록하도록 권장한다. 권장 기간은 불안이 나타나는 양상에 따라 달라지므로, 필요한 정보를 위해 자신에게 가장 적합한 기간을 유연하게 선택한다.

불안한 생각을 기록한 후에는 가장 문제가 되는 것부터 순위를 매겨도 좋다. 그러면 이 장을 읽으면서 가장 먼저 해결하고 싶은 생각의 우선순위를 정할 수 있다. 이제 불안한 생각의 내용을 파악했으니 두 번째 기법으로 넘어가 불안한 생각을 억누르는 문제를 살펴보자.

> **불안한 생각을 파악하는 법을 배우면,**
> **불안의 정체를 자세히 살펴볼 수 있다.**
> **이렇게 얻은 지식이 곧 힘이 된다.**
> **지식이 있으면 불안한 생각을 직접 공략할 수 있다.**

1.2. 내려놓고 지켜보기

생각을 억누르는 것은 불안장애를 겪는 사람들이 흔히 사용하는 대처 전략이다. 그들은 의도적이고 적극적으로 불쾌한 생각을 떠올리지 않으려고 애쓴다. 하지만 분홍색 코끼리를 떠올리지 않으려고 애쓸수록, 오히려 머릿속에 떠오를 가능성이 커지지 않던가.

따라서 생각 억누르기는 회피하려는 생각과 문제를 떠올리게 한다는 점에서 비생산적인 대처법이다. 바닷물에 들어가 비치볼을 수면 아래로 밀어 넣는 모습을 상상해 보자. 이 가운데 비치볼은 마음속에 떠오르지 않기를 바라는 불편한 생각을 상징한다. 당신은 그런 생각을 수면 아래로 가라앉혀 억누르려 한다.

그렇다면 자신이 억누르려는 생각이 무엇인지 잠시 시간을 두고 생각해 보자. 공을 수면 아래에서 잡고 있으면 수면은 출렁이지 않는 평온한 상태를 유지한다. 물론 생각을 억누르면 그에 따르는 불편한 느낌이 완화되면서 약간의 안도감을 느낄 수 있을지 모른다.

하지만 한 손으로 공을 잡고 있으면, 움직임이 제한되어 제 능력을 십분 발휘하지 못한다. 새로운 상황이 일어나서 관심을 가지고 행동해야 할 때, 여력이 없거나 공에서 손을 뗄 수가 없어 제대로 관여하지도 못한다. 그러므로 공을 평생 수면 아래 붙잡아 두기란 불가능하다.

결국은 공을 잡던 손아귀 힘이 풀리면서 공이 수면 위로 뛰어오른다. 이때 잔잔하던 수면에 커다란 파문이 일면서 모든 것이 엉망이 된다. 그러면 공포에 휩싸여 잠깐의 평온을 되찾고자 필사적으로 공을 다시 수면 아래로 재빨리 밀어 넣으려 애쓴다. 그러나 불안은 계속되어 한 발짝도 앞으로 나아가지 못한 채 제자리걸음만 반복할 것이다.

불안에서 벗어나 자유롭게 다른 활동을 시작하려면 억누르던 생각을 놓아주는 법을 배워야 한다. 공을 놓아 수면 위로 뛰어오르도록, 공이 떠내려가도록 자유롭게 두어야 한다. 물론 공이 곧바로 사라지는 일은 없겠지만, 공을 놓으면 바람이나 파도와 같은 다른 요소들이 공의 움직임에 영향을 미친다.

공은 바로 옆에 있을 때도 있고, 그보다 더 멀리 떨어져 있기도 할 것이다. 때로는 시선에 겨우 닿을 정도로 아주 멀리 떨어지기도 할 테다. 이처럼 우리와의 거리와 상관없이 공은 여전히 존재한다. 다만 공을 놓으면 움직임도 자유로워지고, 생각하고 느끼고 행동하는 방식의 가능성 또한 확장된다.

이제 생각을 억누르려는 불가능하고 무익한 싸움은 그만두자. 그러면 불안한 생각이 떠오르는 이유를 이해할 여유가 생긴다. 이 외에도 그 생각이 미치는 부정적인 영향에서 한결 수월하게 벗어날 수 있다.

환자 사례
제이드와 죽음

이제 제이드의 사례를 살펴보자. 제이드는 자신이 사고로 죽는 것을 굉장히 두려워했다. 자신이 죽고 나서 아이들이 겪을 일을 생각하면 너무나 두려워서, 온 힘을 다해 죽음에 관한 생각을 억눌러 왔다.

제이드는 자신이 없으면 아이들의 삶이 돌이킬 수 없을 정도로 망가질 것이라고 믿었다. 공을 수면 아래에서 붙잡고 있는 한 수면은 잔잔해 보였다. 이처럼 상황을 회피하고 있으면 당장은 조금 나아진 듯했다. 하지만 제이드의 손은 공을 잡는 일로 자유롭게 움직일 수가 없었다.

시시때때로 공을 놓칠 때마다 커다란 파문이 일었다. 그런 일을 겪을 때마다 제이드는 죽음에 관한 생각을 더 강하게 억누르기로 결심했다. 그때마다 일시적으로 안정감을 되찾았지만, 이내 옴짝달싹 못 하는 상태에 멈춰 있어야만 했다. 이에 제이드는 죽음이라는 공을 영원히 수면 아래 붙잡아 둘 수는 없음을 깨달았다.

대신 그녀는 손에 힘을 풀고 공이 수면 위로 떠올라 자유롭게 떠다니는 모습을 지켜보는 법을 배웠다. 물론 공은 단번에 사라지지 않았지만, 다루기는 쉬워졌다. 그리고 공과 씨름할 필요도 없어졌다. 또한 공은 가까이 보일 때도 있었으며, 멀리 보일 때도, 거의 보이지 않을 때도 있었다.

이제 제이드는 자유로이 생각하고 느끼며, 다양한 행동 방식 또한 선택할 수 있었다. 죽을지 모른다는 생각을 굳이 억누르려 애쓰지 않자, 그 생각이 가진 힘이 풀려나오면서 꼼짝 못할 듯한 느낌도 줄어들었다. 억눌린 생각이 미치는 부정적인 영향력이 사라지자, 자신의 불안을 찬찬히 생각해 보면서 여러 기법으로 문제를 해결할 정신적 여유가 생겼다.

자신의 죽음을 떠올리지 않으려는 제이드의 마음은 백분 이해할 수 있다. 하지만 죽음에 관한 생각을 억누르면 그 문제를 다루거나 해결할 수 없으며, 결국 불안으로 남을 수밖에 없다. 제이드의 이야기를 통해 당신이 지금껏 억눌러 온 생각이 떠오르는가?

불안한 생각을 비치볼에 비유한 이야기는 억누르기가 불안을 다스리는 장기적인 해결책이 될 수 없음을 확실히 보여 준다. 불편한 생각을 마음에서 지우려다 보면 자신도 모르게 불편한 생각에 힘이 실린다. 따라서 생각이 떠오르는 대로 그냥 내버려두면서 그 이유를 이해한 후에 생각을 놓아주는 법을 배워야 한다. 즉 불편한 생각과의 관계를 변화시켜야 한다. 그 방법은 다음에 소개할 기법인 '불안한 생각 수용하기'에서 살펴보도록 하자.

> **비치볼 시각화**
>
> 불쾌한 생각을 억누르고 있음을 느낀다면, 비치볼에서 손을 떼고 비치볼이 주변을 떠다니는 모습을 상상해 보자. 그리고 자신이 공에 구애받지 않고 자유로이 움직이는 모습을 떠올리자.

불안한 생각을 억누르지 말자.
불안한 생각은 떠올리지 않으려 할수록 더 잘 떠오른다.
불안한 생각을 억누르는 것은 언뜻 효과가 좋아 보이지만,
실상은 문제를 키우고 불안을 악화시킬 뿐이다.

1.3. 있는 그대로 받아들이기

자신의 생각을 수용하는 행동은 통제나 억누르기와 반대된다. 불안장애 치료의 핵심 목표는 불안한 생각에 유연하게 반응하는 것이다. 이는 떠오르는 생각을 있는 그대로 받아들이는 데서 시작된다.

생각을 수용하겠다고 결심한다면, 대안을 고려하면서 다른 관점을 받아들일 수 있다. 또한 불안한 생각에 휘둘리지 않으며, 진정으로 원하는 방식으로 행동할 여지가 생긴다. 이와 같은 행동 변화는 불안한 생각이 계속 떠오르는 상황에서도 회복이 쉬우며, 크게 발전할 수 있다.

여기에서는 불안한 생각을 수용하도록 도와주는 다섯 가지 기법을 소개한다. 이들 기법은 빠르고 일시적인 해결책이 아니라 장기적으로 생각을 관리하는 방법이므로 꾸준히 실천해야 한다. 그래야 불안한 생각과 새롭고 발전적인 관계를 맺을 수 있다.

뇌에서는 끊임없이 다양한 생각을 떠올린다. 이에 어떻게 반응하느냐에 따라 그 생각은 힘을 얻거나 잃기도 한다. '오늘 저녁에는 피자를 먹자.'와 같이 중립적인 생각이나 '가슴이 두근거리는 건 심장 마비 징후일 거야.'처럼 무서운 생각이 떠오르기도 할 것이다.

중립적인 생각이 떠오를 때는 사람들이 일반적으로 크게 반응하지 않기 때문에 저절로 사라진다. 하지만 심장 마비처럼 두려운 생각이 떠오르면 불안감이 몰려오면서 생각을 통제하고 싶은 충동이 든다. 마치 작은 불이 붙었을 때, 불을 끄기 위해 비상태세로 돌입하는 것과 비슷하다.

뇌에서는 그러한 반응을 중요한 것으로 해석하고, 그 생각에 우선순위를 두어 비슷한 유형의 생각을 더 많이 내보낸다. 이때 이들 생각을 없애려고 노력할수록 더 많은 주의력과 영향력이 집중되면서 그 생각이 더 자주 떠오르는 악순환이 시작된다.

그렇다면 불안한 생각을 밀어내거나 없애려고 애쓰는 대신, 생각을 그대로 놓아두기로 선택할 수 있다. 그러면 시간이 흐르면서 생각이 자연스레 힘을 잃고 사라진다. 이렇게 반응한다면 그 생각이 그다지 중요하지 않다는 신호가 뇌로 전달된다. 그렇게 생각은 줄어들고, 불안감도 덩달아 감소한다.

수용은 생각을 그냥 없애 버리기가 불가능하다는 사실을 인정하고, 생각이 마음속에 머물도록 내버려 두는 것이다. 원치 않는 생각을 없애거나 통제하려는 시도가 소용이 없다는 점은 이미 알고 있을 것이다. 이제껏 불안 극복에 별반 도움이 되지 않았을 테니 말이다. 그리고 생각을 그저 생각이 아닌 기정사실로 받아들이는 사람은 생각이 시키는 대로 행동하기 마련이다. 하지만 생각이 시키는 대로 행동해도 불안은 극복되지 않았을 것이다.

13세기 페르시아 문학가 잘랄루딘 루미(Jalaluddin Rumi)의 시 〈여인숙(The Guest House)〉은 우리에게 커다란 영감을 준다. 이 시는 생각을 수용한다는 개념을 아름다운 은유로 포착한다.

The Guest House
여인숙

This being human is a guest house.

인간은 여인숙과 같은 존재다.

Every morning a new arrival.

아침마다 새로운 손님을 맞기에.

A joy, a depression, a meanness,

기쁨, 우울, 심술

some momentary awareness comes

그리고 찰나의 깨달음이

as an unexpected visitor

예기치 않은 방문객처럼 찾아온다.

Welcome and entertain them all!

그 모두를 환영하고 맞이하라.

Even if they are a crowd of sorrows,

설령 거대한 슬픔의 무리가 찾아와

who violently sweep your house

당신의 집을 우악스럽게 휘젓고

empty of its furniture,

살림살이를 몽땅 털어 가더라도

still, treat each guest honorably,

그들을 정성으로 대하라.

He may be clearing you out

어쩌면 그들이 당신에게 새로운 기쁨을 주기 위해

for some new delight.

당신을 정화하러 온 것일지니.

The dark thought, the shame, the malice,

어두운 생각과 부끄러움, 적개심이 당신을 찾더라도

meet them at the door laughing

문 앞에서 웃는 모습으로

and invite them in,

그들을 맞이하라.

Be grateful for whatever comes.

누가 오더라도 감사하라.

Because each has been sent

누구든 당신을 찾는 이는

as a guide from beyond.

모두 머나먼 곳에서 온 인도자이니.

나는 환자들에게 위의 시를 소개하면서 자신을 다양한 생각이 손님처럼 오가는 여인숙으로 생각하도록 독려한다. 기쁨과 기대감을 안겨 주는 생각이 있는 반면, 두려움이나 불안, 슬픔을 불러일으키는 생각도 있는 법이니 말이다.

루미의 시에서는 어떠한 생각이라도 우리에게 가치가 있기에 환영하며 맞이하라고 말한다. 그리고 생각을 밀어내고 거부하는 대신 친절하게 대하며, 그로부터 배울 것을 강조한다. 이를 통해 우리는 자신을 더 깊이 이해할 수 있다. 결과적으로 〈여인숙〉은 우리가 경험하는 모든 생각에 의미가 있으며, 그 생각이 내면의 평온을 찾는 여정에 기여할 수 있음을 일깨워 준다.

생각을 부정하거나 거부하면 생각은 끊임없이 마음의 문을 두드리며 주의를 끈다. 저항은 내면의 갈등을 부르고 불안과 싸움을 키운다. 그렇게 생각이 마음을 전부 장악한다면 생각을 막으려는 노력은 헛수고로 돌아간다. 그러나 생각을 수용하면 이해심과 연민으로 생각을 다룰 수 있으며, 궁극적으로 더 큰 평온을 얻을 수 있다.

루미의 시 외에도 당신에게 깨달음을 주며, 마음속에 떠오르는 생각과 더 건강한 관계를 맺도록 도와주는 수단이 분명 존재할 것이다. 예컨대 노래나 영화의 한 장면, 이야기의 한 부분도 잠시 멈춰서 생각을 성찰할 기회를 준다. 또한 주변 사람들이 공유한 말이나 글귀가 마음에 울림을 줄 때도 있다. 그러니 잠시 시간을 내어 무엇이 떠오르는지, 그 통찰을 어떻게 간직할지 생각해 보자. 이렇듯 마음에 위로를 주는 시나 노래, 문구를 발견한다면 생각을 수용하는 태도를 기를 때 도움이 된다.

수용 선언문은 생각을 받아들이는 연습을 하는 데 굉장히 간단한 기법이다. 제이드는 하루에도 몇 번씩 자신의 갑작스러운 죽음으로 아이들이 큰 충격에 빠질 것이라 단언하곤 했다. 이렇게 마음속으로 무서운 이야기를 자주 들려준다면, 평온과 안도감이 간절히 필요한 순간에 오히려 자신을 공포로 몰아넣는다. 이처럼 불안한 생각을 긍정하는 방식은 안도감을 가져다주지 못했다. 오히려 그녀를 더욱 두렵고 불안하게 했다.

하지만 제이드는 '나는 오늘 죽게 될 거야.' 같은 생각까지도 받아들일 수 있게 되자, 그녀는 자기 생각을 조금 더 수월하게 의식할 수 있었다. 그리고 섣부르게 반응하거나 행동하기 전에 먼저 숙고할 수 있었으며, 조치를 취하지 않고도 생각을 견디는 능력을 키울 수 있었다. 아래의 예를 참고하여 나만의 수용 선언문을 써보자.

> **과제 10**
>
> ✓ **수용 선언문**
>
> 아래의 짧고도 간단한 수용 선언문은 그대로 활용해도 좋고, 당신의 상황에 맞게 고쳐서 활용해도 좋다. 이 선언문은 변화를 촉진하고 수용하는 자세를 기르도록 도와주므로 매일 읽어 보자.
>
> '나는 떠오르는 생각에 주의를 집중하겠다. 생각에 반응하여 불안을 가중시키는 대신 불안을 받아들이려 한다. 생각을 수용한다는 것은 내 머릿속에 떠오른 생각을 알아차리고, 그 생각을 그대로 내버려 둠을 의미한다. 그러니 그 생각에 반응하거나 생각이 시키는 대로 행동할 필요는 없다. 나는 내가 하고 싶은 일이나 해야 할 일로 부드럽게 주의를 전환할 것이다.'

이제 단순하게 생각을 관찰함으로써 생각을 인식하고 수용하는 능력을 기르는 마음챙김 훈련으로 넘어가 보자. 마음챙김은 내면의 경험을 비판하지 않고 받아들이는 효과적인 기법이다.

> **과제 11**
>
> ✓ **마음챙김**
>
> 연습을 시작하기 전에 아래에 제시된 단계를 모두 읽어 보자. 당신의 목소리로 녹음한 파일을 듣고 따라 하는 방법도 추천한다. 녹음된 당신의 목소리가 마음에 들지 않는다면, 주변 사람에게 부탁하거나 음성 변조 앱을 사용해도 좋다.
> 그리고 등을 기대고 발을 바닥에 내려놓을 수 있는 조용하고 편안한 자리를 찾아 앉는다. 바닥에 앉는 것을 선호한다면 매트나 쿠션을 대고 바닥에 앉아도 좋다. 몸이 편안하면서도 집중할 수 있는 자세를 찾아보자.
> 연습은 필요한 만큼 자주 한다. 처음에는 자주 연습하는 것이 좋으므로 일정에 포함한다면 도움이 된다. 물론 머릿속이 생각으로 가득 찬 나머지 번잡함을 느낄

때마다 수시로 연습해도 좋다.

① 먼저 눈을 감고 심호흡을 몇 차례 실시한다. 그리고 주위에서 들려오는 모든 소리에 주의를 기울인다.
② 이제 주의를 생각으로 서서히 돌린다. 그리고 생각의 위치를 정확히 파악하자. 당신의 생각이 머무는 자리를 찾아보자. 그 생각이 머릿속에 있는가, 뱃속에 있는가? 또는 내 위쪽인가, 아래쪽인가? 아니면 뒤쪽인가, 앞쪽인가? 왼쪽인가, 오른쪽인가? 몸 안에 있다고 생각하는가, 밖에 있는 것 같은가?
③ 생각의 형태는 어떠한가? 글인가, 그림인가? 색으로 표현한다면 어떤 색인가?
④ 생각은 이리저리 움직이는가, 아니면 가만히 있는가? 가만히 있다면 어디에 머물고 있는가? 움직인다면 얼마나 빠른 속도로, 어느 방향으로 움직이는가?
⑤ 생각을 관찰하면서 생각이 바뀌어 가는 양상을 살펴본다. 관찰하고 있는 생각의 범위는 어느 정도이며, 어떠한 주제가 떠오르는가?
⑥ 당신의 생각 중 일부가 당신에 대한 분석과 논쟁을 어떻게 유도하는가를 인지한다. 그리고 당신이 이를 어떻게 거절하는지를 살핀다.
⑦ 당신의 생각을 관찰하는 자신의 존재를 의식한다. 당신이 있고, 당신과 별개인 생각이 있다. 당신의 생각과 당신은 하나가 아니다.

이제 몇 번의 심호흡을 해 보자. 숨을 천천히 코로 들이쉬고 입으로 내쉰다. 그리고 주변에서 들려오는 소리에 귀를 기울인다. 준비가 끝나면 눈을 뜨고 현재로 돌아온다.

당신의 생각을 받아들이면 자신에 관한 한두 가지 이야기에 매달릴 필요가 없이 경험의 전모를 바라볼 수 있다. 이에 '모 아니면 도'라는 흑백 논리가 줄면서 생각이 유연해진다.

제이드의 사례와 같이 죽음에 관한 생각을 비롯하여 모든 종류의 불안감에서 벗어나야 한다는 생각에 집착할 필요가 없다. 생각을 받아들이면 내면의 불안한 생각뿐 아니라 다른 생각도 많음을 깨닫는다. 그렇게 불안한 생각과 싸우는 시간이 줄어들면 그 생각에 마음을 빼앗기는 시간도 함께 줄어든다. 그리고 마음속에 부정적이거나 긍정적인 것 외에도 다양한 생각이 있음을 알 수 있다.

불안한 생각은 그것을 기정사실로 받아들이지 않으면서도 그 존재를 알아차릴 수 있다. 그중 하나는 불안한 생각을 재구성하는 것이다. 그러면 생각이 더 명확해지고, 생각을 받아들이기도 더 쉬워진다.

이제 객관적 현실을 반영하도록 생각을 재구성하는 방법을 살펴보자. 이 기법을 활용하면 생각과의 관계를 긍정적으로 변화시킬 수 있다. 그리고 내면의 생각이 어떠한 언어와 어조로 구성되어있는지 파악할 수 있다. 이를 통해 불안한 생각에서 거리를 둔 채로 상황을 더욱 객관적이고 따뜻한 관점으로 바라볼 수 있다. 생각을 정확하고 건설적인 방향으로 계속 재구성하다 보면, 시간이 지나면서 사고의 흐름이 자연스럽게 부정적인 방향에서 유익한 쪽으로 바뀐다.

과제 12
✓ 생각 재구성하기

조의 사례를 예로 들어 보자. '난 정말 어설프기 짝이 없는 사람이야.'라는 생각은 '또 나를 어설프기 짝이 없는 사람이라고 생각하고 있구나.'로 재구성할 수 있다. 그럼으로써 조는 생각과 자신을 분리해 낼 수 있으며, 이를 꾸준히 연습하면 불안한 생각이 미치는 악영향에서 벗어날 수 있다.

※ 다른 예
- 불안한 생각: 오늘 밤에 자다가 죽을 거야. 느낌이 온다고.
- 재구성한 생각: 또 자다가 죽을 거라는 생각을 하고 있구나.

- 불안한 생각: 모두에게 거절당하겠지.

- 재구성한 생각: 또 모두에게 거절당할 생각을 하는구나.

- 불안한 생각: 토할 것 같아.
- 재구성한 생각: 또 토할 것 같다는 생각을 하네.

위와 같이 자신의 불안과 관련된 생각을 몇 가지 적어 보자. 이 방법을 매일 연습하면 큰 도움이 될 것이다. 연습하기를 잊었다면 하루를 마무리할 때 3~5가지 생각을 떠올린 뒤 일기장이나 노트 앱에 적어 보자.

지금 우리는 생각과의 관계 변화를 위해 노력하고 있다. 그리고 생각을 재구성하는 연습은 자주 반복해야 원하는 성과를 얻을 수 있다. 변화는 불안한 생각을 외면하지 않고, 생각과 동행하는 새로운 방식을 받아들일 때 일어난다. 그러기 위해서는 꾸준한 연습이 무엇보다 중요하다.

생각 탐색하기

생각을 면밀히 살펴보는 일은 생각의 존재를 받아들일 때 도움이 되기도 한다. 불안한 생각은 특정 주제와 패턴을 따라 반복적으로 나타나는 경우가 많다. 아래 질문에 답하면서 생각을 탐색하다 보면, 당신에게 도움이 되지 않는 방식으로 반응하지 않으면서 생각의 존재를 받아들이기가 수월해진다.

- 이 생각이 오랫동안 반복적으로 떠올랐는가?
- 이 생각을 예전에도 해 본 적이 있는가?
- 이 생각을 사실로 받아들이면 좋은 점이 있는가?
- 이 생각으로 효과적인 행동을 이끌어 낸 적이 있는가?
- 이 생각은 쓸데없는 행동을 종용하는가?

마음에 감사를 표하며 생각에 이름을 붙이는 것 또한 생각을 받아들이는 또 다른 방법이다. 다음의 내용을 살펴보고 마음속의 불안 극복 시스템에 추가해 보자.

> 과제 13
>
> ✓ **마음에 감사하고 생각에 이름 붙이기**
>
> 마음에 감사하고 생각에 이름을 붙이는 기법은 불안한 생각에 사로잡히는 대신 인식하고 받아들이도록 돕는다. 또한 불안한 생각이 행동에 미치는 영향을 줄이고, 부정적인 사고 패턴을 깨트려 불안한 생각의 신빙성을 떨어뜨린다.
>
> 먼저 당신의 마음을 향해 제 역할을 잘 해줘서 고맙다고 인사하고, 당신이 발견한 생각에 이름을 붙인다. '일깨워 줘서 고마워, 마음아. 이번에도 '끔찍한 병에 걸릴 예정'이라는 생각이구나.'
>
> 가능하면 이 문장을 소리 내어 말해 보자. 공공장소처럼 실천이 어려운 곳에 있다면 마음속으로 말해도 좋다. 아니면 글로 적어 보자. 그러면 곧 반복적인 패턴이 나타날 것이다.
>
> 불안한 생각이 떠오를 때마다 생각이 마음의 산물임을 인정하고 마음의 역할과 기여에 감사하며, 생각에 이름을 붙이고 흘려보낸다. 불안한 생각이 배경음악처럼 계속 재생되어도 그냥 내버려 두면서 하려는 일에 부드럽게 주의를 돌린다.
>
> 여기서 몇 가지 사례를 살펴보자.
>
> - '목에 뭔가 걸린 것 같음'이라는 생각이구나.
> - 이것 봐라? '병에 걸릴 예정'이라는 생각이 또 떠오르네.
> - 이건 '모두 널 쳐다보는 중'이라는 생각이네.
> - 이건 '넌 신경 질환자'라는 생각이야.

지금까지 수용에 도움이 되는 몇 가지 기법을 소개했다. 소개한 기법을 꾸준히 연습하겠다고 자신과 약속해 보자. 기법을 일상에 적용하는 데 많은 시간을 할애할 필요는 없다. 여태까지 불안한 생각에 대처하기 위해 활용한 방법 대신 사용하면 된다.

지금 사용하는 대처법에 얼마나 많은 시간을 들이는지 돌이켜본다면, 앞으로는 새로운 방법으로 대체할 수 있지 않겠는가? 이에 현재 불안한 생각에 대처하는 데 들이는 시간과 에너지를 가늠해 보자. 그리고 책에서 소개한 기법으로 대신할 수 있을지도 생각해 보자.

> 불안한 생각의 존재를 받아들이면
> 어떤 생각이라도 이를 위한 공간을 마련할 수 있다.
> 그러면 불안한 생각에 맞서 싸우는 대신
> 그 생각을 잘 활용할 여지가 생긴다.

1.4. 근원 분석하기

불안을 유발하는 트리거는 거의 항상 불안한 생각을 동반한다. 그러한 생각이 떠오르면 괴로움을 유발하므로, 우리는 이를 완화하는 조치를 취하려 든다. 이때 불안한 생각이 떠오른 이유는 바로 그만한 사건이 일어났기 때문일 것이다. 그 원인을 안다면, 불안한 생각에 따른 경험을 이해하면서 대처할 시기와 방법을 깨닫는다.

불안한 생각이 떠오르는 이유, 트리거, 과거 경험, 강화 요인을 이해하면 불안한 생각에 더 수월하게 대처할 수 있다. 이러한 이해가 없으면 무서운 생각이 엄습할 때 곧바로 괴로워하며 충동적으로 반응할 가능성이 커진다. 이는 가장 바람직하지 못한 반응이다.

우리는 불안과 공포의 순환 고리를 맴도는 대신 속도를 늦추고 상황을 파악해야 한다. 불안의 순환 고리에 빠지면 점점 더 불안해지기 때문이다.

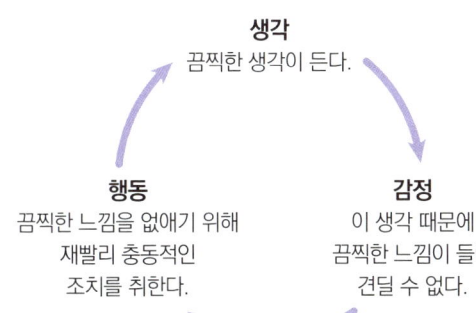

환자 사례
아미나의 여행 불안증

아미나는 집을 떠나는 여행이라면 종류를 불문하고 굉장히 불안해했다. 아미나는 집이라는 안전 지대를 하루도 벗어나기 싫어했고, 밖에 있는 동안 좋지 않은 일이 생기면 어쩌나 끊임없이 걱정했다. 그리고 불안감이 걷잡을 수 없이 치솟으면 집에 곧바로 돌아가지 못하고 여행지에 발이 묶일 거라고 생각했다.

여행을 떠나기로 한 날짜가 가까워질수록 아미나의 불안은 점점 커졌다. 이때 그녀는 잠을 이루지 못하고 속이 울렁거려 밥조차 제대로 먹기도 힘들어했다. 여기서 우리는 아미나의 불안이 집을 떠나는 여행 일정에서 유발되었음을 알 수 있다.

아미나에게 여행은 괴로운 일이다. 따라서 여행을 앞둔 시점에는 당연히 불안이 치솟을 것이다. 그러나 그녀는 이 불안감을 여행 중 무언가 잘못되리라는 징후로 잘못 해석했다. 아미나의 몸 상태가 평소와 달리 이상하게 느껴진 이유는 물론 불안감 때문이겠지만, 그녀는 이를 불길한 전조로 받아들였다.

불길한 예감에서 벗어나려면 불안을 유발하는 트리거를 이해해야 한다. 아미나의 여행 불안은 휴가 중 공황 발작을 겪은 후 시작되었으므로, 여행을 두려워할 법하다. 하지만 그렇다고 해서 반드시 나쁜 일이 일어나지는 않는다.

불안한 생각은 이유 없이 떠오르지 않는다. 그러니 시간을 내어 그 생각이 떠오르는 이유를 찾고 이해하는 편이 좋다. 이에 저마다 불안한 생각이 떠오르는 이유가 될 만한 사건이나 경험이 있을 것이다. 아래 질문에 답하면서 당신의 사고 과정을 명확하게 파악해 보자.

불안한 생각이 떠오르는 이유 이해하기

- 신체 외부에서 불안한 생각이 떠오를 만한 일이 일어났는가? 일어났다면 무슨 일이었는가?
- 몸 또는 마음속에서 불안한 생각이 떠오를 만한 일이 일어났는가? 일어났다면 무슨 일이었는가?
- 불안한 생각이 떠오르기 전에 당신은 무엇을 하고 있었는가?
- 당신이 마주한 상황으로 그런 생각이 떠올랐는가? 그렇다면 당시에 무엇을 보고 들었는가?
- 과거에 고통스러웠던 기억이 떠오르는가? 이에 불안한 생각을 떠오르게 만드는 기억이나 심상, 느낌이 있는가?
- 불안한 생각이 떠오르는 이유가 있는가? 아니면 불안한 생각이 들 법하다고 수긍할 만한 이유가 있는가?

위 질문에 대한 답변 사례를 살펴보자.

- 나쁜 기억이 떠올랐고, 그게 내 생각에 영향을 미쳤다.
- 안 좋은 일이 일어난 걸 보고 그 일이 내게 닥칠까 두려워졌다.
- 나쁜 소식을 듣고 나니 불안한 생각이 떠올랐다.
- 마음의 습관으로 불안한 생각이 떠오른다.
- 가슴에서 느껴지는 감각 때문에 공황 발작이 일어났던 기억이 떠오르자 마음이 불안해졌다.

> 질문에 답하면서 불안한 생각의 원인을 파악했다면, 이에 반응하거나 무작정 조치를 취해야 할 필요는 없다. 대신 제3장에서 소개한 기법을 활용하여 불안에 따르는 신체의 스트레스 반응을 다스려 보자.

불안한 생각을 유발하는 트리거는 다양하지만,
트리거가 무엇이라도 불안한 생각이 곧 진실은 아니다.
불안한 생각이 떠오르는 데는 그만한 이유가 있기 마련이고,
그 이유를 이해하면 불안한 생각과의 싸움을 줄일 수 있다.

1.5. 지나친 동일시 피하기

손바닥을 펴고 두 손을 앞으로 내밀어 보자. 그런 다음 눈을 뜨고 손으로 얼굴을 가린다. 무엇이 보이는가? 손이 보이고 손가락 틈 사이로 빛이 살짝 새어 나올 것이다.

이제 손을 허리까지 내려 보자. 무엇이 보이는가? 훨씬 더 많은 것이 보일 것이다. 이처럼 불안한 생각과 자기와의 지나친 동일시는 마치 두 손으로 눈을 가린 모습과 같다. 이때는 자기 생각에 매몰되면서 사물을 다양한 관점에서 바라볼 수 없다.

지금 소개하고자 하는 기법은 불안한 사고 패턴을 바꾸기 위한 것이다. 불안이 의도하는 바와 달리 당신의 생각은 곧 당신 자체가 아니라는 점을 기억하자.

불안이 엄습하면 자신과 타인은 물론 인생과 현실을 부정적으로 바라보는 신념이 강해진다. 이러한 신념은 크나큰 괴로움을 몰고 온다. 부정적인 신념이 굳어질수록 우리가 곧 그 신념인 것처럼 온갖 고통스러운 자리로 자신을 내몰기 시작한다.

> **환자 사례**
> **에즈라와 심장 마비**
>
> 에즈라는 갑자기 심장 마비에 걸리지는 않을까 늘 불안해했다. 심장 질환을 두려워하는 다른 환자와 마찬가지로 에즈라는 심장 기능에 지나친 관심을 보였다. 이에 그는 자신의 심박수와 그 변화를 면밀하게 추적, 관찰했다.
>
> 에즈라가 떠올리는 불안한 생각으로는 '내게는 아무도 알 수 없는 심장 질환이 있다.' 또는 '조심하지 않으면 심장 마비가 올 것이다.' 등이 있었다. 그는 앞의 생각과 자신을 지나치게 동일시하면서 진짜 심장 질환에 걸린 것처럼 행동하기 시작했다. 격렬한 움직임이나 운동을 피했고, 산책을 나갔다가 심박수에 변화가 있을 때는 굉장히 천천히 걸어서 집에 돌아왔다.
>
> 또한 에즈라는 불안감 때문에 심장의 상태가 나빠졌다고 믿었다. 그는 심장 질환이 더 악화되지 않도록 조심스럽게 움직이며 충분한 휴식을 취했다. 에즈라의 행동을 보면 자기 생각을 어떻게 실현하는지 확연히 드러난다. 그는 자기 생각이 진실인 것처럼 행동했고, 그 생각과 일치하는 모습을 보였다.

생각과 자신을 지나치게 동일시하면, '나는 나이고, 생각은 단지 생각일 뿐'이라는 사실을 직시하지 못한다. 그러한 사람은 자기 생각이 곧 자신이자 현실이라고 믿지만, 사실은 그렇지 않다.

우리는 불안한 생각이 만들어 낸 드라마에 빠져들기 마련이고, 그렇게 생겨난 생각의 경로는 금세 고착된다. 이제부터는 자기 생각과 자신을 지나치게 동일시하지 않고, 생각과 적정 거리를 유지하도록 도울 세 가지 기법을 소개한다. 꾸준히 연습한다면 불안한 생각을 관조하는 힘을 기를 수 있을 것이다.

다음에 제시한 기법은 생각과의 관계 변화를 돕는다. 표현 방식을 바꾸면 생각에 갇히지 않고 한 발짝 물러나 새로운 관점에서 생각을 바라볼 수 있다.

과제 14

✓ 지나친 동일시 피하기

① 목소리를 활용해 생각과 거리두기

실제로 소셜 미디어에 가끔 공유한 결과 팔로워들의 반응이 무척 좋았던 기법이다. 이 기법은 애창곡이나 입에 붙는 리듬을 활용해서 생각을 노래로 바꿔보는 것이다. '내 생각이 내게 말하네…'로 시작해서 생각이 당신에게 전달하려는 메시지를 노래로 표현한다. 그리고 이 과정을 몇 번 더 반복한다.

다른 방법은 자신의 생각을 다른 목소리나 억양으로 말해 보는 것이다. 불안한 생각이 몰려온다 싶을 때, '그러니까 이번에는 내 생각이 나에게 ○○라고 말하고 있네.'처럼 머릿속 생각을 흥겨운 목소리로 크게 소리 내어 말해 보자.

여기서 심장 질환과 관련하여 불안에 시달렸던 에즈라의 사례를 살펴보자. 에즈라는 다음과 같은 말을 여러 번 소리 내어 반복했다.

"지금 내 생각은 내게 심장 문제가 있다고 말하고 있어. 오늘 심장 마비로 죽을까 봐 두렵다는 소리지."

또한 그는 자기 생각을 걸쭉한 리버풀 사투리로 표현해 보기도 했다.

"뭐시여, 또 시작이네이. 인자 걸리도 않은 심장병 땜시 나가 죽는다고 말해부네.(뭐야, 또 시작이네. 이제는 걸리지도 않은 심장병 때문에 내가 죽는다고 말해 버리네.)"

가족이나 친구 앞에서, 또는 거울 앞에서 자기 생각을 노래나 말로 표현해 보자. 아니면 스마트폰으로 미리 촬영한 뒤 같은 생각이 떠오를 때 봐도 좋다. 여기에 제스처와 동작을 덧붙여 더욱 극적이고 흥미롭게 만들어 보자. 평소와 다른 모습을 보일수록 자신과 생각 사이의 거리를 더 벌릴 수 있다.

이 기법을 시도해 보고 효과가 있는지 살펴보자. 규칙적으로 연습하면 자기 생각을 관찰하는 능력이 향상된다. 표현법을 바꾸면 생각이 예전과는 다르게 들릴 것이다. 이에 저절로 명백한 사실이라 판단하는 것을 방지하고, 자기 생각과 객관적인 거리를 유지할 수 있다.

② 생각에 정체성 부여하기

불안이 흑색선전을 일삼는 독재자나 불한당이라고 생각해 보자. 나를 찾아온 환자 가운데 자신이 싫어하는 사람이 명령을 내리는 상황을 불안 증상에 대입하는 방법으로 도움을 받은 사람이 몇 있었다.

불안한 생각이 명령을 내릴 때, 그 생각을 당신이 싫어하는 사람이라고 상상한다. 그리고 다음과 같이 답해 보자.

'나는 네 지시도 괴롭힘도 모두 거부할 거야. 네가 뭔데 감히 나에게 이래라 저래라 하는 거지? 너에게는 아무 권한이 없으니 그런 말도 안 되는 요구는 들어 줄 생각 없어.'

이 기법을 제대로 활용하려면 당신이 두려워하거나, 감정적으로 동요를 일으키는 사람은 선택하지 말아야 한다.

③ 생각에 반응하고 행동하는 방식 바꾸기

자신에게 심장 질환이 있다고 생각하면서 실제로 심장 질환에 걸린 것처럼 행동하기 시작하면 그 생각은 더욱 강해진다. 생각은 강해질수록 더 자주 나타난다. 그러면 그 생각과 자신을 동일시할 가능성이 높아진다.

따라서 동일시를 막으려면 생각에 대응하는 행동 방식을 바꾸어야 한다. 생각에 따라 행동하기를 줄이고, 더 나아가 중단해야 한다. 그러니 불안 문제를 해결하고 싶다면 문제를 키우는 행동부터 멈춰야 한다.

그러나 생각에 반응하는 방식을 바꾸기는 쉽지 않으므로, 작고 실현 가능한 것부터 시작해 보자. 먼저 아래 질문에 답해 보자.

- 자기 생각에 동조하는 행동으로 무엇을 하는가?
- 그 행동의 빈도는 얼마나 되는가?
- 그 행동에 걸리는 시간은 얼마인가?

위 질문에 대한 답이 끝났다면 반응 행동을 줄여 나간다. 다시 에즈라의 사례를 살펴보자.

- 자기 생각에 동조하는 행동으로 무엇을 하는가?
  걷다가 심박수가 요동치면 바로 멈추고 앉는다.
- 그 행동의 빈도는 얼마나 되는가?
  매번 걸을 때마다 걷는 양이 줄고 있다.
- 그 행동에 걸리는 시간은 얼마인가?
  6분 정도 걷다가 심박수를 확인하고, 15분 정도 멈춰서 휴식을 취한 다음에 아주 천천히 걸어서 집으로 돌아온다.

그다음 답변에서 얻은 정보를 활용하여 적절한 변화를 모색한다. 에즈라의 경우는 아래와 같다.

- 걷는 동안 심박수를 확인하지 않는다. 꼭 확인해야겠다면 10분 후에 하고, 매 확인 시간은 2분씩, 최종적으로 30분까지 늘린다.
- 휴식을 위해 멈췄다면 휴식 시간을 15분에서 절반으로 줄인다. 적응되었다면 다시 절반으로 줄인다.
- 집으로 돌아갈 때 너무 느리거나 빠르지 않게 일정한 속도로 걷는다.

마지막으로 상황에 따라 바꿀 수 있는 사항을 공책이나 노트 앱에 기록해 두자.

나와 내 생각은 별개이다.
나는 나이고, 생각은 생각일 뿐이다.
불안한 생각과 나 사이에
건강한 거리를 유지하도록 돕는 여러 기법을 연습해 보자.

2. 평가하기

2.1. 생각 ≠ 현실

불안한 생각은 반복적으로 떠오를 때가 많다. 오래도록 그 생각에 시달리는 동안 생각이 현실이 된 적이 없음에도 불안한 생각을 떨치지 못하는 것이다. 이게 맞을까? 마음이 불안하면 불안한 생각에 빠지기 쉽다. 우리는 마음에서 그러한 생각을 걸러내야 한다. 이제부터 그 방법을 살펴보자. 이 기법을 꾸준히 연습하면 불안한 생각이 줄어들 것이다.

아래 표를 참고하여 공책이나 노트 앱에 반복적으로 떠오르는 생각을 표로 정리해 보자. 날짜를 적은 뒤 불안한 생각이 무슨 말로 당신을 위협했는지, 그 위협이 현실이 됐는지, 위협이 현실이 되지 않았다면 어떤 일이 일어났는지 적는다.

날짜	불안한 생각이 어떠한 말로 위협했는가?	위협이 현실이 되었는가?	위협이 현실이 되지 않았다면 어떠한 일이 일어났는가?
4월 1일	넌 기절할 거야.	아니다.	불안한 기분이 들었지만 기절하지 않았다.
4월 20일	넌 기절할 거야.	아니다.	하던 일을 계속했다.
5월 20일	넌 기절할 거야.	아니다.	아무 일도 없었다. 괜찮았다.

표를 만들었다면 불안한 생각을 추가하면서 그 생각의 내용이 현실이 되었는가를 '그렇다/아니다'로 응답한다. 그리고 현실에서 일어난 실제 상황을 적는다. 이 과정에서 곧바로 자신의 불안한 인식이 현실을 왜곡하고 있음이 분명히 드러날 것이다.

또한 생각을 추가할 때마다 '아니다'라고 답한 개수를 세어 보자. 예를 들어 "지금까지 '아니다'만 14번"을 소리 내어 말해도 좋다. 그러면 자신이 처한 상황을 사실적으로 파악하고, 자신의 인식과 객관적 현실 사이의 간극을 확인할 수 있다. 그러면서 사고 과정이 자연스레 재구성된다.

다음 표는 이해를 돕기 위해 불안 문제와 관련된 여러 생각을 예시로 든 것이다. 여기에서는 각각의 불안한 예측이 실제로 실현되었는지 판단하는 것이 목적이다. 보다시피 이 기법은 특정 결과를 예상하는 생각을 중점적으로 다룬다.

범불안장애	지각할 것 같아. 오늘 일은 망하겠네. 성적이 형편없겠지. 이번 프로젝트는 망했어.
건강 염려증	심장이 이상해. 심장 마비가 올 것 같아.
사회불안장애	오늘 회의에서 망신당하고 비웃음만 사겠지.
공황장애	출퇴근길에 공황 발작을 일으킬 것 같은데, 정신을 잃어버리면 어떡하지?

불안은 항상 무서운 결과가 나타나리라고 예측한다.
우리는 불안의 위협을 객관적으로 면밀하게 점검할 수 있다.
그러면 인지적 왜곡을 바로잡을 수 있다.

2.2. 편향으로부터의 탈피

불안한 생각은 두려운 쪽으로 편향된다. 따라서 그와 반대되는 요소는 어떤 것이라도 무시하는 경향이 있다. 즉 상황 안의 중립적, 긍정적 요소를 모두 배

제한 채 부정적인 요소에만 몰두하는 것이다. 이처럼 편향된 시각은 현재 가지고 있는 정보 가운데 마음을 진정시키는 것은 무시한다. 나쁜 일이 일어나지 않을 이유가 충분한데도 편향적인 불안의 작동 방식 탓에 그 반대의 믿음을 고착화한다. 이상과 같이 긍정적인 면보다 부정적인 면에 집중하는 성향은 굉장히 큰 고통을 안겨준다.

> **환자 사례**
> **리스의 현실 감각**
>
> 리스는 현실 감각을 잃고 미쳐 가고 있다는 불안감에 계속 시달려 왔다. 그는 스물여덟이라는 젊은 나이에 미쳐 버리거나 치매에 걸릴까 자주 불안해했다. 불안감이 치솟을 때면 말이 생각나지 않거나 적절한 표현을 찾기 어려워했고, 이런 증상을 근거로 자신이 치매를 앓고 있다고 믿었다. 리스의 생각은 걷잡을 수 없이 빠른 속도로 내달렸는데, 이는 사람들이 매우 불안할 때 나타나는 현상이다.
>
> 리스의 불안은 다른 환자들과 마찬가지로 두려운 결과에 편향되어 있었다. 이에 그는 두려움을 뒷받침하는 요소만을 고려했다. 리스는 시야를 넓혀 두려운 요소뿐 아니라 눈앞의 모든 요소를 고려하는 법을 배워야 했다. 다른 가능성을 살펴보던 리스는 지속적인 수면 부족이 증상의 원인에 해당한다는 사실을 받아들일 수 있었다.
>
> 그리고 리스는 매일, 매주 수백 가지 작업을 수행했다. 그러나 그 작업은 정신이 온전하지 않은 사람이 수행할 수 있는 일이 아니었으므로 이러한 사실을 고려할 필요가 있었다. 그 외에도 자신이 미쳐 간다는 생각에 전혀 부합하지 않는 사실이 많았고, 자신에 대한 통찰력 역시 상당히 좋은 편이었다.
>
> 나는 리스에게 친한 친구가 자신과 같은 두려움을 느낀다면 어떻게 대응하겠냐고 물은 적이 있었다. 그는 친구가 할 수 있는 일과 성품, 행동, 능력을 모두 얘기하면서 친구의 믿음이 옳지 않다는 것을 깨닫도록 도와줄 것이라고 답했다.
>
> 리스는 직장에서 스트레스를 덜 받고 잠을 잘 잤을 때는 현실 감각을 잃고 미

> 쳐 간다는 생각이 들지 않음을 알게 되었다. 마지막으로 그는 10대 후반부터 그러한 생각을 해 왔다. 그럼에도 지금껏 일상적인 능력에 아무런 변화도 일어나지 않았다. 따라서 리스는 이제야 멀쩡하며, 미치지 않았다는 사실을 스스로 깨달을 수 있었다.

아래는 당신의 시야를 넓힐 질문 목록이다. 불안에 반하는 요소를 고려하면 그러한 생각에서 벗어날 수 있다. 이 기법도 능숙해지도록 여러 번 연습한다면 상황을 폭넓게 바라보기가 쉬워진다. 그러할수록 불안은 줄어들 것이다.

> ① 지금껏 고려하지 못한 요소는 무엇인가?
> ② 불안한 생각에 부합하지 않는 요소는 무엇인가?
> ③ 내가 가지고 있는 생각과 완전히 상반되거나 다소 반대되는 요소는 무엇인가?
> ④ 불안한 생각에 전혀 부합하지 않는 일이 일어난 적이 있는가?
> ⑤ 다른 사람이 이런 생각을 하고 있다고 말하면 무엇을 지적하겠는가?
> ⑥ 예전에 불안한 생각이 들었을 때, 그 생각대로 되지 않으면 생각을 어떻게 바꾸었는가?
> ⑦ 불안한 생각에 반복되는 패턴이 있는가? 그렇다면 그 패턴에서 무엇을 배웠는가?

**불안할 때는 생각이 두려움으로 편향되어 부정적인 요소만 생각하기 쉽다.
이처럼 부정적인 관점에 의문을 제기하면 사고의 폭이 넓어진다.
이를 통해 다른 가능성,
특히 불안한 생각에 반하는 요소를 고려할 수 있다.**

2.3. 의견 A vs. 의견 B

이번에는 불안과 관련하여 내면의 두 가지 의견을 활용하는 기법을 살펴보자. 의견 A는 불안이 정확하고, 불안이 제안하는 생각이 옳다고 가정한다. 반면 의견 B는 불안이 문제이며, 사실과 다른 것을 믿게 한다고 가정한다.

당신이 두려워하는 것이 사실인지, 아니면 불안의 영향 때문은 아닌가 하는 의문이 든 적이 있는가? 이처럼 상반된 두 의견을 비교 분석하는 접근 방식은 환자들이 치료사의 말에만 의존하지 않고 자신의 경험에서 진실을 발견하게 한다. 이러한 점에서 해당 기법은 큰 영향력을 발휘한다.

타인의 말에서 비롯된 안도감은 마음을 설득하기에 부족할 때가 많다. 반면 '의견 A vs. 의견 B' 기법을 활용한다면 두 의견을 스스로 살펴보는 과정에서 더 나은 결과를 얻을 수 있다.

맛있는 요리를 만들려면 재료를 배합하고 정성 들여 조리해야 한다. 이와 마찬가지로 정확한 지식을 얻으려면 정보를 신중하게 처리하고 분석해야 한다. 불완전하고 부정확한 생각은 완벽히 조리되지 않은 음식 같아서 맛이 없을 뿐만 아니라 건강에 해로울 수 있다.

미완성 요리에 빈틈이 있듯, 불완전한 의견에는 확인해야 할 허점이 있다. 두 가지 의견을 비교하면 모든 측면을 고려하여 어떤 의견을 따라야 할지 결정할 수 있다. 불안한 생각은 아직 분석을 끝마치지 못한 설익은 생각과 같다. 두 가지 상반된 의견을 분석할 때도 요리와 마찬가지로 시간과 노력, 세심한 주의를 기울여야 한다. 이러한 분석 과정을 통해 자신을 성찰하고 실제 현실에 부합하는 의견을 선택하여 불안 극복이라는 목표를 향해 나아갈 수 있다.

그렇다면 열린 마음으로 당신에게 어떠한 의견이 옳은지 찾아보도록 하자. 한 의견을 다른 의견보다 편애하지 않도록 하면서 이론의 근거를 찾고 평가하는 과정으로 정보에 입각한 결정을 내리자. 어느 의견이 더 실질적인 근거를 갖추고 있고, 근거가 부족한 것은 무엇인지 판단한다. 이 과정에서 당신에게 필요한 정보를 수집하고, 정보의 정확성을 바탕으로 의견의 타당성을 판단한다.

[환자 사례]
제니의 두 가지 의견

제니는 나와 함께 클리닉에서 '의견 A vs. 의견 B' 기법을 적용해 보았다. 제니의 두 가지 의견은 다음과 같다.

- **의견 A**: 가슴의 두근거림은 심장 마비의 징후다.
- **의견 B**: 가슴의 두근거림은 불안에서 비롯된 무해한 신체 변화일 뿐이다.

그 후 나는 제니에게 앞으로 2주간 가슴이 두근거린 상황을 전부 기록해 달라고 요청했다. 제니는 다음과 같이 표로 자신의 경험을 기록했다.

날짜	상황 및 결과	의견 A vs. 의견 B
4/11	친구와 산책을 나갔다가 마음이 불안해지면서 심장 박동이 지나치게 의식되어 가슴이 쿵쿵댔다.	심장 마비를 겪지 않았으므로 의견 B
4/20	온라인으로 운동 수업을 듣는 중 심박수가 빨라지면서 마음이 매우 불안해졌다.	위와 같음
4/26	집안에 대가족이 모인 자리에서 덥고 가슴이 두근거려 숨이 막혔다.	위와 같음
4/27	건강검진을 받으면서 의사가 심장 질환이 있다고 얘기할까 너무 두려워 심장이 뛰었다.	위와 같음, 의사도 불안 문제라고 지적함.

제니의 사례를 살펴보면 의견 B의 타당성이 입증되었음을 알 수 있다. 제니는 불안증이 있지만, 심장에는 의학적 문제가 없다. 이를 통해 제니는 심장보다 불안 증상이 문제임을 깨달았다. 그러면서 불안도가 낮아지고 신체 증상이 완화되면서 불안한 생각도 덜 떠올랐다. 또한 제니는 생리적 스트레스를 받으면 심장이 뛰는 등 몸이 반응하는 것이 정상적이라는 사실을 깨달았다.

제니의 사례를 참고하여 자신만의 두 가지 의견을 만들고 실험해 보기 바란다. 2주 동안 신체 증상을 경험한 상황을 기록하고, 그 상황이 두 가지 의견 중 어떤 것에 부합하는지 기록한다. 2주가 지나고 이 실험에서 어떤 의견이 더 많은 지지를 받았는지 검토해 보자. 그리고 이 기법을 다양한 상황에 적용해 보자.

> **불안한 생각이 옳거나,**
> **불안 때문에 사실과 다른 신념을 갖게 된 것이다.**
> **걱정되는 증상을 2주간 평가해 보고, 어느 쪽이 맞는지 실험해 본다.**

3. 사고 패턴 전환

3.1. 대안적 설명

이제 불안이 우리의 관점을 어떻게 왜곡하는지 이해했을 것이다. 불안은 두려운 정보를 선호하며, 생각을 극단으로 몰아가는 경향이 있다. 불안에 사로잡힌 사람은 압도적인 공포감에 휩싸여 불안한 생각의 제안을 받아들이기 쉽다. 이에 자신의 경험을 다른 방식으로 설명하거나 다른 가능성을 고려하지 못한다. 하지만 우리가 생각할 수 있는 대안적 설명은 불안이 제시하는 왜곡된 설명에 비해 더 정확하고 현실적인 경우가 많다.

불안을 최악의 룸메이트라고 상상해 보자. 오직 우리가 가장 두려워하는 것만 끊임없이 떠들어 대는 룸메이트 말이다. 이 룸메이트는 한시도 쉬지 않고 귓가를 맴돌며 두려움을 상기시킨다. 그렇게 다른 생각은 떠올리지 못하게 만드는 것을 자기가 할 일로 여긴다.

이처럼 불안은 마치 머릿속에 들어앉아 아무리 무시하려 해도 가만히 내버려 두지 않는 성가신 룸메이트와 다를 게 없다. 이 룸메이트는 우리가 두려움에 사로잡힌 사이에 다른 것에 집중하지 못하게 방해한다. 직접 얘기하지 않는 순간에도 그 목소리가 배경음악처럼 흘러나와 우리가 두려워하는 것을 모두 얘기한다. 그 이야기를 듣다 보면 힘들고 지쳐 진이 빠지고 무력해진다. 이 무력감과 압도감에서 벗어나는 방법은 최악의 룸메이트인 불안의 목소리가 아닌 다른 목소리에 귀를 기울이는 것이다.

불안은 최악의 상황이 임박했다고 믿게 하는 힘이 있다. 이에 파국이 다가오는 느낌을 상징하는 양동이에 물이 반쯤 차 있다고 상상해 보자.

불안에서 비롯된 부정적인 생각과 행동에 집중하고 굴복하는 것은 마치 양동이에 무거운 돌을 떨어뜨려 수위를 높이는 것과 같다. 두려움에 반하는 증거를 무시하거나 회피할 때마다 양동이에 돌이 추가되면, 수위와 함께 불안도 덩달아 올라간다. 결국 양동이를 채운 불안이 넘치면 불안에 완전히 압도당한다.

불안에서 비롯되는 고통을 줄이려면 부정적인 생각에 반응하는 방식을 바꿔야 한다. 부정적인 생각을 사실에 바탕을 둔 파국의 징후로 해석하는 대신, 그저 불안 증상으로만 받아들이자. 그러면 양동이에서 무거운 돌을 빼내어 수위를 낮출 수 있다.

또한 부정적인 결과만 생각하지 말고 중립적이거나 긍정적인 결과가 나타날 가능성을 고려해 보자. 그렇게 하다 보면 불안이 해소되기 시작할 것이다. 즉 불안한 생각을 곧바로 믿기보다는 판단하지 않고 관찰하면서 그대로 머물게 두면 불안감을 더욱 낮출 수 있다. 이 기법을 꾸준히 연습하면 불안한 생각에 영향을 받거나, 그 생각에 따라 행동하는 빈도가 줄어들 것이다.

환자 사례

에밀리의 불안한 생각

에밀리는 거의 매일 불안한 생각에 시달리면서 심장 마비가 곧 일어날 것이라 확신하기까지 했다. 그러나 예상과 달리 에밀리에게 심장 기저 질환은 없었다. 이러한 불일치는 불안에서 비롯된 그녀의 신념이 옳지 않음을 보여 준다. 에밀리는 불안한 생각에 시달린 지 벌써 3년째이다. 그러니 그녀의 신념대로라면 에밀리는 이미 심장 마비를 겪었어야 했다.

에밀리의 치료 과정은 불안한 생각의 대안을 찾는 것이었다. 그녀의 불안한 생각은 대부분 불안감을 느끼는 상황에서 떠오른다. 그러면 불안이 불러오는 신체 증상으로 가슴이 두근거리기 시작한다. 이러한 증상은 늘 심장 마비에 관한 생각으로 이어졌다.

그녀가 시종일관 그러한 관점에 사로잡히는 동안 불안은 개선되지 않았다. 오히려 악화될 뿐이었으며, 그사이 신체 감각도 더 강해졌다. 에밀리는 불안 증상을 더 강하게 자주 느끼자 심장 문제가 틀림없다고 생각했다. 하지만 자신의 현 상황을 설명하는 새로운 대안을 찾고 나서는 더욱 이치에 맞고 안심이 되는 생각을 떠올렸다.

- 심장이 걱정되는 것은 정말로 문제가 있어서가 아니라 그저 마음이 불안해져서 걱정되는 것뿐이야.
- 심장이 뛰는 걸 보니 심장 박동과 리듬이 변한 건 맞아. 하지만 그런 지금 막 청소기를 돌렸기 때문이지, 심장 질환 때문은 아니야.
- 오늘 가슴이 두근거린 건 회사 사람들 앞에서 얘기할 때 너무 떨렸기 때문이야. 그냥 긴장을 한 탓에 몸이 그렇게 반응을 한 거지.

나는 에밀리에게 심장 마비에 관한 생각이 들 때마다 대안적 설명을 생각할 것을 요청했다. 처음에는 쉽지 않았지만, 에밀리는 대안적 설명을 떠올리는 데 금방 익숙해졌다. 그녀가 불안 때문에 대안을 완전히 믿지 못한다 해도 상관없었다. 그저 다른 관점을 고려하는 연습을 한다는 자체가 중요했다.

에밀리의 사례와 같이 당신 또한 불안 경험을 설명하는 현실적인 대안을 고려하기 바란다. 불안 증상은 영향력이 워낙 크다 보니 잘못 해석할 때가 많다. 그렇다면 이 경험을 불안을 덜 자극하는 방식으로 해석하는 대안, 다시 말해 두려움에서 비롯된 과장된 시각보다 현실성이 높은 것을 찾아야 한다. 에밀리는 아래 표에서 해당 기법으로 대안적 설명을 두 가지 더 찾아냈다.

불안에서 비롯된 생각	대안 1	대안 2	무엇이 옳았는가?
심장이 마구 뛰는 걸 보니 심장 마비가 올 것 같아.	불안하면 심장 박동이 빨라져. 불안한 생각이 들어서 그런 거야. 괜찮아.	심장이 빨리 뛰는 건 계단을 두 개씩 뛰어 올라갔기 때문이야.	심장 마비가 아니었다. 계단 두 개를 뛰어 올라가다가 심장이 뛰니까 무서워져서 그런 생각이 든 것뿐이었다.
소피가 아직도 안 오다니. 교통사고라도 난 거 아니야?	차가 밀리나 보다.	일이 늦게 끝나나 보네.	소피가 고장 차량 때문에 길이 많이 막혔다고 말했다.

이제부터는 당신이 실천할 차례다. 위와 비슷한 표를 만들거나 마음속으로 연습해 보자. 처음에는 공책이나 노트 앱에 글을 적어 본다. 그리고 능숙해지면 마음속으로 연습하는 편이 좋다. 다음 세 가지 질문에 답하면서 이 기법을 더욱 발전시켜 보자.

① 불안해진 탓에 두려운 결과를 예상한 적이 있는가? 그렇다면 실제로 결과는 어떠했는가?
② 지금 당신이 신체 감각을 잘못 해석하고 있다면, 지금 경험하는 이 감각을 달리 설명할 방법이 있는가? 예를 들어, 불안 증상 또는 같은 자세로 너무 오래 앉아있었다거나 음식이나 수분 섭취가 부족했기 때문은 아닌가?
③ 가능한 모든 대안적 설명을 고려했는가?

불안은 생각을 왜곡한다.
그러니 현재 상황을 설명하는 대안을 떠올려 보자.
대안이 현재 상황을 더 정확하게 설명할 가능성이 높다.

3.2. 왜곡된 사고 패턴

자신의 생각을 자세히 들여다보면서 왜곡된 사고 패턴을 찾아내는 것도 불안한 생각을 관리하는 또 하나의 기법이다. 제1장에서 살펴본 사고 패턴을 기억하는가? 필요하다면 그 부분을 한 번 더 확인해 보자. 자신이 왜곡된 사고 패턴에 빠져 있음을 안다면 사고의 부정성을 줄이고, 한 걸음 물러서서 보다 넓은 시야로 상황을 바라볼 수 있다. 이 기법은 편향된 마음을 바로잡는 훈련의 기회다.

슈퍼마켓에서 한쪽에만 물건이 몰려 있어 계속 한쪽으로만 쏠리는 쇼핑카트를 밀고 있다고 상상해 보자. 이런 상황이라면 당신은 무엇을 할 것인가? 물론 카트를 잡는 위치와 미는 힘을 조절하여 치우친 상태를 바로잡을 것이다. 마찬가지로 이 기법의 목표는 치우친 생각을 바로잡는 것이다. 생각이 한쪽으로 치우쳐 있다면 다른 관점에서 바라보며 치우친 상태를 바로잡기 위해 노력하자.

예컨대 파국적 사고와 같은 왜곡된 사고 패턴에 빠지지 않았다면 어떻게 생각할지 떠올림으로써 균형을 맞춘다. 그렇다고 해서 대안으로 떠올린 생각을 곧장 믿어야 한다는 뜻은 아니다. 처음에는 그저 다른 관점에서 생각해 보는 것만으로도 충분하다. 시간이 흐르면 다른 관점을 고려하는 과정이 자연스러워지고, 생각은 점차 부정적인 쪽으로 덜 치우치게 될 것이다.

그렇다면 구체적으로 무엇을 해야 할까? 매우 간단하다. 먼저 생각을 적고, 그 옆에 왜곡된 사고 패턴의 종류를 적으면 된다. 예를 들어 '의사는 아니라고 했지만, 이 혹은 암 덩어리고 내 인생은 이제 끝났다.'라는 생각을 적었다면, 그 옆에 '파국적 사고'라고 적으면 된다.

이제 아래와 같이 표를 만들어 첫 열에 생각을 쓰고 그 옆에 왜곡된 사고 패턴 유형을 적는다. 그리고 세 번째 열에는 왜곡된 사고 패턴에 빠지지 않았다면 어떻게 생각했을지를 쓴다.

생각	사고의 오류	오류 없는 생각
여기 만져지는 덩어리는 말기 암이겠지?	파국적 사고	이 덩어리가 암인지 알 수도 없고, 암을 의심할 만한 근거도 없어.
한 번이라도 시간 약속을 지키지 못하면 나는 실패자야.	흑백 사고	사람들이 늘 시간 약속을 지키는 건 아니지만, 시간 약속을 못 지켰다고 해서 실패자라고 볼 수는 없어.
집 밖으로 나가면 병에 걸릴 거야.	예언자적 사고	그건 모르는 일이야. 지난번에도 그런 예상을 했지만, 다섯 번이나 어긋났잖아?
사람들이 내 욕을 해. 모두 다 그렇겠지.	독심술적 사고	사람들이 무슨 생각을 하는지는 알 수가 없어.
난 너무 나약해. 다른 사람들은 이러지 않는다고.	낙인 찍기	사람들이 다 불안감을 느끼지만, 그렇다고 해서 꼭 나약한 건 아니야.
사람들에게 일어난 일을 나도 겪을 수 있어.	개인화	뭔가를 안다고 해서 그런 일을 당할 가능성이 더 높아지는 건 아니야. 문제는 그런 식으로 생기지 않는다고.
열이 오르나 봐. 세상에, 기절할 것 같아.	과장	매번 그런 생각이 들어도 실제로 기절한 적은 한 번도 없어.
난 실수투성이야. 또 그러잖아. 내가 다 망쳐 버렸어.	정신적 여과	실수하지 않을 때도 있는데, 자꾸 실수만 생각하니까 더 불안한 거야.
생각이 많아서 다행이야. 그렇지 않았다면 준비가 부족했을 거야.	불안에 대한 긍정적인 믿음	생각을 너무 많이 하면 문제가 생기고 나서 수습하는 것보다 시간이 더 많이 걸려. 게다가 인생의 재미도 사라지지.

3.3. 최악의 시나리오

당신은 불안한 생각이 최악의 결과로 치닫는 경험을 얼마나 자주 하는가? 이처럼 미래에 최악의 상황이 벌어지리라고 가정하는 사고 패턴이 바로 '최악의 시나리오 사고방식'이다. 이 사고방식은 불안장애 환자에게서 매우 흔하게 나타나며, 개인적으로 임상 현장에서 가장 흔하게 접한 사고 패턴이기도 하다.

최악의 시나리오는 단순한 두통을 무시무시한 뇌종양으로, 약속 취소를 거절로, 평범한 비행을 끔찍한 비행기 추락 사고로 뒤바꾸는 놀라운 힘을 갖고 있다. 그를 떠올리는 사고방식은 그저 최악의 결과가 일어날 가능성이 있다는 정도를 넘어 상당히 높다고 우리를 설득시키려 든다.

일어나지 않은 일을 상상하는 것만으로도 우리 몸과 감정은 마치 지금 그 일이 일어나는 것처럼 느낄 수 있다. 이러한 점에서 상상력은 굉장한 힘을 지닌다. 최악의 결과를 상상하는 능력은 생존을 위해 발전한 적응적 기능이지만, 현대 사회에서는 이 능력을 발휘해야 할 상황이 드문 편이다. 이처럼 마음을 뒤흔드는 생각이 계속해서 떠오르면 그 생각에 압도당하기 마련이다.

우리는 온갖 무섭고, 이상하고 놀라우면서 흥미진진한 상상을 떠올릴 수 있다. 불안한 뇌는 두려운 결과에 편향되면서 그에 부합하는 파국과 재앙을 쉽게 떠올린다. 최악의 시나리오를 상상할 때 우리는 심리적으로 크나큰 위협을 느낀다. 이에 따라 신체적으로도 상당한 생리적 스트레스를 받는다. 최악의 시나리오는 그 위협이 어떤 종류이든, 우리의 마음이 재앙에 사로잡힌 나머지 두려움으로 얼어붙게 하기도 한다.

이처럼 끔찍한 상황을 떠올리면 상황의 심각성에 비례하는 감정 반응이 일어난다. 최악의 상황을 상상할수록 감정은 더욱 격해진다. 이러한 감정 반응은 재앙의 징후로 해석된다. 즉 상상 속 재앙을 바탕으로 미래를 예측하고, 그 재앙과 격렬한 감정을 연결하는 오류에 빠지는 것이다. 사실 생각과 감정은 미래에 일어날 사건의 결과를 예측하는 능력이 없다.

많은 환자가 자신의 느낌을 우주가 보내는 일종의 신호로 설명한다. 그들은 '이런 느낌이 들 때는 그만한 이유가 있고, 내 예감은 사실이야.'라고 말한다. 그렇게 실제로는 수많은 사람이 경험하는 불안 증상을 일종의 메시지로 여긴다.

최악의 시나리오는 사실이 아니라 불안의 산물이자 증상이다. 따라서 불안 증상으로 취급하는 것이 가장 좋은 대처법이다. '나는 살면서 많은 걱정을 했지만, 대부분의 걱정은 현실로 이루어지지 않았다.'라는 마크 트웨인의 격언을 들어본 적이 있을 것이다. 미래에 대한 신념은 정신 건강과 안녕에 큰 영향을 미친다.

미래가 파국과 재앙으로 가득 차 있다고 믿는다면 기분이 좋을 수가 없다. 그렇다고 해서 미래를 지나치게 낙관적으로 바라보려 하지 않아도 된다. 그보다는 '인생에 좋을 때가 있으면 힘들 때도 있듯 다 기복이 있다.'라는 현실적인 관점을 취하는 것이 훨씬 낫다.

불안은 최악의 시나리오로 가는 길만 알려주는 내비게이션과 같다. 이 내비게이션의 안내를 맹목적으로 따라가면 결국 원치 않는 목적지에 도착한다. 다른 곳으로 가고 싶다면 내비게이션에 다른 목적지를 입력한 뒤 다른 경로를 선택해야 한다.

이처럼 내비게이션이 우리가 입력한 목적지로 안내하듯, 생각도 우리가 허락한 장소로만 우리를 데려갈 수 있다. 우리는 생각에 영향을 미치는 힘을 가지고 있다. 따라서 우리를 유익하고 풍요로운 길로 인도할 생각을 의식적으로 신중하게 선택해야 한다.

최악의 시나리오 사고방식은 모든 일이 잘못되는 최악의 상황만을 떠올리기 때문에 많은 일에 방해가 된다. 최악의 결과를 상상하면 어떤 일을 하는 것도, 어떤 곳도 가기가 싫어진다. 이처럼 회피하는 상황이 늘수록 일상생활에 지장이 생긴다. 특히 최악의 시나리오에 연연할 때, 최악의 결과가 기본값으로 설정되어 다른 대안을 고려할 여지를 남기지 않는다는 문제가 발생한다.

최악의 시나리오만 생각하면 불안감이 커질까, 줄어들까? 그리고 그것이 불안 극복에 도움이 될까, 아니면 더 큰 고통을 불러일으킬까? 지금까지의 경험을 돌이켜보자.

이제 최악의 시나리오 사고방식에 대처하는 세 가지 기법을 살펴보고, 각 기법을 차례대로 천천히 익혀 보자.

과제 15

✓ 선택지 늘리기

최악의 시나리오만이 당신에게 가능한 유일한 결과가 아님을 이해하고, 이러한 사고를 기본값으로 삼지 않도록 관점을 전환한다.

- 최악의 시나리오는?
- 다른 가능한 결과는?

최악의 시나리오 외에도 일어날 법한 일과 그렇지 않을 법한 일을 공책이나 노트 앱에 적어 보자. 여기에 가능성이 더 낮은 결과도 고려한다. 그리고 대안이 될 만한 결과를 최소 두세 개 정도는 써 보자.

일주일 후, 혹은 2주나 한 달이 지나고 실제로 현실이 된 결과에 동그라미를 치자. 당신이 생각한 최악의 시나리오는 합리적이었는가, 비합리적이었는가? 이처럼 결과를 기록해 두면 상황을 더욱 균형 잡힌 시각으로 바라보는 능력이 향상된다. 그렇다면 이 기법을 활용한 또 다른 사례를 살펴보자.

환자 사례
니코의 두려운 생각

니코는 최악의 시나리오 사고방식으로 많은 어려움을 겪었다. 그가 두려워하는 생각은 하나의 주제에서 다른 주제로 넘어가곤 했다. 그가 경험한 최악의 시나리오 중 하나는 건강 검진을 하는 날, 혈액검사 결과를 기다리는 동안 떠오르곤 했다. 결과를 기다리는 동안 니코는 자신이 죽어가고 있으며, 혈액검사 결과를 보면 확실히 알 수 있을 거라는 혼잣말을 반복하면서 두려운 생각과 심상에 시달렸다. 이에 니코는 위에서 설명한 기법을 보고, 아래와 같이 생각할 수 있는 다른 결과를 적었다.

- 아무 문제 없으며, 혈액 검사 결과도 전부 정상일 것이다.
- 몇몇 수치가 조금 올라갔지만, 별다른 조치는 필요하지 않을 듯하다.
- 사소한 문제가 있지만, 식단조절로 해결할 수 있을 것이다.

최악의 시나리오에 의문 제기하기

아래는 최악의 시나리오의 타당성을 살펴볼 때 도움이 될 만한 질문 목록이다. 자주 활용할수록 효과적이니, 가능하다면 질문 목록에 자주 답해 보자.

① 예상대로 최악의 결과가 나왔는가?
② 그렇지 않다면 결과는 어떠했는가?
③ 최악의 시나리오 속 예상이 현실적이라고 생각하는가?
④ 그런 생각을 전에도 해 본 적이 있는가?
⑤ 그런 적이 있다면 얼마나 오랫동안 그 생각을 해 왔고, 그것이 몇 번이나 실현되었는가?
⑥ 돌이켜보았을 때 그 생각의 뿌리는 감정인가, 현실인가?
⑦ 지금까지 얻은 지식을 바탕으로, 그 생각이 다시 떠오른다면 어떻게 대처하는 것이 현명하겠는가?

니코의 불안 경험을 예로 들어 위 기법을 설명하겠다.

① 예상대로 최악의 결과가 나왔는가?   아니다.
② 그렇지 않다면 결과는 어떠했는가?   혈액 검사 결과는 모두 정상이었다.
③ 최악의 시나리오 속 예상이 현실적이라고 생각하는가?
   전혀 현실적이지 않다.
④ 그러한 생각을 전에도 해 본 적이 있는가?
   그렇다. 건강검진을 받을 때마다 매번 최악의 결과를 예상했다.

⑤ 그러한 적이 있다면 얼마나 오랫동안 그 생각을 해 왔고, 그것이 몇 번이나 실현되었는가?

> 약 8년간 그 생각을 해왔지만 실현된 적은 없다.

⑥ 돌이켜보았을 때 그 생각의 뿌리는 감정인가, 현실인가?

> 사실 그 생각이 옳다고 생각했다기보다는 너무 무서운 나머지 자꾸만 최악의 결과를 떠올렸다. 느낌이 너무 안 좋다 보니 결과도 그럴 거라고 생각했다.

⑦ 지금까지 얻은 지식을 바탕으로, 그 생각이 다시 떠오른다면 어떻게 대처하는 것이 현명하겠는가?

> 그 생각을 곧바로 믿기보다 충분히 비판적으로 생각해 보고 사고의 폭을 넓히려고 노력한다.

과제 16
✓ 최악의 시나리오 vs. 최상의 시나리오

나도, 환자들도 이 기법이 효과적이라 무척 좋아한다. 마음이 불안할 때는 매일, 매 순간 최악의 시나리오가 떠오른다. 최악의 시나리오는 실현되지 않는 경우가 많다. 설사 그렇다 해도 다른 최악의 시나리오가 떠오르거나, 이번에는 아니더라도 다음에는 그렇게 되리라는 생각이 들 수 있다.

따라서 최상의 시나리오를 떠올리고, 그것이 실현된다면 어떨지 생각하는 연습을 하면 좋다. 먼저 최악의 시나리오를 적는다. 그러고 나서 만약 최상의 결과가 나온다면 그 결과는 무엇일지 자문해 본다.

최상의 결과를 상세히 기록하면서 시각적으로 어떤 모습일지 마음껏 상상의 나래를 펼쳐 보자. 그때 어디에서 무엇을 하고 있는가? 다른 사람이 곁에 있는가? 그 답을 오감을 활용하여 그림으로 그려 보자. 소리와 냄새는 어떠한가? 느껴지는 감촉과 맛은 어떠한가? 그렇게 사물의 질감을 느껴 보자.

위와 같이 몇 분 정도 시간을 들여 천천히 상상해 보자. 눈을 감으면 시각화에 도움이 된다.

이 기법을 연습하면서 니코는 생생한 이미지와 감각 경험을 포함한 최상의 시나리오를 떠올렸다. 그는 자신이 좋아하는 음악이 은은하게 흘러나오며, 자신의 곁에 반려견이 쉬고 있는 집에서 편안하게 재택근무 중인 모습을 상상했다. 그때 전화벨이 울리고 의사가 혈액검사 결과가 정상이라는 소식을 전해 준다. 이에 행복감과 안도감이 몰려온다.

그리고 니코는 잠시 쉬면서 커피 한 잔을 준비해 향을 음미한다. 커피를 한 모금씩 목에 넘기며 맛을 즐긴다. 당신은 여기서 니코가 모든 감각을 동원한 방법이 무엇인지 알아차렸는가? 그렇다면 당신도 니코처럼 최고의 상황을 아주 자세하게 떠올려 보기 바란다. 다시 말해 불안한 마음에 최악의 시나리오가 떠오를 때면 최상의 시나리오를 시각화해 보라는 얘기다.

밤중에 떠오르는 최악의 시나리오

임상 경험에 따르면 밤중에 최악의 시나리오를 더 자주, 더 무섭게 떠올리는 경향이 있다. 그러면 긴장을 풀고 쉬어야 할 순간에 되려 두려움에 휩싸인다.

밤중에 최악의 시나리오를 떠올리는 일은 곧 일어날지 모르는 재앙처럼 생각이 부정적인 쪽으로 기운다. 이에 따라 신경계가 활성화되면서 정신이 번쩍 들고 잠이 잘 오지 않는다. 그러나 밤에 떠올리는 생각은 낮만큼 합리적이지 않다. 그리고 피곤할수록 문제 해결 능력이 떨어진다는 사실을 기억하자.

이 문제를 해결하는 전략은 한 가지가 있다. 바로 밤에 떠오른 비합리적이고 두려운 생각을 적은 후, 아침에 일어나 맑은 정신으로 다시 생각해 보는 것이다. 생각을 멈추고 잠들기가 어렵다면, 초반부의 수면에 관한 내용을 다시 읽어 보자.

위에서 소개한 기법 중 하나를 골라 최악의 시나리오에 대처해 보자. 물론 최악의 시나리오가 당장 사라지지는 않겠지만, 꾸준히 노력하다 보면 희미해지다가 결국 사라질 것이다. 최선을 다해 그 생각을 정리했다면, 제1장에서 조언한 바와 같이 그 생각을 있는 그대로 받아들인다. 이후 다른 쪽으로 주의를 돌리자. 설령 최악의 시나리오가 여전히 남아 있더라도 그대로 두자.

생각은 순식간에 사라지지 않는다. 한동안은 마음속에 남아 있을 것이다. 그러니 그 생각은 그냥 내버려둔 채 당신이 하고 싶은 일 또는 해야 할 일에 집중한다.

> **최악의 시나리오 떠올리기는 굉장히 흔한 불안 증상에 속한다.**
> **이러한 사고는 생리적 스트레스를 유발하고 불안을 지속시킨다.**
> **우리는 다양한 기법으로 그 편협한 사고에서 벗어날 수 있다.**

3.4. 부정적 가정

최악의 시나리오 사고 외에도 '○○면 어쩌지?'라는 의문이 거듭 떠오르는 것도 대표적인 불안 증상 중 하나다. 불안하지 않은 사람은 이런 유형의 사고방식에 매몰되지 않는다. 물론 미래를 생각할 때 이따금 만약의 상황을 가정하기는 하지만, 일반적으로는 불안한 사람만큼 지배적이지는 않다.

만약의 가능성을 의식하고 대비하는 것은 문제 해결에 도움이 된다. 예를 들어 장거리 여행을 떠나기 전 '스마트폰 전원이 꺼지면 어쩌지? 충전기랑 보조 배터리를 챙겨야겠다.' 또는 '기차 운행이 취소되면 어쩌지? 다른 교통수단을 미리 알아보자.'라고 생각할 수 있다. 하지만 이러한 생각이 계속되면 문제가 된다. 개인적으로도 '○○면 어쩌지?'라는 불안한 생각으로 머릿속을 가득 채운 환자들을 많이 만난 적이 있다.

불안한 뇌는 최악을 가정할 뿐 아니라 자신에게 일어날 수 있는 나쁜 일의 범위와 가능성을 과대평가하면서 끝없이 의문을 제기한다. 불확실성에 자칭 '알레르기 반응'을 일으키는 환자는 대부분 상황을 통제하고 예측하려는 욕구가 강하다. 모든 가능성을 염두에 두기 때문에 만약의 상황을 가정하는 사고에 빠져들기 쉽다. 이러한 사고방식은 불안을 해결하지 못한다.

혹시 그 견해에 동의하지 않는다면, 만약을 고려하는 사고방식을 얼마나 오래 지속해 왔는지 되돌아본다. 그리고 그 효과를 평가해 보자. 혹시 모를 상황을 가정하면서 불안감이 줄거나 개선되었는가? 그렇지 않다면 이러한 사고방식은 불안 극복을 위한 해결책이라기보다는 오히려 해결책으로 둔갑한 문제라 할 수 있다.

다행히도 앞으로 소개할 기법을 활용하면 이처럼 끝없이 의문을 제기하는 사고방식에 대처할 수 있다. 곧 소개하는 기법을 활용하면 만약의 사태를 걱정하는 생각의 강도와 영향력을 줄일 수 있다. 그 전에 그러한 사고방식에도 다양한 유형이 있다는 점을 알아 둘 필요가 있다.

이제 몇 가지 사례를 통해 이 사고방식에 어떻게 대처해야 하는지 살펴보도록 하자.

> 과제 17
> ### ✓ 부정적 가정에 대처하기
>
> 첫 번째 단계는 해당 사고방식이 보통 의문문의 형식을 취한다는 점을 기억하면서 생각을 적어 보는 것이다.
>
> - 두통이 뇌종양 때문이면 어쩌지?
> - 그 사람이 나를 좋아하지 않으면 어쩌지?
> - 모두에게 비웃음을 사면 어쩌지?
> - 병에 걸리면 어쩌지?
> - 기절하면 어쩌지?
> - 직장을 잃으면 어쩌지?
> - 공황 발작이 일어나면 어쩌지?
> - 사람들이 나를 나쁘게 생각하면 어쩌지?
>
> '○○면 어쩌지?'라는 의문이 들어도 그것은 현실 상황이 아니라서 아무런 조치를 취할 수가 없다. 실제로 존재하지도 않는 불확실한 상황에 어떻게 확신을 가

질 수 있겠는가? 이는 불가능하다. 하지만 의문을 표현하는 방식을 바꾸고 시험해 볼 수는 있다.

두 번째 단계는 생각을 바꾸어 표현하는 것이다. 1단계의 질문을 다른 말로 표현한 예시를 참고해 보자.

- 두통이 뇌종양 때문일까 걱정된다.
- 그 사람이 나를 좋아하지 않을까 걱정된다.
- 모두에게 비웃음을 살까 걱정된다.
- 병에 걸릴까 걱정된다.
- 기절할까 걱정된다.
- 직장을 잃을까 걱정된다.
- 공황 발작이 일어날까 걱정된다.
- 사람들이 나를 나쁘게 생각할까 걱정된다.

세 번째 단계는 생각이 실제로 이루어졌는가, 즉 사실 여부를 확인하는 것이다.

- **생각 1**: 그 사람이 나를 좋아하지 않을까 걱정된다.
  실제로 그런 일이 일어났는가? 내가 알기로는 그렇지 않다. 확인된 바가 없다.
- **생각 2**: 병에 걸릴까 걱정된다.
  실제로 그런 일이 일어났는가? 아니다. 아프지 않았다.
- **생각 3**: 기절할까 걱정된다.
  실제로 그런 일이 일어났는가? 아니다. 기절하지 않았다.
- **생각 4**: 사람들이 나를 나쁘게 생각할까 걱정된다.
  실제로 그런 일이 일어났는가? 확인된 바가 없으므로 그런 일은 일어나지 않았다.

앞으로 일어날 일에 관한 질문에는 답할 수 없다. 그리고 발생 가능한 모든 결과에 의문을 품으면 자신감을 잃고 지친다. 그리고 답이 없는 질문 앞에 불안한 마음에서는 일어날 수 있는 일을 모두 상상하며 시나리오를 만든다. 그 시나리오는 분명 최악의 시나리오다.

'○○면 어쩌지?'라는 질문과, 이를 통해 떠올린 결과는 모두 불안의 산물이다. 그러면 불안이 점점 커지면서 자기 생각을 통제할 수 없다는 느낌이 들기도 한다. 이에 생각이 객관적인 현실과 멀어지면서 불안이 마음을 지배하기 시작한다. 이제 부정적 가정의 사고 유형에 대처하기 위한 다른 기법을 살펴보자.

'그렇다고 해도'와 '그래서 뭐?' 연습하기

이 기법은 '○○면 어쩌지?'와 관련하여 실제로 걱정하는 일이 일어났을 때 어떻게 대처할지 미리 생각해 보는 것이다. 이 기법은 걱정하는 결과가 최악의 사태가 아닐 때만 활용할 수 있다. 먼저 아래와 같이 '~하면 어쩌지?'라는 생각을 적는다.

대화를 나누다가 할 말이 생각나지 않으면 어쩌지?

그다음 공감과 이해를 바탕으로 '그렇다고 해도'나 '그래서 뭐?'라는 표현을 써서 질문에 답한다. 예를 살펴보자.

말을 꺼내기가 두렵고 걱정될 수 있어. 그렇다고 해도 잠깐 침묵이 흐를 뿐이야. 사람들은 내가 말하기를 기다려 줄 거야.

또는 다음과 같이 답변할 수 있다.

말을 꺼내기가 두렵고 걱정될 수 있어. 그런데 말을 못해도 뭐 어때? 아무도 뭐라고 하지 않잖아. 큰일 날 거 없어. 좀 어색하겠지만 내가 끝까지 말을 못 꺼낸 적은 없어.

그 외에도 당신에게 도움이 될 몇 가지 예는 아래와 같다.

- **기절하면 어쩌지?**

    기절할까 봐 자주 걱정하다 보니 불안한 것도 당연해. 하지만 내가 기절해도 누군가 와서 도와줄 거고, 난 괜찮아질 거야.

- **공황 발작을 일으키면 어쩌지?**

    한 번 공황 발작을 겪은 후로 다시 그 일이 일어날까 걱정했지만, 여태 그런 일은 없었어. 설사 공황 발작이 일어나도 이겨 낼 거야. 난 아직 여기 있고, 공황 발작은 언젠가는 끝이 날 거니까. 그러니 진정하고 안정을 취하기 위해 할 수 있는 일을 하면 돼.

- **검사를 몇 가지 받아야 한다고 하면 어쩌지?**

    그렇다 해도 내가 죽을병에 걸렸다는 뜻은 아니야. 검진은 누구나 받는 거고, 건강에 문제가 있다면 문제가 뭔지 알아 두는 편이 좋지. 병원 측이나 가족과 친구가 날 도와줄 거야.

불안한 생각은 'OO면 어쩌지?'라는 질문으로 가장함을 유념하자.
그 생각이 든다면 이것이 현실인지, 불안이 만든 이야기인지 자문해 보자.
상상 속 최악의 상황이 아니라, 현재의 삶 속에 머물 수 있도록
질문의 형태로 나타나는 불안한 생각에 대처하는 기법을 연습하자.

3.5. 징크스와 운명론

징크스에 빠지거나 운명을 거스를까 봐 불안감을 내려놓지 못하는 사람들이 있을 것이다. 이러한 경향은 특히 건강에 문제가 생기거나, 혹시 모를 병에 불안해하는 사람 사이에 흔하게 나타난다.

위와 같은 걱정의 원인은 미신으로, 미신이란 비합리적이거나 잘못된 믿음을 말한다. 그들은 건강을 자신하거나 병을 두려워하지 않으면 자신의 운명을 거스르지는 않을까 염려한다. 또 걱정과 불안이 잠재적 위협에 대처하는 좋은 방법이라고 믿는다. 그러다 보니 불안을 붙잡아 두려는 욕구도 강하다.

이처럼 불안에 시달리는 많은 이들이 미신을 대처 메커니즘으로 삼는다. 미신에 기대는 것은 불확실성을 통제하려는 시도이며, 자신이 특정 유형의 영향력을 행사한다는 착각을 불러일으킨다. 이는 사실이 아니지만, 그들은 사실을 인정하기가 너무 두려워 미신이 주는 거짓된 안정감에 매달린다.

이러한 방식으로 생각하는 경향의 여부를 막론하고 현실의 결과에는 아무런 영향이 없다. 하지만 그 생각이 결과에 영향을 미친다고 믿는 것도 불안의 증상에 속한다. 물론 그 믿음이 통제 불가능한 삶에 대처하는 방편이라고 생각할 수도 있겠다. 그렇더라도 생각이 사건의 발생 가능성에 영향을 주지는 않는다.

그렇다면 우리가 두려워하는 대상과 관련해서 징크스나 미신을 믿으면 통제감이 생길까? 징크스와 미신은 미래에 일어날 일에 영향을 미칠 수 없다. 또한 미래에 일어날지도 모를 재앙을 덜 두려워한다고 해서 그 일이 일어날 가능성에 변동은 없으며, 뒤따르는 결과와도 아무런 관련이 없다.

환자 사례
케리의 불안 징크스

건강염려증과 범불안장애에 시달리던 환자 케리는 징크스를 굉장히 두려워했다. 케리의 생각을 살펴보고, 당신도 비슷한 생각을 해 본 적이 있는지 떠올려 보자.

- 건강을 걱정하지 않거나 병을 두려워하지 않으면 병에 걸린다.
- 불안해하지 않으면 불운이 닥친다.

- 감히 운명을 두려워하지 않으면 운명을 거스르는 오만함으로 벌을 받는다.
- 긍정적인 측면에 주목하고 불안감을 내려놓으면 징크스에 빠져 병에 걸린다.

이에 나와 케리는 관점을 완전히 전환할 수 있도록 아래와 같은 질문을 생각해 냈다.

- 복권에 당첨되리라는 생각에 집중한다고 복권에 당첨될 확률이 높아지는가?
- 사랑하는 사람이 이룬 성취를 칭찬한다고 징크스에 빠지는가?
- 날씨에 집착하면 날씨가 좋아지는가?

케리는 위의 질문에 모두 '아니다'라고 답했다. 당신도 아마 마찬가지였을 것이다. 그렇지 않은가?

사람은 불안에 시달리면 부정적인 결과를 훨씬 더 쉽게 떠올린다. 바로 부정적인 결과야말로 자신이 두려워하는 대상이기 때문이다. 혹시 코르티솔이 두려운 기억을 공고화한다는 제3장의 내용을 기억하는가?

미래를 부정적으로 예측하면 그 예측은 기억 속에 깊이 자리 잡는다. 그러고 나서 기억을 떠올리면 코르티솔 수치가 더욱 상승하면서 기억의 존재와 연상이 더욱 강화되고, 악순환이 지속된다.

마찬가지로 미신 또한 우리의 마음속에 매우 쉽게 정착한다. 심지어 과거의 우연한 사건이 미신적 믿음과 연관되기도 한다. 예컨대 특정 날짜에 병을 진단받은 사람을 알고 있다고 가정해 보자. 그 후 당신은 그 날짜와 관련된 숫자를 경계하던 중 다른 장소에서 그 숫자를 발견한다. 그리고 이 우연한 사건이 자신의 비극적 운명을 예견한다고 믿는 징크스가 생긴다. 그리고 징크스에 어긋나는 상황은 모두 무시하려 든다.

이성적으로 걱정을 하더라도 병에 걸릴 가능성은 달라지지 않는다는 것을 알고는 있을 것이다. 그럼에도 운명을 거스르다 끔찍한 일이 일어나면 어쩌나 하는 걱정이 계속해서 떠오른다. 그러면 다음 그림과 같이 또 다른 악순환에 빠진다.

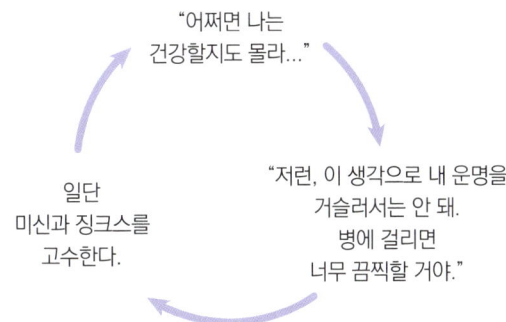

관련 연구에 따르면 불안은 당사자에게 크나큰 인지적 부담을 안겨 준다. 따라서 운명을 거스르면 비극적인 일이 일어나리라는 신념에 의거하여 행동할 가능성을 높인다. 5) 또한 심리적으로 불안한 상태에서는 이성적 사고 능력이 저하되어 미신이나 징크스를 믿기 쉽다.

그리고 충동적으로 생각하고 반응할수록 미신적 신념에 빠지기 쉽다. 뇌에서 논리적이고 이성적인 영역은 느리게 작동하므로 의도적으로 사물을 객관적으로 바라보려는 노력이 필요하다. 그렇지 않으면 계속해서 미신이나 징크스가 맞다는 고통스러운 결론에 도달할 공산이 크다.

징크스로 굳은 신념을 의식적으로 해결하는 자세는 불안 극복을 위해 중요하다. 징크스는 버려야 비로소 회복의 길로 나아가지만, 붙잡고 있다면 더욱 불안해진다. 이에 다음은 징크스를 의식하고 이성적 사고력을 발휘하도록 도와주는 기법이다. 이 기법을 지속적으로 활용하면 시간이 흐르면서 우리 두뇌가 그 메시지에 어떻게 반응하는지 알아차릴 수 있을 것이다.

과제 18

✓ 징크스에 대한 두려움에 대처하기

우리가 징크스를 믿는 까닭은 행동이 앞으로 일어날 일의 결과에 영향을 미칠 수 있다는 통제감을 주기 때문이다.

- 자신이나 타인의 삶에서 징크스가 맞다는 근거를 찾을 수 있는가?
- 징크스가 틀렸던 경험이 있는가?
- 자주 떠오르는 신념을 기록한다. 2주 이상 이 작업을 해 보자. 신념을 모두 적었다면 어떤 패턴이 나타나는지 살펴보자. 내용은 주로 어떠한가?
- 징크스가 떠오를 때마다 아직 분명히 알지 못하더라도 이성적인 관점으로 적어 본다. 징크스가 자주 떠오른다면 하루에 최소 세 가지 생각을 목표로 한다. 시간이 지나면서 징크스가 미치는 영향력이 줄어들면 이 활동의 빈도를 줄여도 좋다.
- 미래에 일어날 사건의 결과는 우리가 생각하고 반응하는 방식에 따라 달라지지 않는다. 복권 당첨과 같이 매주 한 가지 긍정적인 결과를 선택해서 시간과 주의를 쏟아서 생각해 보자. 두려운 징크스를 생각할 때와 같은 강도로 집중하면서 긍정적인 결과를 생각해 보자. 그리고 그 생각이 현실이 되는지 지켜보자. 복권에 당첨되겠다는 생각이 실제 당첨으로 이어졌는가?

불안에 짓눌린 마음은 미신과 징크스에 빠지기 쉽다.
미신과 징크스는 우리 마음속에서 매우 빠르게 자리 잡을 수 있으며,
빠르고 충동적인 반응으로 강화된다.
미신과 징크스의 불안감은 해결을 위한 의식적 노력으로 완화할 수 있다.

3.6. 해결을 향한 의지

불안한 생각과 의문을 적극적으로 해결하고자 답을 찾으려고 노력한다면, 불안을 줄이고 비생산적인 사고 패턴을 약화할 수 있다. 불안장애를 앓는 사람은 건강염려증이나 사회불안장애, 범불안장애 등 어떤 유형이라도 문제 해결 능력이 떨어진다.

그리고 불안한 사람은 문제에 직면하면 더 불안해지면서 두려움이나 공포 반응을 보이기 쉽다. 이에 불안도는 높아졌음에도 문제는 해결되지 않은 채 방치되면서 문제를 직면하는 일을 점점 더 어렵게 느낄 수 있다. 이때 문제는 실제로 해결해야 할 현실적인 문제일 수도 있고 불안한 생각일 수도 있다.

따라서 어떠한 유형에 속하든 문제를 해결하는 방법을 배워 두면 문제 해결이 가능해진다. 이뿐 아니라 불안 경감에도 도움이 된다. 이에 다음 6단계를 활용하면 효과적인 문제 해결법을 배울 수 있다.

- **1단계**: 문제를 파악하고 정의하여 글로 적는다.
- **2단계**: 브레인스토밍을 통해 최소한 세 가지 이상의 해결책을 떠올린 뒤 목록을 만든다.
- **3단계**: 각 해결책의 장단점을 살펴본다.
- **4단계**: 자신의 강점과 자원을 고려한다.
- **5단계**: 최상의 해결책을 실행에 옮긴다.
- **6단계**: 해결책의 효과와 결과를 평가한다.

> **환자 사례**
> **제스의 혈액검사**
>
> 건강염려증을 앓던 제스는 의학적으로 문제가 없음에도 치명적인 병에 걸릴 것을 늘 두려워했다. 제스는 의사에게 피로와 경련 증상을 호소했고, 이에 의사가 혈액검사를 제안하면서 문제 상황에 맞닥뜨렸다. 제스는 효과적인 문제 해결법을 배우기 전까지 해당 상황에서 다음과 같이 대처했다.

① '세상에, 이러다 진짜 죽는 거 아니야? 검사를 받으라는 걸 보니 틀림없이 병에 걸린 거야.'라고 생각한다.
② 아무 해결책을 찾지 못했다.
③ 해결책이 전혀 없다고 여겼으니 장단점을 살펴볼 수도 없었다.
④ 자신에게 문제 해결 능력이 없으며, 주변에 도움을 받을 곳조차 없다고 느낀다.
⑤ 아무 행동도 취하지 못했다.
⑥ 계속 크나큰 불안에 시달리며 힘들어했다.

제스는 혈액검사라는 실제 문제를 직면하자 불안한 생각의 소용돌이에 휩싸여 손쓸 도리 없이 죽을 운명이라고 생각했다. 문제 앞에서 이처럼 겁을 먹자 기분이 가라앉았을 뿐 아니라 괴로운 상태에서 벗어나기가 더욱 힘들어졌다. 이럴 때는 문제 상황이나 불안한 생각을 해결하려는 시도가 굉장히 중요하다. 다음은 제스가 문제 해결법을 효과적으로 활용한 사례다.

① 문제 정의하기

혈액검사를 받아야 하는 상황이다. 의사가 문제를 찾아낼까 봐 혈액검사를 받고 싶지 않다. 하지만 신중함을 위한다면 검사를 받고 싶어지기도 하다. 나는 혈액검사를 받아야 한다.

여기서 문제가 하나가 아니라 두 가지임을 발견했는가? 첫 번째 문제는 혈액검사를 받아야 한다는 것, 두 번째 문제는 혈액검사 결과를 들으러 가야 한다는 것이다. 이들 문제는 각각 별도의 해결책이 필요하다. 따라서 혈액검사를 받는 첫 번째 문제를 살펴보자.

② 해결책 브레인스토밍하기

제스는 문제를 해결하는 방법으로 다음과 같은 아이디어를 떠올렸다.

- 혈액검사를 받으러 가지 않고 무시한다.
- 다시는 병원에 가지 않는다.
- 혈액검사를 받으러 가기 전에 와인을 많이 마신다.
- 엄마와 남편에게 같이 가 달라고 부탁한다.
- 혈액검사 전에 마음이 편안해지는 활동을 한다.
- 혈액검사 후에 즐길 신나는 활동을 계획해 두어 검사에만 주의가 집중되지 않도록 한다.
- 예전에 혈액검사를 어떻게 받았는지 떠올려 본다.
- 일단 혈액검사를 받으러 가 보고, 도저히 못 받겠으면 집으로 돌아온다.
- 친구와 가족에게 자신이 느끼는 두려움을 얘기하고, 그들은 비슷한 상황에서 어떻게 행동하는지 물어본다.

③ 각 해결책의 장단점 살펴보기

이 과정에서 제스는 불안장애 극복이라는 전반적인 목표에 맞지 않는 해결책은 배제했다. 이런 해결책은 도움이 되기는커녕 오히려 불안 문제를 강화하고 악화시킬 수 있기 때문이다.

- 혈액검사를 받으러 가지 않고 무시한다.
- 다시는 병원에 가지 않는다.
- 혈액검사를 받으러 가기 전에 와인을 많이 마신다.
- 일단 혈액검사를 받으러 가 보고, 도저히 못 받겠으면 집으로 돌아온다.

④ 자신의 강점과 자원 고려하기

제스는 남편과 어머니, 몇몇 가까운 친구에게 도움을 받을 수 있었다. 그녀는 주변 사람들에게 자신의 이야기를 하면서 혈액검사 당일 도움을 요청할 수 있었다. 또 자신이 이미 여러 번 어려움을 극복한 경험이 있기에 이번 일도 극복할 수 있다고 믿었다. 이에 제스는 자신의 강점을 돌이켜보며, 마음이 불안한 상태에서 판단했을 때보다 상황에 훨씬 더 잘 대처할 수 있다고 느꼈다.

⑤ 최상의 해결책 실천하기

제스는 혈액검사 당일 하루 일정을 계획하고 검사 전후로 불안을 가라앉히는 시간을 보낸 뒤 검사를 받기로 마음먹었다. 제스의 계획은 다음과 같다.

- 가장 좋아하는 메뉴로 아침 식사를 하되, 카페인은 피하고 수분을 충분히 섭취한다.
- 혈액검사 전 어머니와 함께 공원을 산책하면서 긴장을 푼다.
- 남편과 함께 검진 장소로 이동하되, 남편은 차에서 기다린다.
- 대기 중이나 혈액검사 중에 기분이 좋아지는 음악을 듣는다.
- 혈액검사 후 친구를 만나 차를 마시며 조언을 구한다.

⑥ 결과 평가 및 해결책의 효용성 확인하기

제스는 스스로 불안하다는 사실을 알아차리고, 그럴 수 있음을 받아들였다. 그녀는 굉장히 두려워하는 검진을 받기로 했으므로, 불안감을 느끼는 상황을 이해할 수 있었다. 검사 당일, 제스는 일정을 신중하게 계획한 덕분에 불안 증상이 누그러지면서 혈액검사를 문제없이 받을 수 있었다. 제스는 처음 느꼈던 공포와 두려움을 생각할 때, 이를 의미 있는 성취로 여겼다.

당신도 제스처럼 6단계 문제 해결법을 활용해 보자. 살면서 문제가 발생했을 때 그 즉시 활용해도 좋고, 당장 눈앞의 불안한 상황에 적용해도 좋다.

이제 아래 그림을 보자. 문제 상황에 맞닥뜨렸을 때 위로 올라가기보다는 아래로 내려간 적이 있지 않은가? 여기에서 아래로 내려갈수록 우리가 벗어나려는 사고와 행동 패턴이 어떻게 강화되는가를 알 수 있다. 그러나 우리는 대체로 계단을 올라가기를 원하니 위로 올라가 보자. 처음에는 더디게 느껴지더라도, 절반밖에 오르지 못하더라도 계단을 오르는 중이라면 그래도 괜찮다. 문제 해결법으로 계단을 오르며, 지면 위에 머물러 보자.

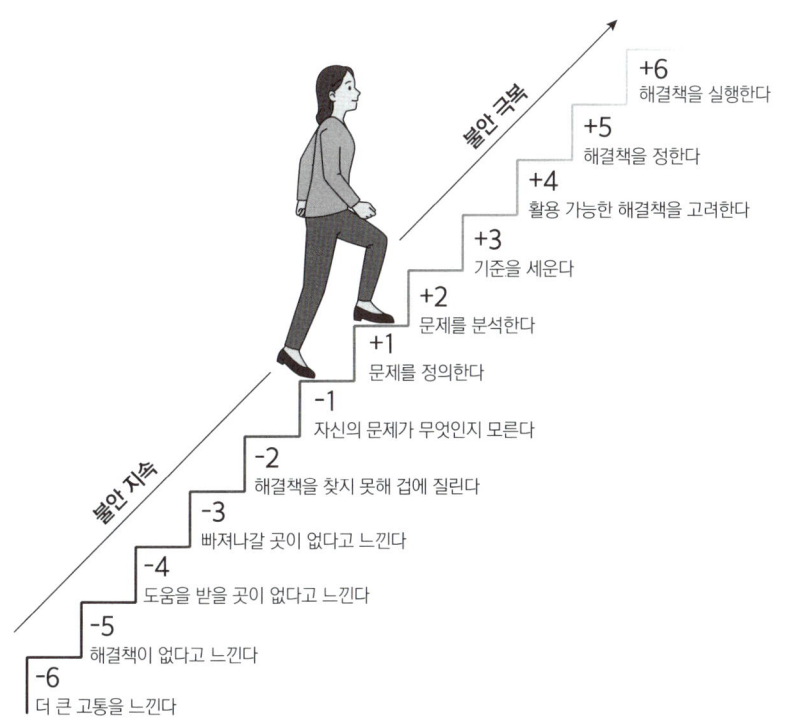

**불안은 자신감과 문제 해결 능력에 영향을 미친다.
불안을 극복하려면 실제로 존재하는 문제와,
그에 수반되는 생각을 의식적으로 해결해 나가야 한다.
이를 통해 효과적인 해결책을 찾고, 강해지는 불안을 막을 수 있다.**

불안한 생각에 대처하기

① 불안한 생각에 대처하는 방식에 따라 불안이 완화되거나 악화되기도 한다. 따라서 불안을 극복하려면 불안한 생각에 대처하는 방식을 바꿔야 한다.

② 불안한 생각에 대처할 때, 이 장에서 제시한 여러 기법을 종합적으로 활용해 보자. 이에 불안한 생각을 파악하고 평가한 뒤, 사고 패턴을 바꾸려고 노력하는 것부터 시작하자.

③ 불안을 극복하려면 불안한 생각을 억누르거나 회피하는 대신 수용하고 관리하는 법을 배워야 한다.

④ 불안한 생각은 부정확할 때가 많으며, 두려움을 느끼는 쪽으로 편향되기 쉽다. 이렇듯 현실을 반영하여 부정확하고 편향된 생각을 정확하게 표현하려고 노력해 보자. 그러면 상황을 더 명확하게 파악하여 불안한 생각이 미치는 영향력을 줄일 수 있다.

⑤ 불안한 생각을 살펴보면서 조정할 부분을 파악한다. 불안한 생각을 관찰하면 그 유발 요인과 패턴을 이해함으로써 이를 바탕으로 더 현명한 결정을 내릴 수 있다.

⑥ 불안한 생각은 부정적인 관점만을 반영하기 때문에 여러 가지 다른 관점을 무시할 때가 많다는 점을 기억하자. 이에 관점을 넓히는 기법을 활용하여 새로운 가능성에 마음을 열어 보자.

⑦ 불안한 생각은 일어날 법한 재앙에 집중하는 최악의 시나리오로 이어지며, 이러한 사고 패턴은 습관화되기도 한다. 최악의 시나리오는 발생할 수 있는 여러 결과 중 하나일 뿐이며, 그 가능성이 과장되기 쉽다는 점을 기억하자.

⑧ '○○면 어쩌지?'라는 의문 또한 흔한 불안 증상에 속한다. 이러한 사고방식은 아직 다가오지 않은 미래를 투영하고 있어, 이성적이고 합리적인 사고를 가로막는다.

⑨ 불안한 감정은 성급하고 비합리적인 사고로 이어지면서 미신이나 징크스처럼 잘못된 신념이 자리 잡기 쉽다. 그러나 잘못된 신념은 미래에 실제로 나타날 결

과에 관여할 힘이 없다는 사실을 기억하자. 이러한 신념을 의식적으로 신중하게 처리한다면 더욱 현실적으로 상황을 판단할 수 있다.
⑩ 불안한 생각을 다루는 과정에서 문제 해결 전략을 적극 활용한다. 그러면 불안을 강화하는 사고 패턴을 약화시켜 효과적인 해결책을 찾을 수 있다.

✚ 음악의 힘

음악을 들으면 도파민 같은 신경전달물질의 분비를 자극하여 불안감은 줄어들고 기분이 좋아진다. 음악은 기분 조절, 기억, 감정 처리와 관련된 신경 경로를 활성화하기 때문에 불안 감소에 도움이 된다. 또한 몸과 마음에서 일어나는 현상을 음악으로 주의를 돌림으로써 불안한 생각에서 주의를 분산시키는 효과가 있다.

특히 음악은 불안감이 높고 주의가 자신 쪽으로 과도하게 집중될 때 도움이 된다. 그중 차분한 음악이나 자연의 소리는 이완을 촉진한다. 아직 좋아하는 음악을 모아 놓은 재생 목록이 없다면, 이번 기회에 만들어 보자!

제5장
불안 중독

불안과 그 증상에 지나치게 주의를 기울이면 불안 문제가 악화되기도 한다. 이는 마치 무서운 장면만 보여 주는 안경을 쓴 상태와 같다. 이 상태에서는 불안한 신념을 뒷받침하는 관점에서 세상을 바라보기 때문에 두려움이 더욱 커진다. 그러면 자의식이 강해지고 신체 감각처럼 두려움을 불러일으키는 대상에 민감해진다.

이 장에서는 그 안경을 벗도록 도와줄 기법을 소개한다. 주의의 폭을 넓히는 방법을 배우면 형형색색의 렌즈를 통해 다양한 색채로 세상을 더욱 명확하게 바라볼 수 있다. 이 장에서 소개할 기법을 실천한다면 불안감을 떨쳐내고, 다른 관점에서 세상을 바라보는 습관을 들일 수 있다.

환자 사례
호흡을 지나치게 의식하는 매디

매디는 공황 발작을 겪은 지 2년이 지난 시점에 나를 찾아왔다. 그녀는 호흡을 지나치게 의식하게 되면서 클리닉을 방문했다. 매디는 퇴근길에 버스에 타려고 뛴 후 좌석에 앉자마자 호흡이 가빠진 느낌을 받았다. 막 달려온 참이니 숨이 가쁠 법도 했지만, 매디는 점점 더 호흡에 주의를 기울이다가 그 느낌이 공황 발작이 일어났을 때의 느낌과 비슷하다는 것을 기억해 냈다.

그러자 불안감이 몰려오면서 호흡에 더 신경이 쓰이기 시작했다. 이에 '버스에서 또 공황 발작이 일어나면 어떡하지!'라는 불안한 생각이 자연스레 뒤따랐다. 그 후 매디는 계속해서 자신의 호흡을 쉴 새 없이 의식했다. 그 탓에 직장에 병가를 내야 하는 날도 있었다.

매디는 체내 산소가 부족해질까 불안해서 최대한 입을 벌려 공기를 들이마셨고, 하품을 크게 하며 부족한 산소를 보충하려 했다. 그녀는 매번 호흡에 지나칠 정도로 신경을 쓰는 데 신물이 났지만, 멈출 수가 없었다. 호흡에 대한 불안감 때문에 매디는 호흡에 주의를 집중했고, 그럴 때마다 호흡은 그녀에게 더욱 또렷하게 의식됐다.

어느새 매디의 주의는 온통 호흡에 쏠렸다. 그러자 매디의 뇌에 '매디는 호흡을

> 걱정하고, 숨 쉴 때마다 호흡을 살피니 호흡은 중요한 문제임에 틀림없다. 그러니 호흡을 강조하면서 의식의 최우선순위에 두자!'라는 메시지가 전달되었다. 매디는 호흡을 의식하면서 호흡에 더 많은 주의를 기울였다. 그러자 그녀의 마음속에 호흡의 존재감이 더욱 강화됐다.
>
> 이후 치료 과정에서 매디는 마침내 주의의 폭을 넓힐 수 있었다. 그러자 뇌에서는 다음과 같은 메시지를 받았다. '매디가 호흡에 덜 집중하고, 예전만큼 통제하려고 애쓰지 않으니 호흡에는 문제가 없다. 이제 더 이상 호흡에 주의를 기울이지 않아도 된다.'

매디의 사례는 이번 장에서 배울 것, 곧 불안이 주의(attention)에 미치는 영향력을 줄이는 방법을 보여 준다. 이를 통해 우리는 주의의 폭을 넓혀서 우리가 두려워하는 대상에 덜 집중하는 법을 이해할 것이다. 불안할 때는 자의식이 강해지고, 신체 감각을 비롯하여 불안한 신념을 뒷받침하는 대상을 지나치게 의식하고 경계한다. 이 같은 현상은 특히 사회불안장애와 건강염려증, 공황장애를 겪는 사람에게서 두드러지게 나타난다.

위와 같이 주의가 좁아진 경험이 있는가? 주의는 호흡, 열감, 안면홍조, 경련, 찌릿한 느낌, 떨림 등 굉장히 다양한 대상에 집중될 수 있다. 또 좁거나 붐비는 공간, 질병에 대한 뉴스 등 두려움의 대상을 지나치게 경계하기도 한다.

불안은 위협적인 대상에 주의를 집중시킨다. 위협을 인식했을 때 뇌에서 주의를 집중하려는 현상은 자연스러운 일이며, 생존에 도움이 되는 적응적 현상이다. 정글에서 야생동물에게 공격당할 위험에 처해 있다면, 우리 뇌는 당연히 위험한 대상에 한정하여 주의를 집중할 것이다. 이처럼 위험한 상황에서는 주의를 좁히는 메커니즘이 유용하다.

그러나 그 메커니즘이 제대로 작용하지 않을 때는 불안을 지속시키는 심각한 문제를 일으킨다. 도움이 되지 않는 일에 계속 주의를 집중하는 것 자체가 불안 증상이다. 따라서 우리는 한곳에 쏠린 주의를 자유롭게 풀어놓고 앞으로 나아가는 법을 배워야 한다. 주의를 집중하는 방식을 전환하는 법을 배우면 불안 극복의 길로 나아갈 수 있다.

이제 주의와 불안의 상호 작용으로 불안 문제를 악화시키는 여러 요인에 속하는 자의식과 과도한 경계, 위협에 치우친 편향된 인식을 살펴보자. 그리고 이들 문제에 어떻게 대처해야 하는지, 불안과 그 편향된 생각에 지나치게 관심을 기울이지 않도록 주의를 조절하는 방법에는 무엇이 있는지 살펴보자.

1. 불안의 침략

인간의 주의력은 깨지기 쉬우며, 특히 불안이 마음을 사로잡았을 때는 더욱 흩어지기 쉽다. 불안이 주의를 확장하는 능력에 악영향을 미쳐 성과를 저해한다는 점은 여러 연구를 통해 입증되었다. [6)]

불안은 갖가지 주의 조절 기능을 저해한다. 그중 첫 번째는 뇌의 실행 기능 중 하나인 억제력이다. 억제력은 주의 조절을 통해 강한 내적·외적 충동을 이겨 내는 능력을 말한다.

두 번째는 과제 전환 능력이다. 과제 전환 능력은 한 가지 일에서 다른 일로 주의를 전환하는 능력을 말한다. 충동을 조절하는 능력과 과제를 전환하는 능력이 함께 손상되면 불안장애에 시달리는 사람에게 다양한 문제를 일으킨다.

임상 경험에 따르면 불안장애를 겪는 사람들은 주의 조절력이 떨어진다. 따라서 불안과 함께 찾아오는 강한 충동을 무시하기 어렵다. 또한 주의를 다른 곳으로 전환하지 못해 불안에 집착하면서 문제를 악화시킨다.

불안에 대한 집착은 자기 자신이나 감각 또는 생각에 지나치게 주의를 집중하거나, 무언가를 지나치게 경계하는 등 다양한 형태로 나타난다. 주의 조절력이 떨어지는 사람은 불안한 생각을 부추기는 부정적인 정보에 집중하는 주의 편향을 보인다. 이는 자신의 두려움과 불안에 부합하는 측면은 빠르게 알아차리면서 그에 반하는 것은 모조리 무시하는 것이다.

이제부터는 불안으로 주의가 편향되는 네 가지 영역을 살펴보도록 하겠다.

1.1. 주의 편향

주의 편향(Biased Attention)이란 특정 요소에 집중하면서 다른 요소는 무시하는 것을 말한다. 특정 사물에 주의를 기울이기 시작하면 그것이 눈에 더 자주 띈다는 사실을 알고 있는가? 그러면 그 사물이 실제보다 더 많이 존재한다고 믿는다. 예를 들어 지인이 키우는 개의 품종을 주의 깊게 본 후로, 갑자기 그 개가 여기저기서 눈에 띄는 듯한 경험이 있다.

불안을 유발하는 트리거라면 위협을 느끼는 자극에 주의가 쏠릴 수 있다. 그 예로 뉴스에서 특정 질병을 앓는 유명인의 소식을 들은 뒤, 해당 질병과 관련된 정보가 더 자주 눈에 띄는 것이다. 그러면 그 질병과 관련된 갖가지 신체 감각과 두려움을 유발하는 외부적 요인을 지나치게 경계할 수 있다.

1.2. 자기초점적 주의

자기초점적 주의(Self-focused Attention)는 자신과 내적 경험, 그리고 불안에 지나치게 주의를 집중하는 경향을 말한다. 주의가 자신에게 쏠리면 자신의 신체 감각과 생각, 행동을 지나치게 의식한다. 그러면 자신에게서 외부 환경으로 주의를 돌리기가 어려워진다.

자기초점적 주의는 자의식과 고통을 키워 불안 증상을 악화시킬 수 있다. 자신에게 온 신경이 쏠리면 삶에서 불안 극복에 큰 도움이 될 다른 요소에 집중할 수 없다. 사회불안장애의 경우 자신의 말과 행동 또는 타인의 평가에 대한 생각에 지나치게 주의를 기울일수록 사회적 상황을 정확히 해석하기 어려워진다. 이에 사회적 단서를 잘못 해석하여 타인과 제대로 교류할 기회를 잃고 만다.

자기만의 생각에 매몰되면 중요한 정보를 알아채지 못한다. 따라서 주위에서 벌어지는 상황을 제대로 이해할 수 없다. 이는 어느 불안장애에서도 나타나는 모습이다.

예를 들어 심장 질환과 같이 특정 질환과 관련된 건강염려증을 앓고 있다고 상상해 보자. 자신에게 주의의 초점이 맞춰져 있다는 것은 내부 감각에 주의를 더 기울이면서 심장과 관련된 감각이나 트리거를 더 잘 알아차린다는 의미다. 그러면 불안감이 높아지고 자연스레 심박수가 올라가며, 신체 감각이 더욱 강해진다. 그리고 불안감이 커질수록 그러한 생각이 더욱 두렵게 다가올 것이다. 이 경로를 따라가면 불안의 자기 영속적 순환 고리에 갇히고 만다.

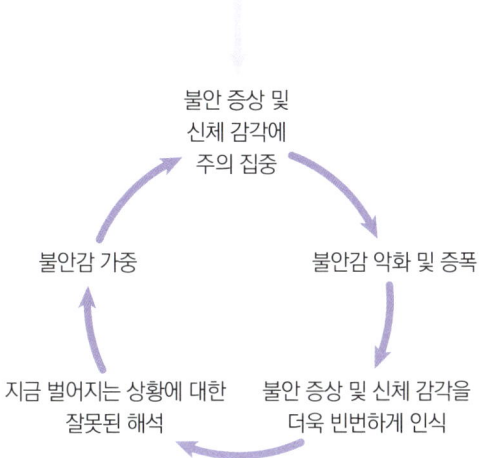

이제 이 장의 첫 번째 과제를 살펴보자. 이 과제의 목적은 주의 집중 방식을 이해하는 것이다.

> **과제 19**
>
> ✓ **자기초점적 주의 이해하기**
>
> 다음 질문을 통해 불안을 경험할 때 주의가 자신에게 쏠리는 패턴을 살펴보자. 그러면 반복적으로 나타나는 주의 편향 패턴을 이해할 수 있다. 이에 공책이나 노트 앱에 답을 써 보자.
>
> • 자신에게 주의가 집중될 때나 신체 감각에 사로잡힐 때 당신은…

- 자신에게 주의를 기울이는 방식은 무엇인가? 생각에 빠지거나 자신을 분석하려 하는가? 아니면 스마트워치나 모니터링 장치의 도움을 받는가?
- 자신에게 집중할 때 당신이 주의를 기울이는 생각의 유형은…
- 자신에게 집중할 때 당신이 경험하는 심상은…
- 신체 감각과 생각, 심상이 당신에게 남기는 느낌은…
- 자신에게 집중하면서 멀어진 의미 있는 활동은…
- 자신에게 집중할 때 더 불안하고 두려워지는가?
- 자신에게 집중하다가 타인 또는 상황을 오해한 경험이 있는가?
- 돌이켜보니 자신에게만 주의를 기울이다가 불안을 완화하는 정보를 고려하지 못했던 경험이 있는가?
- 자신에게만 집중하다가 나중에 그럴 필요가 없었다는 생각이 들었던 때를 떠올려 보자. 그때 미처 고려하지 못한 정보에는 무엇이 있는가?
- 자신에게 집중할 때 좋은 점이 있는가? 별반 도움이 되지 않는다면 자신에게 집중하는 이유는 무엇인가? 그렇다면 그 이유가 충족되고 있는가?

1.3. 선택적 주의

사람들은 때로 위협적인 트리거에 주의를 선택적으로 한정하고, 이를 우선적으로 처리하려고 한다. 이렇게 주의가 좁아지면 위협적인 자극에 집중하게 되며, 그렇지 않은 자극에는 덜 반응한다. 이러한 현상을 선택적 주의(Selective Attention)라고 한다.

사회불안장애가 있는 사람은 자신이 부정적이라고 생각하는 얼굴 표정에 선택적으로 집중한다. 사회불안장애를 극복하기 위해 클리닉을 찾아온 앨리스가 바로 그 사례였다. 앨리스는 "얼굴 표정에 저절로 눈이 가요. 상황을 파악하려면 표정을 살펴야죠."라고 말했다.

하지만 이렇게 좁아진 주의를 통해 얻은 정보는 앨리스에게 전혀 도움이 되지 않았다. 게다가 앨리스는 수많은 정보를 잘못 이해하여 실제보다 자신에게 더 문제가 있다고 느끼면서 기분은 더욱 나빠졌다. 그녀는 점점 더 자신의 불안한 생각에 부합하는 정보를 살피며 경계심이 지나치게 높아졌다. 당신도 선택적으로 주의를 집중함으로써 불안을 가중시킨 경험이 있는가?

1.4. 과잉 경계

과잉 경계(Hyper-vigilance)란 자신, 그리고 자신을 둘러싼 환경의 잠재적 위험 요소를 계속해서 살피며 확인하는 상태를 말한다. 이 과정에서 잠재적 위험을 감지하기 위해 주의의 범위가 넓어진다. 하지만 위험 요소에 집중하면 그 대상에 주의가 고착되면서 위협적이지 않은 자극을 미처 신경 쓰지 못한다.

과잉 경계 상태에서는 대체로 주변 환경을 넓게 살피지만, 주의는 좁아진다. 위협이 실제가 아닌 머릿속에만 존재하는 것이라도 말이다. 특히 이 상태일 때는 타인의 말이나 표정 또는 사물을 잘못 해석하기 쉽다.

2. 부정적 집중력

지금까지 설명한 주의력 문제의 내용에 공감하는가? 불안이 주의력에 악영향을 미치면 뇌가 효율적으로 기능하지 못하여 대처 능력이 떨어진다. 그렇게 불안의 악순환에 빠진다. 그리고 불안을 가중시키는 신체 감각에 지나치게 집중하면 불안한 생각을 부추겨 회복을 방해한다. 다시 말하면 불안에 영양가 높은 식사를 제공하여 불안을 튼튼하게 키우는 셈이다!

반면 주의의 폭을 넓히는 방법을 배우면 중요하지 않은 정보에서 주의를 돌려 중요한 정보에 집중할 수 있다. 불안에 주의가 집중되는 문제를 개선하는 전략을 살펴보기에 앞서 불안이 주의력에 미치는 영향을 먼저 이해해야 한다. 몇 주간 자신의 주의 패턴을 관찰하여 눈에 띄는 요소를 파악해 보자. 일기를 작성하면 풍부한 정보를 얻을 수 있지만, 간단히 메모하는 편이 당신에게 잘 어울린다면 그렇게 해도 좋다.

과제 20

✓ 불안에 주의를 집중하는 방식 살펴보기

아래의 표를 살펴보자. 당신도 표를 만들어 날짜와 그날의 활동, 그리고 당시 자신에게 얼마큼 주의를 집중했는지, 또 얼마나 괴롭고 불안했는지를 기록해 보자. 이러한 방식으로 표를 몇 주간 작성하면서 당신의 주의를 끄는 불안한 대상을 적는다. 사례로 제시한 표와 더불어 아래 지시 사항을 참고하여 표를 작성해보자.

- 다른 것보다 당신의 주의를 더욱 끌어당기는 대상을 적는다. 이는 불안을 유발하는 자극일 것이다.
- 마음이 쓰이는 대상과 무시하거나 관심을 덜 기울이는 대상을 적는다.
- 주의를 기울인 대상이 신체 감각, 타인, 뉴스 기사 등 무엇이라도 당신이 기록한 항목 옆에 주의를 기울인 시간을 적는다.

그리고 다음 사항을 반드시 포함하여 표에 기록한다.

- 지나치게 의식하는 불안한 생각
- 지나치게 의식하는 불안한 정보
- 지나치게 의식하는 불안한 심상
- 지나치게 의식하는 타인에 대한 정보

날짜 및 주요 활동	부정적인 주의 집중	주의 집중 강도	불안도 및 고통 수준
5. 14. 집에서 멍하니 있다가 영화를 보려던 참이었다.	팀 회의에서 내가 한 발언이 얼마나 이상하게 들렸을지 계속 떠올라서 아찔해졌다.	높음	높음
5. 16. 엄마와 쇼핑하고 외식을 하려고 외출했다.	오늘은 없었다.	낮음	낮음
5. 18. 어느 축구선수가 병에 걸렸다는 뉴스를 보고, 나도 그 병에 걸렸을까 걱정되어 관련 기사를 검색하는 데 쉬는 시간을 보냈다.	내가 지금 어지러운지 아닌지를 집중하면서 살펴보려다가 실제로 어지러워졌다.	높음	높음
5. 22.	잠에서 깨 보니 몸이 좋지 않아 오늘도 어지럼증 때문에 힘들 거라 생각했으며, 종일 어지러운 느낌에 주의가 집중됐다.	높음	높음

※ '주의 집중 강도'와 '불안도 및 고통 수준'은 '높음', '중간', '낮음'으로 평가

    이상의 사례에서는 어지럼증에 주의를 집중하고 있었으며, 이는 불안감을 악화시키는 주요인이다. 표를 작성할 때는 지나치게 주의를 기울이는 대상이 여럿이라도 모두 적는다. 그리고 표에서 얻은 정보를 통해 주의력을 향상하는 과정에서 목표로 삼아야 할 것이 무엇인가를 파악할 수 있다.

3. 주의력 사수하기

    지금까지 살펴본 내용을 통해 주의를 집중하는 방식이 불안 증상의 악화에

얼마나 중요한 역할을 하는지 이해했을 것이다. 수년간의 임상경험을 돌이켜 보면, 능숙한 주의력 조절은 불안 증상의 감소와 함께 일상생활에 긍정적인 효과를 불러온다. 또한 사고의 유연성과 집중력이 높아진다. 그리고 산만해지거나 불안과 관련된 감각 또는 생각에 사로잡히는 경향이 줄어든다.

우리는 두뇌 훈련으로 주의력 조절 능력을 제고할 수 있으며, 그러면 불안은 감소한다. 이제부터 주의의 폭을 넓히고 주의 조절 능력 향상에 도움이 되는 여덟 가지 기법을 살펴보자. 이들 기법의 목표는 다음과 같다.

- 과잉 경계를 줄인다.
- 자신에게 주의를 집중하는 경향을 줄인다.
- 불안이 아닌 다른 대상으로 주의를 쉽고 빠르게 전환하는 능력을 기른다.
- 당면 과제에 집중하는 능력을 기른다.

주의 조절 기법은 두 가지 방식으로 활용하면 좋다. 첫 번째 방식은 규칙적인 운동처럼 매일 연습을 통해서 전반적으로 주의력을 끌어올린다. 다리 찢기에 성공하려면 매일 조금씩 스트레칭을 하면서 전반적으로 유연성을 길러야 하는 것과 마찬가지다. 연습 시간이 꾸준히 쌓이면 스트레칭이 점점 잘될 것이다.

주의력도 마찬가지다. 우리는 주의력이 향상되어 집중 대상을 쉽게 전환하고, 다양한 대상에 초점을 맞춤으로써 보다 유연해지기를 바란다. 주의력은 연습할수록 좋아지므로, 불안한 나날에 손쉽게 활용할 수 있도록 꾸준히 연습해 보자.

두 번째 방식은 불안 증세가 악화되어 주의력에 문제가 생겼을 때 특히 유용하다. 이 방식은 불안감에 사로잡힌 나머지 자신에게로 주의가 집중될 때 지속적, 반복적으로 주의를 다른 곳으로 전환한다.

이상에서 소개한 두 가지 기법은 불안을 유발하는 자극에 주의가 집중될 때 이를 알아차리고, 상황이나 환경 안에 있는 다른 요소로 주의를 전환한다.

처음에는 실천할 방안이 여덟 가지나 된다는 점이 부담스럽게 다가올 수 있지만, 모든 방안을 매번 연습할 필요는 없다. 일단 다양하게 시도해 보고, 자신에게 가장 잘 맞는 것을 찾아보자.

어떤 방법을 선택하더라도 규칙적인 연습이 중요하다. 주의력에 문제가 많다면 하루에도 여러 번씩 연습해야 한다. 하지만 주의력 문제가 경미한 수준일 때는 하루에 두 번이면 충분하다. 그러나 주의력 편향이 심한 편이라면 몇 주간은 연습 횟수를 줄이지 말자. 주의력이 개선되더라도 당분간은 자신에게 잘 맞는 방법을 꾸준히 실천해 보자. 매일 몇 분씩만 투자해도 주의력이라는 근육을 건강하게 유지하고, 문제를 예방하여 취약성을 줄이는 효과를 얻을 수 있다.

한 가지 일에 100% 주의를 집중하는 일은 누구에게나 불가능하므로, 완벽한 집중을 목표로 삼지 말자. 주의가 흐트러짐을 자연스럽게 받아들이되, 그 순간을 알아차리고 지금 수행 중인 일에 다시 집중하는 것이 중요하다. 그리고 이를 목표로 삼도록 하자. 이 작업은 몇 번이고 반복해도 괜찮다.

주의력 훈련을 처음 시작할 때는 횟수가 많더라도 연습 시간이 쌓일수록 점차 줄어들 것이다. 그 외에 주의를 되돌리기 힘들더라도 자신에게 너무 가혹해지지는 말자. 지금껏 불안에 주의를 쏟아 왔으니, 주의가 자꾸 불안에 쏠리는 것은 당연하다. 그때마다 이를 주의력 단련의 기회로 삼자.

/ 기법 1 / 최악에서 최선으로 주의 전환하기

이 기법은 지금 최악이라고 생각하는 국면에서 최선으로 주의를 전환하는 것이다. 지금 당신의 주의를 사로잡은 최악의 측면은 무엇인가? 일단은 심장에서 느껴지는 두근거림이라고 생각해 보자.

그렇다면 최선의 측면은 무엇인가? 아늑한 집에서 향이 좋은 따듯한 차를 마시며 편안하게 앉아 있는 모습을 상상해 보자.

이때 우리는 불안하고 흥분된 상태에서 차분하고 안정된 상태로 주의를 돌리는 셈이다. 즉 부정 편향에서 긍정 편향으로 이동하는 것이다. 따라서 이 기법을 다른 기법과 함께 꾸준히 활용하여 주의를 전환하면 불안감 감소에 도움이 된다.

/ 기법 2 / 현재 상황으로 주의 전환하기

이 방법은 주의를 불안에서 다른 대상으로 전환하는 인지행동 기법이다. 이때 목표는 의식적으로 주의의 초점을 현재 상황에 존재하는 다른 대상으로 옮기는 것이다. 주의 전환의 대상에는 과제나 활동, 사물, 주변 환경 또는 그곳에 존재하는 사물 및 활동 등이 포함된다.

이 기법을 활용하면 불안과 그 증상에서 주의를 다른 곳으로 돌릴 수 있다. 그러면 불안으로의 과도한 주의 집중에서 비롯되는 악순환의 고리를 끊을 수 있다. 그리고 주의가 불안에 지나치게 집중되어 있음을 알아차릴 때마다 아래와 같이 말하며 그 사실을 인정한다.

"나는 지금 ○○에 지나치게 주의를 집중하고 있어."

그러고 나서 "나는 ○○에 집중할 거야."라고 소리 내어 말한다. 이후 선택한 과제나 활동으로 주의를 전환한다.

불안에 사로잡혀 집중력이 흐트러질 때마다 위의 과정을 반복하자. 처음에는 이 과정을 자주 반복해야겠지만, 연습할수록 빈도가 점차 줄어들 것이다. 처음에는 어렵게 느껴지더라도 낙담하지 말자. 능숙해지면 약간의 노력만으로 주의 전환이 가능하니 꾸준히 연습해 본다.

다음 기법은 오감을 활용하여 주의력을 훈련하는 방법이다. 오감에는 눈에 보이는 사물, 귀에 들리는 소리, 코로 맡는 냄새, 피부에 닿는 질감, 입안에 느껴지는 맛 등 주의를 끌 거리가 많다. 오감을 활용하면 불안을 지속하는 반응에서 주의를 전환하는 데 도움이 된다. 이들 기법은 눈을 뜨고 연습해도 좋으며, 시각을 제외한 감각을 활용할 때는 눈을 감아도 좋다. 자신에게 잘 맞는 방법을 찾아 연습해 보자.

/ 기법 3 / 청각 활용하기

먼저 타이머를 설정한 뒤 들리는 소리에 집중한다. 처음에는 1~2분으로 시작해서 시간을 5분까지 늘린다. 이 연습을 하루에 몇 번씩 반복한다.

그리고 눈을 감은 후 지금 있는 공간에서 들리는 소리에 귀를 기울여 보자. 그리고 마음속에서 몇 가지 소리가 들리는지 헤아리도록 하자. 사람들이 얘기하는 소리, 기계가 웅웅거리는 소리, 바람이나 빗소리, 시계가 똑딱거리는 소리, 수도꼭지에서 물이 똑똑 떨어지는 소리가 들릴 수도 있다.

/ 기법 4 / 촉감 활용하기

연습 1

지금 있는 공간을 돌아다니면서 최대한 다양한 촉감을 느낀다. 그리고 아래와 같이 각 사물의 촉감을 소리 내어 설명해 본다.

- 이건 나무인데, 부드럽고 단단하고 차가운 느낌이 들어.
- 이건 담요인데, 부드럽고 약간 까끌까끌해.
- 이건 손톱 줄인데, 오돌토돌하고, 매끄러운 부분이 조금 있어.

연습 2

그릇 두 개에 물을 채운다. 한 그릇에는 손을 담글 수 있는 가장 따뜻한 물을 채우고, 다른 그릇에는 차가운 물을 채운다. 그 후 찬물 그릇에 손을 넣고 눈을 감은 채 물의 온도와 부드럽게 손가락을 움직일 때의 촉감을 느낀다.

1분 뒤, 타이머가 울리면 손을 따뜻한 물이 담긴 그릇으로 옮겨 느낌이 어떻게 다른지 살펴보자. 다시 1분이 지나고 손을 다시 반대편 그릇에 담그자. 이때 두 그릇 사이를 오가면서 어떠한 느낌이 드는지 관찰하자.

이 연습은 도움이 된다면 오랫동안 계속해도 좋다. 다만 감촉에 완전히 몰입할 수 있도록 적어도 5분을 목표로 삼자.

/ 기법 5 / 피부 감각 활용하기

이 기법은 맨살로 느끼는 감각에 집중한다. 먼저 3~5분을 목표로 타이머를 설정하자. 그다음 양말을 비롯한 옷가지를 벗고 반팔이나 민소매, 반바지 등 맨살이 드러나는 옷을 입는다.

그 뒤 부엌이나 욕실 바닥 또는 실외 공간의 차가운 표면에 누워 보자. 작은 베개나 쿠션을 베고 눕는 쪽이 편하다면 그렇게 해도 좋다. 그리고 맨살에 닿는 표면의 감각에 주의를 집중하자.

야외에서 연습할 때는 다양한 날씨에 도전해 보자. 피부에 닿는 감각뿐 아니라 소리, 따스한 햇살, 바람, 추위, 비까지도 느낄 수 있다. 깨끗한 바닥에 맨발로 서 있는 것도 효과적이다. 이 기법을 어떠한 방식으로 활용하든, 공통적인 목적은 피부로써 몸의 감각을 깊이 경험하는 것이다.

/ 기법 6 / 시각 활용하기

아래 방법 중 하나와 관련된 시각 자극으로 주의를 전환해 보자.

① **색**

원하는 색을 하나 정한다. 파란색을 예로 들어 보자. 지금 당신이 있는 공간에서 파란색 사물을 찾아보자. 몇 개나 있을까? 그곳을 두루 다니며 찾아낸 사물의 이름을 소리 내어 말해 보자. 적어도 몇 분 동안 연습에 주의를 집중하고, 필요하다면 다른 색으로 바꿔서 해 보자.

② **사물**

주변 환경을 살피면서 현재 당신이 있는 공간을 쭉 둘러본다. 그리고 종류별로 사물을 찾아 이름을 부른다. 예를 들어 나무로 만든 사물을 집중적으로 찾고 이름을 소리 내어 말한다. 전자 제품, 유리나 플라스틱, 천으로 만든 것 등 다른 범주도 활용해 보자.

③ 사람

다른 사람들과 같은 공간에 머물고 있다면, 주의를 다른 사람에게로 돌려 보자. 먼저 당신이 관찰할 타인의 특징을 선택한다. 예를 들어, 긴 머리나 짧은 머리, 검은 머리 또는 금발인 사람의 수를 세거나 스웨터, 티셔츠, 바지, 원피스, 색깔 등 사람들이 입고 있는 옷에 집중해도 좋다.

여기에서는 빈도나 패턴을 관찰함으로써 자신에게서 외부로 주의를 돌리는 것이 중요하다. 그것이 곧 목적이니 사람들을 빤히 쳐다볼 필요는 없다.

④ 차량

밖에 있거나 근처에 차가 보인다면 차에 주의를 집중해 보자. 타이머를 2~3분으로 맞춰 놓고, 빨간 차가 몇 대나 보이는지 세어 본다. 또한 다른 색 차나 특정 알파벳으로 시작하는 차 또는 승합차나 버스, 트럭 등 다양한 유형에 속하는 차의 수를 세어도 좋다.

⑤ 거리와 도로

밖에 있다면 지나는 거리나 도로 이름을 읽으면서 주의 전환을 시도해 보자. 그러면 불안과 무관한 외부 자극으로 주의를 돌릴 수 있다.

⑥ 나무와 꽃

바깥을 산책하면서 여러 종류의 나무와 꽃을 식별하는 법을 배워 지식을 넓혀 보자. 인터넷에서 재난 뉴스를 검색하며 시간을 보내는 대신, 다양한 나무와 꽃을 최대한 찾아보고 이름도 외워 보자.

아니면 계절에 따른 식물의 변화를 관찰하고 배워 나가도 좋다. 그러면 주의력이 향상될 뿐 아니라 자연의 치유 효과를 누릴 수 있다. 연구에 따르면 푸른 자연을 접할 때 기분이 개선되고 행복도가 높아지며 불안이 줄어든다. [7]

/ 기법 7 / 호흡 감각에 집중하기

차분하게 호흡하는 느낌에 집중하며 주의를 확장해 보자. 먼저 편안하게 앉거나 누울 곳을 찾아 호흡에 주의를 집중한다. 그다음 콧구멍으로 들어오는 시원한 공기가 부드럽게 솜털을 간질이는 감촉과 목구멍으로 내려가는 호흡을 따라 미묘한 감각을 느껴 보자.

그리고 공기가 폐를 채우면서 배와 가슴이 부드럽게 확장되는 현상과 피부에 닿는 옷의 질감 변화를 느끼자. 그런 다음 입으로 천천히 숨을 내쉬며 따뜻해진 공기가 몸 밖으로 빠져나가는 느낌과 입술 사이를 통과하는 공기의 흐름을 느껴 보자. 마지막으로 몸과 마음이 평온해지면서 집중되는 감각을 느껴 보자.

/ 기법 8 / 후각 활용하기

하루 내내 당신이 맡을 수 있는 냄새라면 무엇이든 충분히 느껴 보려고 노력한다. 불쾌한 냄새라면 오래 맡을 필요는 없다. 맡은 냄새는 마음속으로 기억하거나 기록을 남겨도 좋다. 그러면 주의를 후각으로 확장하는 훈련이 된다.

이상에서 소개한 기법 외에 자신만의 방법을 찾아도 좋다. 주의를 확장하는 연습은 일상생활 중에도 가능하다. 그러니 자신에게 맞는 방법을 찾아 마음속의 불안 극복 시스템에 추가해 보자. 무엇을 활용하더라도 대상에 주의를 온전히 기울이는 것이 공통된 목표임을 잊지 말자. 그 외에 주의 전환에 도움이 되는 활동 몇 가지를 소개한다.

- 두뇌 훈련 게임이나 앱 활용하기
- 잊어버렸을지도 모를 구구단 외기
- 음식의 질감, 맛, 온도, 냄새에 의식적으로 주의를 기울이기
- 수영장이나 비가 오는 곳에 있거나, 설거지 또는 청소를 할 때 물이 몸에 닿는 느낌 기록하기

- 샤워, 손 씻기, 양치, 요리, 빨래와 같은 활동을 하면서 느끼는 촉감에 집중하기
- 운전을 하지 않는다면, 이동 중 눈에 보이는 풍경이나 귀에 들리는 소리 등에 주의를 기울이며 관찰하고 느껴 보기

집중을 방해받는다는 생각이 들어도 상관없다. 그렇다면 다시 집중해야 할 일로 부드럽게 주의를 되돌리자. 시간이 흐르면서 주의력과 유연성이 향상되면 산만한 생각이나 그 영향력이 감소할 것이다.

주의력 훈련을 일상화하면 주의력의 근력이 점점 강해지면서 향후 불안 문제를 겪을 위험이 줄어든다. 그리고 정신 건강에도 유익하니 이 장에서 소개한 기법을 꾸준히 실천하여 주의력을 건강하게 유지하도록 하자.

지나친 불안 집중 해결하기

① 불안이 집중력을 앗아갈 수 있음을 인식한다. 불안할 때는 자의식과 경계심이 강해지고 두려워하는 대상으로 주의가 집중된다.
② 불안 증상이나 신체 감각에 지나치게 집중하는 시기가 언제인지 파악한다.
③ 불안할 때는 주의가 부정적인 정보에 편향되어 충동적으로 반응하기 쉽다는 사실을 기억한다.
④ 불안은 주의를 사로잡으며, 이에 불안과 관련 없는 사물을 무시하도록 하는 경향이 있다. 이 경향이 언제 나타나는지 살펴보자. 보통은 불안이 치솟을 때 발현된다.
⑤ 불안할 때 주의가 어떻게 집중되는가를 이해한다. 그러면 주의 전환 및 확장에 도움이 된다.
⑥ 불안을 넘어 다른 대상에 주의를 기울이도록 도와주는 간단한 기법을 연습하며 주의력을 단련하자. 주의력은 계속해서 훈련할수록 튼튼해지고 넓어진다.
⑦ 주의력 향상 기법을 일상에도 적용함으로써 다양한 자극에 주의를 집중하는 능력을 기른다. 꾸준히 연습하면 주의력이 강해지고 사고의 유연성이 높아진다.

⑧ 이 장에서 소개한 인지행동 기법과 오감 활용하기, 상황으로 주의 전환하기 등 다양한 기법을 활용하여 주의력을 개선하고 확장한다.

⑨ 주의력 훈련을 정신 건강을 지키고 증진하는 방법으로 생각하자. 훈련을 거듭할수록 주의 조절이 능숙해지면서 이 능력이 절실히 필요한 순간에 진가를 발휘할 수 있을 것이다.

⑩ 주의력 훈련은 특히 편향이 심한 경우, 불안장애 극복에 매우 중요하다. 주의력 훈련에 시간을 꾸준히 투자한다면 현재의 불안 증상이 개선될 뿐 아니라 불안 문제 예방에도 도움이 된다.

➕ 마음껏 목소리 내기

목소리가 가진 치유의 힘을 활용해 불안을 가라앉혀 보자. 노래를 부르거나 허밍을 하면 빠르게 불안도를 낮출 수 있다. 이러한 행동을 통해 리듬에 맞춰 호흡하다 보면 자연스레 과호흡이 줄면서 호흡이 조절된다.

또한 노래를 부르거나 허밍을 할 때, 엔도르핀과 같이 기분이 좋아지는 신경전달물질이 분비되어 이완을 촉진하고 불안도를 낮춘다. 그리고 소리와 감각에 의식적으로 주의를 기울이면 불안한 생각에 사로잡히는 대신 현재의 순간에 충실할 수 있다.

노래 부르기나 허밍은 불안한 생각이나 감정에서 주의를 전환할 때도 큰 도움이 된다. 그 외에도 감정을 처리하고 해소하는 데에도 유용하다.

제6장

폭우와 가뭄 사이

감정에 대처하는 방식은 불안 문제의 지속에 일조할 수 있다. 불안은 때로 견디기 어려운 감정적 고통을 유발한다. 그리고 이러한 고통은 불안한 생각이나 신체 감각 때문이 아니라 실제로 자신에게 문제가 있다는 확실한 근거로 잘못 해석할 수 있다. 그러면 충동적으로 반응하여 불안을 키우는, 불안한 생각과 감정의 악순환에 빠진다. 이 악순환에서 빠져나오려면 불안이 유발하는 고통스러운 감정을 조절하는 효과적인 전략을 세우고 개발해야 한다.

격한 감정은 마치 바다에서 몰려오는 거대한 파도와 같다. 이 파도는 언뜻 높이 솟아올라 당신을 삼킨 뒤, 바닥으로 끌고 내려갈 것처럼 보인다. 하지만 감정적 고통은 파도처럼 밀려왔다가 사라지기도 한다. 감정에 맞서 싸울수록 지쳐 가는 나머지 힘이 빠져 죽을 것 같은 느낌이 들면서 상황은 악화된다.

따라서 파도에 맞서 싸우려 하기보다 당신을 서퍼라고 상상해 보자. 파도에 몸을 맡기며 앞으로 나아가다 보면 파도는 결국 에너지를 잃고 잔잔해지며, 당신은 단단한 땅 위에 선 당신의 모습을 발견할 것이다.

이 장에서는 불안 문제를 헤쳐 나갈 때 감정이 어떻게 작용하는지를 중점적으로 살펴본다. 우선 불안에 수반되는 감정적 고통을 제대로 해석하지 못하는 경향을 들여다본다. 그리고 이러한 상태는 사실 불안에 대한 격한 과장된 감정적 반응에 따른 것임에도 사람들이 실제로 겪는 문제의 근거로 받아들이는 이유를 살펴볼 것이다.

이 장의 목표는 위의 과정과 더불어 그것이 불안 문제의 지속에 어떻게 기여하는지 이해하는 데 있다. 무엇보다 중요한 점은 앞의 반응 패턴에 변화를 불러일으키는 다양한 전략을 학습하여 불안 문제 극복에 도움이 되는 수단을 갖추는 것이다.

1. 각자의 생태계

우리는 모두 매일 각자의 방식으로 감정을 조절한다. 감정 조절에는 자신과 타인에게 감정을 표현하고 전달하는 방식, 감정을 해석하는 방식, 감정에 반응하는 방식, 감정으로부터 배우는 방식이 포함된다. 이러한 배움은 앞으로의 감정 조절 방식을 형성한다. 불안 문제에 시달리는 사람은 특히 두려운 상황에서 느끼는 감정적 고통을 효과적으로 조절하지 못하는 경향이 있다.

환자 사례
카디자의 격한 감정

범불안장애와 질병불안장애, 죽음공포증에 시달리던 카디자는 치료 과정에서 감정 조절을 집중적으로 다뤄야 했다. 카디자는 불안한 생각과 심상에서 비롯된 감정에 잘 대처하지 못했다.

카디자의 문제는 주로 죽음과 관련한 소식을 듣거나 나쁜 일을 접하면서 시작됐다. 그때마다 카디자는 자신에게도 똑같은 일이 일어날 수 있다고 생각하면서 끔찍한 심상이 머릿속에 떠오른다. 이러한 상상을 할수록 그녀의 감정은 걷잡을 수 없이 요동쳤지만, 카디자는 그 감정에 대처하는 방법을 몰랐다.

또한 카디자는 격한 감정을 실제 상황이 정말 좋지 않으며, 곧 최악의 상황이 닥치리라는 징후로 받아들였다. 이에 그녀는 "느낌이 좋지 않아. 곧 끔찍한 일이 벌어질 거야."라고 되뇌곤 했다. 이러한 반응 패턴은 그녀의 뇌에 격한 감정이 위험하다는 확신을 주면서 불안을 부채질했다.

카디자는 불안뿐 아니라 견디기 어려운 격한 감정이 수반되는 문제가 있었다. 마음이 괴로울 때는 벗어날 길을 찾는 것이 인지상정이다. 하지만 카디자는 건강하지 않은 대처 전략을 활용하여 잠깐의 안도감을 얻었다. 그러나 장기적인 관점에서 감정을 느끼며, 경험하고 조절하는 능력은 전혀 향상되지 않았다. 따라서 카디자는 치료 과정의 일환으로 감정적 고통을 견디고, 격한 감정을 조절하는 방법을 차근차근 배워 나가야 했다.

혹시 카디자의 사례를 보며 내면의 불편한 감정을 떠올렸는가? 감정 조절이 잘 안 되면 괴로움이 가중되고, 감정적 고통에서 빨리 벗어나려는 나머지 건강하지 않은 대처 방법에 의지하기 쉽다. 그러나 안도감은 잠깐일 뿐, 결과적으로 고통스러운 감정을 조절하면서 고통에 대한 내구력을 키우지 못한다. 그러면 감정 조절력과 고통을 견디는 힘이 약해지면서 불안 문제가 악화된다.

임상 경험에 따르면 정신 건강은 유연하고 효과적인 감정 조절, 그리고 고통을 견디는 힘과 밀접하게 연관되어 있다. 이에 불안 문제뿐 아니라 정신 건강 문제 전반에서 앞의 사실을 뒷받침하는 연구 결과는 굉장히 많다.[8]

불안감이나 고통에 시달리고 싶어 하는 사람은 아무도 없을 것이다. 하지만 모든 감정이 그렇듯 불안에서 비롯되는 불편한 감정은 인생에서 불가피한 요소에 해당한다. 따라서 그러한 감정에서 나타나는 고통은 피할 수 없는 대신 그것에 대처하는 방법으로 고통을 경감할 수는 있다.

고통에서 벗어나려고 몸부림칠수록 고통은 더욱 커지는 법이다. 감정을 참을 수 없다고 여기면 그 감정을 없애려 애쓰기 마련이고, 그러면 의도치 않게 문제를 악화시킬 수 있다. 그러나 감정은 그저 감정일 뿐이므로 있는 그대로 느껴도 좋다.

2. 교란되는 마음

감정 조절 문제는 불안장애뿐 아니라 다른 정신 질환의 악화와도 연관되어 있다. 불안도가 높아지면 역기능적이고 융통성이 없으며, 불필요한 감정 반응을 보이는 등 감정 조절이 어려워진다. 이제부터 불안이 감정 조절을 방해하는 네 가지 방식, 불안한 생각 강화, 감정 억제, 감정 회피, 충동적 반응을 살펴보자.

2.1. 불안한 생각 강화

불안한 생각과 신체 감각에 수반되는 격한 감정은 불안한 생각이 진실이라고 믿도록 부추긴다. 이러한 감정은 불안한 생각이 사실이라는 증거가 되지 못한다. 그러나 불안이 현실 인식을 왜곡하면 지금 자신이 실제로 위험한지, 아니면 머릿속에서만 그러한지를 구분하기가 어려워진다. 특히 격한 감정에 휩싸여 있을 때는 더욱 그렇다.

감정의 소용돌이는 의도치 않게 불안한 생각을 강화하고 정당화한다. 당신은 어떠한 생각을 할 때 느끼는 감정으로 그 생각을 사실이라고 여긴 적이 있는가? 그러한 생각은 극심한 두려움을 유발하여 감정 조절을 힘들게 한다. 그 결과 비효율적인 대처 방식에 의존하여 불안을 지속시키는 악순환의 굴레에 빠지기 쉽다.

2.2. 감정 억제

일반적으로 불안장애 환자는 감정 조절을 목적으로 감정을 억누르는 전략을 활용하기도 한다. 당신은 불편한 감정을 억누르려고 애쓴 적이 있는가? 감정을 느끼거나, 언어적 또는 신체적으로 감정을 표현하는 것에 강한 혐오감을 느끼듯이 말이다. 그러나 감정은 아무리 억눌러도 그 부정적인 영향은 줄어들지 않으며, 장기적으로는 오히려 고통을 키울 뿐이다.

특히 감정을 장기간 억누를수록 의도치 않게 불안을 악화시키는 결과를 초래할 수 있다. 오랜 기간 감정을 계속 억누르면 생리적 반응이 쉽게 활성화되어 불안 증상이 커질 수 있다. 흥미로운 사실은 애초에 감정을 억누른 이유였던 생리적 불편감이 감정을 억제할수록 도리어 지속된다는 사실이다. 결국 억압된 감정이 신체에도 영향을 주어 불안 증상을 악화시키는 악순환이 반복된다.

불안할 때는 감정적으로 취약해진다. 따라서 신체 감각으로 나타나는 두려움에서 비롯되는 고통스러운 감정을 수용하기보다는 억누르며 회피하기 쉽다. 이렇게 감정을 수용하지 않으면 내가 느끼는 감정을 명확히 파악하지 못해 고통이 배가된다. 또한 감정을 조절할 기회를 잃어버려 감정적 고통에 대처하는 능력이 떨어지고 자신감을 상실한다. 그러면 불안감이 고조되어 아래와 같이 불안의 악순환에 빠진다.

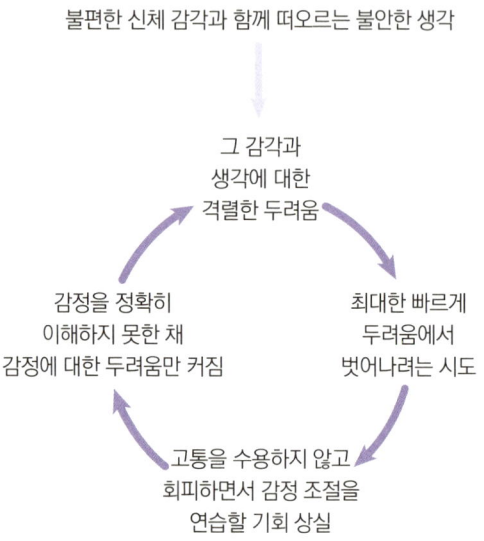

2.3. 감정 회피

회피는 감정에 대처하는 흔한 방식이다. 그러나 이는 비생산적이기에 불안 극복을 위해 꼭 다뤄야 할 문제이기도 하다. 이에 다음 장에서는 회피의 개념 및 불안에 미치는 영향을 전체적으로 살펴볼 것이다.

회피에는 다양한 형태가 있는데, 크게 정서적 회피와 행동적 회피로 나뉜다. 정서적 회피는 대체로 행동적 회피로 이어진다. 대체로 고통스러운 감정을 원치 않을 때, 그 상황에서 즉시 벗어나거나 즉각 조치하는 등 괴로움을 완화하기 위한 행동을 하게 된다. 또는 그러한 감정을 잠시라도 잊거나 거리를 두기 위해 술이나 음식에 의존하는 사례도 드물지 않다.

감정을 처리하고 난 후라면 주의 환기가 도움이 될 수 있다. 그러나 감정을 회피하는 수단이라면 불안 극복에 전혀 도움이 되지 않는다. 그러므로 본 장의 뒷부분인 '감정적 고통에 대처하는 법'에서 건강하게 주의를 환기하는 효과적인 감정 처리법을 살펴볼 것이다.

2.4. 충동적 반응

불안으로 발생하는 감정적 고통에 충동적으로 반응하면 불안 극복에 방해가 된다. 위협을 느낄 때는 방어적인 반응과 행동을 보이는 것은 지극히 자연스럽다. 물론 두려움이나 화가 치솟을 때는 가급적 빠르게 불편한 감정을 없애 버리고 싶다는 생각이 들기도 할 것이다.

그러나 원치 않는 감정을 줄이려고 시도한다면, 단기적으로 잠깐의 안도감을 얻을 수 있어도 장기적으로는 그보다 훨씬 더 큰 대가를 치르게 된다. 예를 들어 여럿이 함께 있는 자리나 사교적인 자리에서 아무 말 없이 잠자코 있으면 단기적으로는 마음이 조금 놓일 것이다. 그러나 장기적으로는 그 대가로 불안한 신념이 강화된다. 이처럼 역효과를 불러오는 전략은 다양한 불안장애에서 나타난다.

예컨대 질병불안장애의 경우 반복적이고 충동적인 확인 행동으로 얻은 찰나의 안도감은 향후 전반적인 위협감에 장기간 시달려야 한다. 즉 재차 확인해야만 안전하다고 느끼기 때문에 확인 행동을 계속해서 반복하다 새로운 고통을 불러일으킨다. 이는 결과적으로 불안을 지속시킨다.

지금까지 살펴본 바와 같이 불안이 감정 조절을 방해하는 네 가지 방식 가운데 당신에게 해당하는 것이 있는가? 이상에서 소개한 패턴을 이해한다면 변화가 필요한 영역을 파악할 수 있을 것이다. 따라서 당신의 감정 조절을 방해하는 패턴을 기억하거나 간단히 메모해 두자.

3. 감정이 흐르는 방향

감정이 생각과 행동에 미치는 영향을 알아차리려면 자신의 감정 경험을 이해하는 과정이 필요하다. 감정적 고통에 대처하는 능력을 키우기에 앞서 스스로 어떠한 감정을 느끼고, 그 감정이 행동에 미치는 영향은 무엇인지 알아보도록 하자. 이는 다음에 소개할 기법을 받아들이기 위한 토대가 된다.

감정이 행동에 영향을 미치는 패턴을 이해하면 그에 따라 적합한 감정 조절 전략을 선택함으로써 더 현명하게 행동할 수 있다. 현재 느끼는 감정적 고통을 이해하려면 불안을 유발하는 요인과 생각, 감정, 행동의 연관성을 살펴보아야 한다. 이들 요소 간 관계를 파악하면 당신이 경험하는 고통의 근원적인 메커니즘을 이해하고, 이에 입각한 대처법을 찾을 수 있다.

아래 그림은 불안 트리거가 불안한 생각을 유발한 데에 이어 감정적 고통을 불러일으키는 과정을 보여 준다. 그에 따른 고통을 완화하려는 행동은 의도치 않게 불안한 신념을 강화하는 결과를 낳을 때가 많다. 그 결과 감정 반응 패턴이 점차 강해지고 고착되면서, 이후에도 쉽게 활성화되어 불안 문제를 악화시키는 악순환을 초래한다.

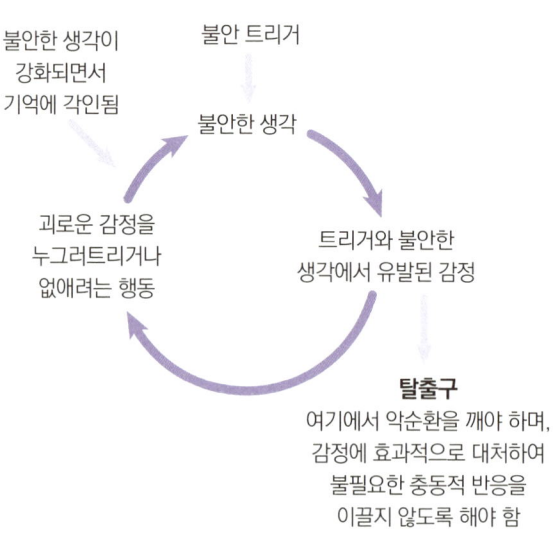

앞서 설명한 바와 같이 트리거는 불안한 생각을 일으켜 감정적 고통을 유발한다. 사람들은 그 고통을 완화하기 위해 불안한 신념을 무심코 강화하는 행동

을 한다. 하지만 위 그림에서 감정 단계를 건너뛰는 것처럼 보이기도 한다. 일반적으로 이는 트리거로 유발된 고통을 빠르게 없애려는 조급함 때문이다. 한 걸음 물러나서 감정을 돌아볼 여유도 없이 성급하게 행동한다면 감정 처리를 통해 악순환에서 벗어날 기회를 잃는다.

이상의 내용을 환자 올리비아의 사례에서 살펴보자. 올리비아는 불안에 너무 성급하게 반응하는 바람에 자신의 감정을 알아차리지 못한 채로 상황을 통제하고자 충동적으로 반응했다.

환자 사례
자신의 감정을 전혀 인식하지 못한 올리비아

올리비아는 감정 단계를 완전히 건너뛰곤 했다. 그녀는 자신이 느끼는 감정을 알아차리거나 그 감정이 일어나는 이유를 이해하지 못한 채 트리거에 곧바로 반응했다. 자신에게 고통에 대처할 능력이 없다고 느낀 올리비아는 방어적으로 대응할 수밖에 없었고, 그 결과 불안은 점차 악화됐다.

올리비아의 사례는 불안이 얼마나 빠르게 감정을 유발하여 즉각 대응해야 한다는 급박함을 불러오는가를 보여 준다. 이러한 감정이 빠르고 강하게 몰려오면 자신이 어떤 감정을 느끼는지 알아차리지 못하고 지나칠 수 있다.

치료 과정을 통해 올리비아는 자신이 불안, 걱정, 불확실성, 불안전한 느낌을 주로 경험한다는 점을 깨달았다. 그리고 자신이 잠깐이라도 안전하다고 느끼도록 안정감을 주고 불안감과 불확실성을 줄이는 행동에 의지하는 이유를 이해하게 되었다. 자신이 벗어나고자 하는 감정의 정체를 깨닫자 그녀에게 감정을 다룰 여지가 생겼다.

우선 올리비아는 불안과 걱정, 불확실함, 불안전함의 이유를 찾는 작업부터 시작했다. 올리비아가 느끼는 감정은 그녀의 불안한 생각과 맞닿아 있었다. 또 올리비아는 과거의 힘들었던 경험이 현재의 감정 상태를 형성하는 데 어떤 역할을 했는지 깨달았다. 이 연관성을 인식하면서 올리비아는 과거의 영향과 현재의 순간을 구분할 수 있었다. 그러자 감정적 고통의 강도가 줄었다.

다음으로 올리비아는 자신의 생각과 감정이 어떻게 흘러가는지, 어떤 상황에서 생각과 감정이 일어나는지에 관한 패턴을 찾으려고 노력했다. 그리고 무엇보다 자신이 괴로운 감정에서 벗어나기 위해 어떤 행동을 하는지 파악하려고 애썼다. 행동을 변화시켜야 했기 때문이다.

이후 올리비아는 감당하기 어려운 감정을 다루는 능력을 키우기 위해 감정을 수용하고, 감정에 이름을 붙이고 관찰하는 법을 비롯하여 자기연민, 주의 전환, 자가 진정과 같이 다양한 기법을 함께 활용했다. 이 장의 후반부에서 소개할 해당 기법은 올리비아가 불안의 악순환을 벗어나도록 도와주었다.

이제 감정 반응을 더 깊이 이해하기 위한 다음 과제로 넘어가 보자. 이번 과제에서는 감정을 유발하는 트리거와 감정에 뒤따르는 반응, 그리고 감정의 잠재적 목적과 기능을 살펴본다. 이처럼 감정을 명확히 이해하는 작업은 이 장의 뒷부분에서 소개하는 여러 기법을 익힐 때 단단한 기초가 되어줄 것이다.

> **과제 21**
>
> ✓ **감정 반응 이해하기**
>
> 최근에 굉장히 불안하고 감정적으로 힘들었던 상황을 떠올려 보자. 그 상황을 바탕으로 다음 질문에 답해 보자.
>
> ① 어떠한 상황이었는가?
> ② 그 상황을 겪으며 자신을 어떻게 생각했는가?
> ③ 그때 어떤 감정을 경험했는가? (이 장의 뒷부분에 제시된 '감정의 바퀴'를 참고하여 감정을 파악해 보자.)
> ④ 감정의 강도는 0~10점 척도에서 어느 정도였는가?
> ⑤ 최근 상황에서 경험한 감정적 고통과 비슷한 느낌을 과거에 느낀 적이 있는가? 있다면 어떠한 상황에서였는가?

⑥ 그 상황에서 감정이 특정한 방식으로 행동하도록 영향을 미쳤는가? 그렇다면 그때 어떻게 반응했는가?
⑦ 그렇게 반응한 이유는 무엇이며, 그 반응의 결과로 긍정적이거나 중립적인 감정을 느꼈는가?
⑧ 상황은 어떻게 마무리되었는가?
⑨ 돌이켜보니 감정의 영향을 받아 불필요한 반응을 보였다는 생각이 드는가?
⑩ 당신의 반응이 불안 문제를 악화시켰다고 생각하는가? 그렇다면 왜, 어떻게 악화시켰는지 알고 있는가?

지금부터 공황 발작을 겪은 에이바의 사례를 살펴보자. 그녀의 경험은 해당 과제를 잘 보여 주는 사례다.

환자 사례
공황 발작을 겪은 에이바

에이바의 공황 발작 경험 사례로 이 과제를 이해해 보자.

① 어떠한 상황에서 공황 발작이 일어났는가?
　내 마음을 압도하는 위협적인 상황이었다.
② 그 상황을 겪으며 자신을 어떻게 생각했는가?
　올 것이 왔고, 내가 감당할 수 없는 끔찍한 일이 벌어질 것이라 생각했다.
③ 그 상황에서 어떤 감정을 경험했는가?
　극심한 두려움과 불안감, 압도적인 공포를 경험했다.
④ 감정의 강도는 0~10점 척도에서 어느 정도였는가?
　8점 정도였다.
⑤ 최근 상황에서 경험한 감정적 고통과 비슷한 느낌을 과거에 느낀 적이 있는가? 있다면 어떠한 상황에서였는가?
　있다. 감당하기 힘든 어려운 상황에 혼자 두려움에 떨어야 했던 과거의 사건이

> 떠올랐다. 그러자 그때의 두려움과 무력감이 몰려왔다.
>
> ⑥ 그 상황에서 감정이 특정 방식으로 행동하도록 영향을 미쳤는가? 그렇다면 그때 어떻게 반응했는가?
>
> > 맞다. 나는 안전 추구 행동을 했다. 특정 상황을 회피하고, 특정 행동을 반복하고, 다른 사람에게 괜찮다는 확인을 받으려 했다.
>
> ⑦ 그렇게 반응한 이유는 무엇이며, 그 반응의 결과로 긍정적이거나 중립적인 감정을 느꼈는가?
>
> > 잠시나마 안도감이 들었다. 내가 상황을 통제할 수 있다는 느낌이 들었고 그 당시 느끼던 불안감이 조금 줄었다.
>
> ⑧ 상황은 어떻게 마무리되었는가?
>
> > 끔찍한 일은 일어나지 않았고, 상황은 잘 마무리되었다.
>
> ⑨ 돌이켜보니 감정의 영향을 받아 불필요한 반응을 보였다는 생각이 드는가?
>
> > 그렇다. 감정에 휩싸여 상황에 맞지 않게 과한 조치를 취했다.
>
> ⑩ 당신의 반응이 불안 문제를 악화시켰다고 생각하는가? 그렇다면 왜, 어떻게 악화시켰는지 알고 있는가?
>
> > 그렇다. 상황을 회피하고 끊임없이 확인 행동을 하면서 불안을 부추겼다. 이러한 행동 패턴으로 불안이 계속되면서 악순환에서 벗어나기가 더 어려워졌다. 두려움에 맞서고 대처하는 올바른 방법을 찾아야 한다는 걸 알고 있지만, 지금으로서는 어떻게 해야 할지 잘 모르겠다.

위에 소개한 연습 과제를 당신에게 도움이 된다면 지속적으로 활용해 보자. 그리고 불안의 감정 패턴을 명확히 이해할 때까지 계속 탐색하면서, 다양한 감정과 트리거에도 적용해 보자. 감정을 이해하기만 해도 두려움이 완화되며 성급한 감정 반응을 늦추는 데 도움이 된다. 반응 속도를 줄이면 감정을 인식하고 대처할 여지가 많아진다.

그리고 감정적 고통에 영향을 미치는 요소로 불안 외에도 다른 것들이 있다는 점을 기억하자. 그밖에도 몸이 피곤하거나 잠을 충분히 자지 못하면 감정적 고통이 커질 가능성이 크다. 그런가 하면 배고플 때는 기분을 조절하는 호르몬에 변화가 생겨 기분이 나빠질 수 있다. 특히 힘든 시기를 겪을 때는 신체의 기본 욕구를 잘 챙겨야 한다.

4. 무풍지대를 향해

이제 방법론적 관점에서 감정적 고통을 다루는 몇 가지 실용적인 전략을 살펴보자. 이러한 전략의 목적은 감정을 조금 더 효과적으로 관리하는 데 있다. 처음에는 연습이 필요하겠지만, 시간이 지나면 당신의 습관으로 자연스럽게 정착할 것이다. 이들 기법이 일상에 자리 잡으면 의식적인 생각이나 노력을 거치지 않아도 수월하게 활용할 수 있을 것이다. 그러니 버거운 감정에 직면할 때마다 다음에 소개할 기법 중 하나를 연습하여 숙달하는 기회로 삼아보자.

지금부터 소개할 기법에는 한 가지 공통점이 있다. 바로 당신이 느끼는 감정을 알아차리고, 비생산적인 반응을 보이지 않는 법을 배우는 것이다. 그러려면 기본적으로 당신의 감정적 고통을 인식하고 주의를 기울이며 고통의 존재를 받아들이되, 당신과 감정 사이에 거리를 두어 감정이 곧 당신이 아님을 인식해야 한다.

이후의 단계는 자기연민으로 자신을 보듬고 괴로운 감정을 달랜다. 이제부터 각 단계에서 사용할 기법을 살펴보자. '수용'이나 '주의 조절'처럼 앞 장에서 이미 다루었던 익숙한 주제를 발견할 수 있을 것이다. 다음에 소개할 전략은 불안 극복 과정에서 다양한 역할을 담당하며, 이전 장에서 확립한 기초를 바탕으로 상호 보완적인 측면을 지닌다.

4.1. 감정 수용 및 관찰하기

모든 감정은 일시적이다. 따라서 어떠한 감정도 영원히 지속되지 않는다. 감정에 빠져 있을 때는 그 감정이 영원히 지속되는 듯 보여도, 사실은 끊임없이 변한다. 이에 감정 상태를 바꾸고 통제하려 애쓰거나 저항하지 말고 자신의 감정을 관찰함으로써 감정적 고통을 받아들이는 연습을 해 보자.

이 기법은 감정에 대한 판단과 저항을 배제하고, 감정을 있는 그대로 열린 마음으로 받아들이려는 노력이 핵심이다. 개방적이고 수용적인 태도로 감정을 대하다 보면 감정을 더 깊이 이해할 뿐 아니라, 감정이 어떻게 변하고 흘러가는가를 경험할 수 있다.

> 과제 22
> ✓ **의식적인 관찰을 통해 감정 포용하기**
>
> 어떠한 감정이든 호기심을 가지고 수용적인 태도로 그 존재와 형태, 움직임을 살펴보자. 이를 지침 삼아 10~20분 정도 충분히 시간을 들여 감정을 깊이 들여다보자.
>
> 먼저 천천히 심호흡을 몇 번 한다. 당신이 괴로운 감정을 느끼고 있음을 알아차리고, 그러한 감정을 느끼고 있음을 받아들인다. 이에 무슨 일이 일어나고 있는지, 어떤 느낌이 드는지 소리 내어 말해 보자.
>
> 감정에 몰입하여 느낌은 어떤지 찬찬히 살펴보자. 그 감정은 몸의 어느 쪽에서 느껴지는가? 머리나 가슴, 뱃속인가? 아니면 몸 바깥쪽, 위나 아래쪽 또는 앞이나 뒤쪽인가? 그렇다면 그 감정은 왼쪽과 오른쪽 가운데 어느 쪽에서 느껴지는가?
>
> 한편 당신의 감정은 무슨 색으로 표현할 수 있을까? 그리고 당신의 감정은 한 곳에서 평정을 유지하며 단단하게 자리를 잡고 있는가, 아니면 움직이는가? 움직인다면 어느 방향으로, 얼마나 빠른 속도로 움직이는가?
>
> 다음으로 감정의 강도가 어떻게 변하는지 살펴보자. 감정을 느끼기 시작할 때의 강도는 어느 정도인가? 감정을 관찰하고 받아들이는 동안 감정이 더 격해지는가, 아니면 사그라드는가?
>
> 그다음 감정이 특정 반응을 유도하는지 살펴보자. 감정이 당신을 어디로 끌고 가는가? 감정은 그저 감정일 뿐, 위협이나 사실이 아님을 받아들이자. 아래와 같이

> 말하며 감정과 나를 분리하고, 느낌은 어떠한지 관찰해 보자.
>
> "나는 ○○한 감정을 느낀다."
> "나는 내가 ○○한 감정을 느낀다는 것을 알아차렸다."
>
> 마지막으로 감정과 나를 분리하고, 감정을 '당신'이 아니라 '당신에게 일어난 일'로 받아들일 때 당신과 감정 사이에 어떠한 변화가 일어나는지 살펴보자. 감정을 하늘에 떠 있는 구름의 모습으로 상상하고, 그 구름에 감정을 실어 보자. 으레 구름이 그렇듯 바람에 밀려 멀어지는 모습을 바라보자. 이제 숨을 코로 들이쉬고 입으로 내쉬며 몇 번 천천히 심호흡한 뒤, 현재로 돌아온다.

격한 감정을 견디는 능력을 비눗방울이라고 생각해 보자. 감정에 저항하거나 그것을 통제하지 않고 허용할수록 감정의 회복탄력성이라는 비눗방울이 커진다. 이 비눗방울은 격한 감정에 어떻게 반응하느냐에 따라 커지거나 줄어든다. 불안이나 두려움처럼 격한 감정이 몰아치면 이 비눗방울을 터트려 불편한 상태에서 벗어나고 싶은 마음이 들 수 있다. 하지만 그럴수록 감정의 회복탄력성은 떨어진다.

감정을 판단하는 대신 관찰과 수용으로 비눗방울을 키워 보자. 목적을 가지고 그렇게 한다면 힘든 감정을 다루는 능력이 자라날 것이다. 이를 꾸준히 연습할수록 회복탄력성이 더욱 유연해지면서 힘든 감정을 견디는 능력도 커진다. 이처럼 감정을 견디는 능력은 경직되어 있지 않으며, 꾸준히 노력한다면 계속 성장하면서 당신의 정서적 안녕감을 높여 준다.

4.2. 감정에 이름 붙이기

특정한 감정이 떠오를 때 그 감정에 이름을 붙이면 당신의 내면세계를 이해할 가치 있는 깨달음을 얻을 수 있다. 그리고 자신을 향한 이해가 깊어지면서 감정 상태를 확실하게 파악할 수 있다. 이 기법은 당신의 경험에 빛을 비추는 것과 같다. 이처럼 감정을 인식 및 이해하고 인정하면 감정적 고통은 줄어든다.

이 기법은 또한 감정에서 어느 정도 거리를 둘 수 있다. 그러면 감정에 휘말리지 않고, 그 옆에서 관조할 수 있다. 이는 감정에 압도당하지 않고 조금 더 균형감 있게 감정을 다룰 수 있다는 말과 같다. 무엇보다 이 기법을 활용하면 감정 조절과 의사 결정에 관여하는 뇌의 전전두엽 피질이 활성화된다. 이에 따라 격한 감정이 가라앉고, 다른 관점과 대처 방법을 고려하면서 고통을 크게 경감할 수 있다.

감정에 이름을 붙일 때는 부정적인 감정뿐 아니라 긍정적인 감정도 인식할 줄 알아야 한다. 그러면 불안으로 사소하게 느껴지던 삶의 긍정적인 경험에 감사할 수 있다. 삶을 긍정적으로 바라보면 기분이 좋아지고, 사고에 균형이 잡히면서 절망감은 줄어들면서 감사하는 마음은 커진다. 그리고 긍정적인 감정을 인식한다면 당신의 감정 경험을 지배하는 부정적인 감정과 균형을 맞추는데 도움이 된다. 그러니 잠시 시간을 내어 아무리 사소하고 덧없어 보이더라도 마음속의 긍정적인 감정을 인식하고, 이름을 붙이며 되돌아보도록 하자.

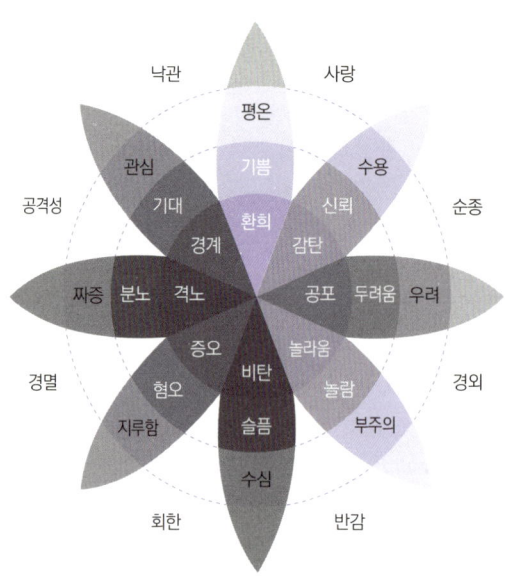

로버트 플루치크의 감정의 바퀴(Robert Plutchik's Wheel of Emotions)는 감정을 파악하고 이해하는 데 매우 유용하게 활용할 수 있는 수단이다. 위 그림에서 다양한 감정의 관계를 한눈에 파악할 수 있다. 감정의 바퀴는 기쁨, 신뢰, 두려움, 놀람, 슬픔, 혐오, 분노, 기대의 여덟 가지 기본 감정(primary emotions)에 관한 가정을 토대로 한다.

감정의 바퀴를 활용할 때, 바퀴 안에서 당신이 느끼는 감정부터 찾아보자. 그리고 해당 감정에 인접하거나 반대되는 감정을 살펴보고, 이들 감정 사이의 관계를 생각해 보자. 그다음 그 감정이 얼마만큼 강하게 느껴지고, 사고방식과 행동에 어떤 영향을 미칠지 생각해 보자. 감정의 강도는 바퀴의 중심으로 갈수록 강해지며, 바깥을 향할수록 약해진다.

과제 23
✓ 긍정적인 감정과 부정적인 감정에 이름 붙이기

로버트 플루치크의 감정의 바퀴를 활용하여 자신이 느끼는 감정을 파악해 보자. "나는 ○○을/를 느낀다. 지금 상황에서 느낄 만한 감정이다."처럼 당신이 느끼는 감정을 말로 표현해 보자. 또는 "지금 기분이 어때?"라는 질문을 자신에게 던지고, 그 답을 감정의 바퀴를 참고하여 응답해 보자.

예컨대 "오늘은 직장에서 할 말이 있었는데, 입이 떨어지지 않아 크게 낙심하고 좌절했다."와 같이 특정한 순간에 느낀 감정과 이를 유발한 상황을 함께 적어도 좋다.

감정에 이름을 붙이는 연습을 할 때는 긍정적이거나 중립적인 감정 상태도 함께 기록하자. 이때도 감정의 바퀴를 참고하여 다양한 감정을 찾아보자. 그림 전체를 돌아가면서 당신의 감정을 찾아본다면 해당 기법을 제대로 연마할 수 있다.

이 기법을 연습하는 목적은 명쾌하다. 바로 당신이 느끼는 감정을 인식하며 이름을 붙이는 것이다. 간단하게 감정에 이름을 붙이고, 그 감정이 일어난 상황을 이해하도록 하자.

> 이때 당신이 견디기 어려운 감정을 느낀다고 해서 스스로 나약하다거나 문제가 있다고 여기지 않도록 주의한다. 이 과제를 연민과 이해로 당신을 대하는 연습 기회라고 생각하자. 지금부터는 자기연민을 자세히 살펴보도록 하겠다.

4.3. 자기연민

자기연민은 특히 힘들고 어려운 시기에 친절과 이해, 수용의 자세로 자신을 대하는 것이다. 힘들어하는 친구나 가족을 사랑과 관심으로 대하듯, 그 대상이 당신 자신이라고 생각하면 된다. 자기연민은 당신과 당신 자신을 긍정적이며, 서로 지지하는 관계를 맺도록 도와준다는 점에서 중요하다.

자기연민은 자신을 지나치게 가혹하게 대하거나 비판적인 태도를 취하는 대신 수용하고 돌봄을 뜻한다. 이는 곧 우리가 인간이기에 결점이 있고, 어려움을 겪을 수 있음을 기억하는 것이다. 또한 자기연민은 감정의 회복탄력성을 키운다는 점에서 불안 조절과 정신 건강 전반에 도움이 된다.

불안을 극복하려면 자신을 긍휼히 여기는 마음을 키워야 한다. 현재의 힘든 경험에도 의미가 있으며, 자신에게도 연민을 표현할 만한 가치가 있음을 기억하자.

> **과제 24**
>
> ✓ **자기연민**
>
> 이 과제의 목표는 자신을 다정하게 대하면서 자신의 감정을 비판하지 않도록 하는 것이다. 감정은 그저 존재하기에 발현 또한 자연스럽다는 사실을 기억하자. 그렇게 자신에게 연민을 표현하면 힘든 감정을 마주하고 관리하는 능력이 커진다. 아래 질문에 답하면서 감정적 고통에 빠진 자신을 연민하는 태도를 길러 보자.
>
> • 내가 겪고 있는 상황과 감정을 보다 열린 자세로 받아들이려면 어떻게 해야

할까?
- 내가 경험하는 감정에 더 민감해지려면 어떻게 해야 할까?
- 더 세심하게 반응하려면 어떻게 말하고 행동해야 할까?
- 내 말이나 생각 중에 무신경하다고 느낄 법한 것이 있는가?
- 이러한 감정을 느낄 때 나에게 필요한 것은 무엇인가?

그렇다면 목소리에도 연민의 마음을 담아 보자. 연민 어린 목소리는 일상적인 목소리와 다르다. 필요하다면 마음속으로 평소 자신에게 얘기할 때 사용하는 표현을 다음과 같이 바꿔 보자.

- **변경 전:** "나는 너무 예민해. 걸핏하면 당황해서 어쩔 줄 모르고 불안해하잖아."
- **변경 후:** "그럴 수 있지. 지금껏 겪은 일을 돌이켜보면 불안할 만하잖아."

만약 사랑하는 친구나 가족이 "난 정말 한심하고 무기력한 인간이야. 끊임없이 두려움에 휩싸이다니."라고 말한다면 당신은 어떻게 반응하겠는가? "맞아, 정신 좀 차려!"처럼 비판적이고 평가적인 태도로 대답할 것인가? 물론 그렇지 않을 것이다. 그러니 자신을 비난하고 판단하는 대신 공감하고 이해하도록 하자. 당신이 고통받을 때는 자기비판보다는 친절하고 따뜻한 마음이 필요함을 기억하자.

도움이 된다면 내면의 순수하고 연약한 아이를 찾아서 만나 보는 것도 좋다. 어린 시절 자신의 모습을 떠올리거나 오래된 사진에서 어린 시절의 당신을 찾아보자. 특히 이 방법은 자기연민이 힘든 사람에게 효과적인 대안이 되어 줄 것이다. 그러니 잠시 시간을 내어 어린 시절의 자신을 떠올리면서 따듯하고 연민 어린 태도로 이야기를 건네 보자. 힘들어하는 아이를 위로하며 따뜻하게 보살핀다고 생각해 보자. 그러면 자기연민의 자세를 기르고 행복감을 높이는 데 도움이 된다. 이어서 다음 몇 가지 사례를 살펴보도록 하자.

- '이런 일을 겪다니 정말 안타까워. 정말 힘들다는 거 알아.'
- '날 믿어. 내가 곁에서 돌봐 줄게.'

- '네가 어떤 일을 겪고 있는지 알아.'
- '사랑해. 그리고 널 응원해. 내가 널 도와줄게.'
- '네가 얼마나 힘들지 알아. 하지만 넌 잘 이겨낼 거야.'
- '넌 혼자가 아니야. 내가 여기 있으니까.'
- '그럴 수 있어. 충분히 이해해.'

4.4. 자가 진정

자가 진정이란 괴로운 감정을 경험할 때, 자신을 위로하고 지지하며 안심시키는 실용적인 기법이다. 이 기법의 목표는 힘든 감정을 극복하고 균형을 되찾도록 도와주는 데 있다. 자가 진정을 실천하면 힘든 시기에도 안정감 속에서 자신을 돌보며 평온함과 위로를 얻을 수 있다.

자가 진정은 특히 급성 불안 증상을 겪은 이후 생리적 스트레스를 겪은 신체를 회복하는 데 도움이 되며, 그 효과는 충분히 검증된 바 있다.[9] 이 기법은 삶의 질 전반을 개선하기 위한 자기관리와는 다른 개념이지만, 그중 몇 가지는 감정적 스트레스 상황에서 마음을 진정시키는 효과를 발휘한다.

해당 기법은 감정적으로 힘든 순간에 자신을 위로하고 진정시키기 위한 특정 행동 방식을 말한다. 자가 진정은 감정적으로 힘든 순간에 위안을 찾고, 내면의 평화를 회복하는 데 집중하는 접근법이다. 이에 아래 상자에서 몇 가지 자가 진정 기법을 소개하고자 한다. 이 외에도 제3장에서 소개한 기법과 책 말미에 제시한 '취미 활동' 목록에서도 모티브나 아이디어를 얻을 수 있다. 물론 당신만의 방법을 활용해도 좋다.

| 과제 25 |

✓ 자가 진정

다양한 자가 진정 기법을 시도해 보고, 당신에게 가장 어울리는 방법을 찾아보자. 다음은 개인적으로 선호하는 기법이다.

먼저 코로 숨을 들이마시면서 천천히 셋까지 세고, 다음으로 숨을 참으며 천천히 넷을 센다. 마지막으로 입으로 숨을 내쉬며 천천히 다섯까지 세는 간단한 호흡 운동이다. 이 운동은 최소 5분에서 10분 정도 당신이 필요한 만큼 계속한다.

자가 진정을 위한 신체 접촉도 고통에서 자신을 보호하는 효과가 있다. 자기 자신을 안고 쓰다듬는 것도 간단하지만 효과적인 자가 진정 방법이다. 그러니 가장 편안함을 느끼는 접촉 방법을 찾아 최소 몇 분 이상 실천해 보자.

방법은 시작하기에 앞서 천천히 몇 번의 심호흡을 한다. 그다음 손과 당신이 접촉하고 있는 부분의 따뜻한 온기와 촉감에 집중해 보자. 아래에 자가 진정을 위한 신체 접촉 아이디어 몇 가지를 공유한다.

- 심장이 있는 곳에 손을 얹는다.
- 배 위에 손을 얹는다.
- 오른손은 왼쪽 가슴에, 왼손은 배 위에 얹는다.
- 팔뚝을 감싸 안는다.
- 볼을 어루만진다.
- 자기 자신을 안고 어깨를 토닥인다.

향을 활용한 자가 진정도 있다. 따뜻하고 부드러운 천에 에센셜 오일을 한두 방울 떨어뜨린 후, 편안하게 등을 대고 누워서 천을 얼굴 위에 가볍게 올려놓는다. 이후 천천히 심호흡을 하면서 향기에 집중한다.

시간을 내어 좋아하는 음악 또는 차분함과 편안함을 느낄 수 있는 음악을 듣는 것도 좋다. 음악을 따라 허밍을 하거나, 노래를 따라 불러도 좋다. 시간을 투자하여 힘들 때 듣고 싶은 음악 재생 목록을 만들어 보자.

아니면 긍정적인 감정을 불러일으킨 경험에 집중해 보자. 기분 좋은 순간, 당신이 멋져 보인 순간, 당신을 웃게 만든 것, 흥미를 끌거나 영감을 준 것 등 사소한 것이라도 좋다. 그러니 긍정적인 감정 경험을 최대한 활용하자. 그리고 앞의 상황과 그 원인까지를 포함하여 당신이 겪은 일들을 자세히 떠올려 보자.

사람들은 긍정적인 감정에 따뜻한 반응을 보인다. 그러므로 다른 사람과 긍정적인 감정을 공유하면서 어떠한 기분을 느끼고 있으며, 그 이유를 나누어 보자. "안녕, 잘 지내? 난 오늘 기분이 무지 좋아.", "어젯밤에 이 영화 봤는데 진짜 많이 웃었어. 너도 봤어?"라는 말처럼 친구와 이야기를 나누거나 메시지를 보내는 것도 좋다. 그러면 긍정적인 감정에 집중하는 힘이 자라면서 불안이 당신의 마음을 지배하는 것을 예방할 수 있다.

이 외에도 지금 겪고 있는 감정을 진정시키는 데 도움이 되는 자기관리 방법으로는 목욕하며 긴장 풀기, 자신을 위한 특별한 식사 준비하기, 가장 좋아하는 영화 보기, 담요를 덮고 좋아하는 책 읽기 등이 있다.

4.5. 생산적 주의 분산

생산적 주의 분산 기법은 고통에서 의미 있는 활동으로 주의를 의도적으로 돌리는 것을 말한다. 그러면 고통에 지나치게 집중한 나머지 상황을 악화시키는 일을 막을 수 있다. 비생산적 주의 분산은 괴로운 생각이나 감정에서 벗어나려는 회피행동을 수반하고 불안 문제를 지속시킨다. 반면 이 기법은 생각과 감정을 억누르지 않고 받아들인 후 주의를 다른 곳으로 돌린다는 점에서 차이가 있다.

생산적 주의 분산 기법은 감정적 고통을 수용, 이해하여 처리한 다음 현재의 순간이나 의미 있는 일 또는 진정 효과가 있는 활동으로 주의를 전환하는 것을 말한다. 생산적 주의 분산에는 인지적 주의 분산도 포함된다. 인지적 주의 분산 기법은 정신적으로 많은 노력이 필요하지만, 주의 전환이 어렵게 느꺼질 때 특히 도움이 된다.

이 기법만으로 감정적 고통을 해결할 수는 없다. 그렇지만 다른 기법을 보완하는 전략으로 활용할 수는 있다. 이 기법의 목표는 감정 조절력을 키우는 동시에 지속적인 변화를 이끌어 내는 장기적 전략을 익히고 개발하도록 돕는 데 있다.

주의 분산 활동은 당신에게 의미 있는 활동이나 반드시 끝내고 싶은 일, 당신이 즐기는 것 등 모두 가능하다. DIY나 베이킹, 그림 그리기, 뜨개질도 가능하다. 그런가 하면 운동도 주의를 분산하는 매우 효과적인 방법이다. 산책과 달리기, 요가도 현재에 머무르는 연습에 도움이 된다. 음악 감상, 독서, 영화 감상도 마찬가지이다. 이처럼 자신에게 잘 맞는 활동, 마음에 기쁨과 평화를 주는 활동을 찾아보자.

한편 인지적 주의 분산과 관련된 활동은 인지 부하가 크고, 높은 수준의 집중력을 요구하는 것을 말한다. 즉 깊이 생각하고 정신을 온전히 집중해야 하는 활동이다. 독서나 TV 시청만으로는 주의 분산이 어려울 때가 있다. 따라서 다음 과제에서는 인지적 주의 분산 활동을 몇 가지 소개하도록 하겠다.

과제 26

✓ **인지적 주의 분산**

다음 과제를 수행하면서 인지적 주의 분산을 시도해 보자.

- 25나 50, 100에서 5씩 빼면서 숫자를 세어 보자. 난도를 더하고 싶다면 100부터 6, 7, 8 또는 다른 숫자의 배수로 거꾸로 세면 된다.
- 100보다 큰 숫자를 임의로 선택한 다음, 0에 도달할 때까지 6이나 7, 8씩 빼 보자. 0까지 너무 빨리 도달하면 100씩 숫자를 늘려 더 큰 숫자를 무작위로 선택한 뒤 같은 작업을 반복한다.
- 복잡한 퍼즐이나 낱말 맞추기, 두뇌 훈련이나 두뇌 게임 앱을 활용한다.

- 연락하고 싶은 친구나 친지에게 전화를 걸어 특정 주제로 이야기를 나눠 보자. 전화보다 산책하며 대화한다면 인지 부하를 두 배로 늘릴 수 있어 더 좋다.
- 근래에 휴가지에서 찍은 사진을 디지털 앨범이나 실물 앨범에 정리해 보자.
- 그동안 생각만 해 두었던 집 또는 정원을 개선할 아이디어를 상세히 계획한다. 도면을 그리고, 해야 할 일의 목록을 만들고, 색상과 테마를 정해 보자.
- 달력을 보며 다음 달 또는 분기의 일정과 활동을 계획한다.
- 좋아하는 음악이나 팟캐스트를 들으며 산책 또는 달리기를 한다.
- 알파벳을 활용하여 각 글자로 시작하는 동물을 떠올려 보자. 필요하다면 검색을 통해 모든 알파벳으로 시작하는 동물의 이름을 찾아보자. 그 뒤 다른 카테고리를 선택하여 반복한다.
- 다가오는 여행 일정을 최대한 상세하게 계획한다.

주의 분산 기법을 몇 가지 시도한 뒤 효과가 있는지 돌이켜보자. 큰 효과를 보지 못했다면, 방법을 살짝 바꾸거나 다른 방법을 이용한다. 그중 당신의 감정적 고통이나 감정에 압도당하는 느낌을 경감할 방법을 반드시 찾을 수 있을 것이다. 그러니 여러 기법을 활용한 뒤 당신에게 잘 맞는 기법을 찾아보자.

감정 조절하기

① 불안과 더불어 격한 감정을 여럿 경험하는 일이 지극히 정상임을 기억한다. 격한 감정에 휩싸일 때는 굉장히 괴롭고 견디기 힘들 수 있다.

② 불안한 생각이나 감각과 더불어 격한 감정을 느낄 때는 실제로 그렇지 않음에도 자신에게 심각한 문제가 있다는 잘못된 믿음에 사로잡힐 수 있음을 기억한다. 또한 불안에서 비롯된 감정을 실제로 위험하다는 근거로 해석하는 경향이 있음 또한 염두에 둔다.

③ 감정은 그저 감정일 뿐이다. 그러니 감정과 씨름하지 말자. 이 장에서 소개한 기법을 활용하여 감정에 효과적으로 대처하는 방법을 집중적으로 익혀 보자.

④ 불안 문제를 생각할 때 감정적 고통만 생각한다면 불안을 강화하는 행동에 빠질 수 있다. 따라서 이를 염두에 두고 그러한 행동 패턴에 빠지지 않도록 유의한다.

⑤ 감정적 고통을 억누르거나 회피하면 역효과가 난다. 회피는 단기적으로 안도감을 느끼게 하지만, 장기적으로는 불안 문제가 악화되는 원인이다. 또한 괴로운 감정에 효과적으로 대처하는 능력을 약화시킨다.

⑥ 감정적 고통과 불안의 관계를 이해한다. 그래야 감정을 관리하고 조절하는 능력을 키울 수 있다.

⑦ 불안한 생각이나 감각에 동반되는 감정은 오해를 만들기도 하며, 반드시 객관적 사실을 반영하지 않는다. 따라서 내면의 경험을 더 깊이 이해하며 생각과 감각, 감정을 분별한다면 더 효과적인 대처가 가능하다.

⑧ 괴로운 감정을 인식하고 수용한다. 그러면 그 부정적인 영향은 줄어들고 심리적 자원을 확보함으로써 회복을 위한 생산적인 활동에 집중할 수 있다.

⑨ 긍정적, 부정적 감정에 상관없이 감정을 느낄 때마다 감정에 이름을 붙여 보자. 그리고 자기연민의 자세로 자가 진정 기법을 익힌 뒤, 생산적인 주의 분산 기법을 활용하여 감정적 고통에 효과적으로 대처하는 능력을 키운다.

⑩ 감정 조절 기법을 꾸준히 연습하여 일상에 녹아들게 한다. 그러면 시간이 흐름에 따라 감정의 회복탄력성이 커지면서 불안에 더 잘 대처할 수 있다.

➕ 반복 활동

뜨개질, 색칠, 퍼즐 맞추기, 청소, 정리정돈, 악기 연주와 같이 반복적인 활동은 마음을 진정시키고 불안감을 줄이는 효과가 있다. 이러한 활동을 하다 보면 주의가 집중되면서 불안한 생각이나 감정에서 벗어나기 쉬우며, 불확실한 미래를 걱정하는 대신 당신이 통제할 수 있는 과제에 집중하는 것이 가능해진다.

또한 반복적인 작업은 긴장을 풀고 마음을 진정시킴으로써 편안함을 느낄 수 있도록 한다. 그리고 현재 진행 중인 활동에 관한 감각과 움직임에 주의를 기울이면서 감각에 더 깊이 집중할 수 있다. 이에 당신의 마음을 진정시키는 반복 활동 가운데 관심이 가는 것이 있는가?

제7장
세상의 주사위

살면서 무슨 일이든 확신할 수 있을까? 무릇 인생이란 삶의 불확실성이 우리와 일상을 뒤흔들지 않도록 대처하는 방법을 배우는 과정이라고 할 수 있다. 우리가 어떻게 대처하더라도 불확실성은 피할 수 없다. 따라서 우리가 할 수 있는 최선의 선택은 불확실성을 견디는 능력을 키움으로써 불안과 스트레스를 최소화하는 것이다.

최근 전 세계를 강타한 코로나19와 국가 간 분쟁, 기후 위기는 우리 삶에 불확실성이 넘쳐남을 생생히 보여 준 사례이다. 때로 불확실성은 상수처럼 이미 정해져 있는 운명 같아 보이기도 한다. 이에 불확실성을 견디는 능력이 떨어지는 사람은 커다란 불확실성 앞에서 더욱 불안해질 수밖에 없다.

불안장애 환자들이 흔히 그렇듯 당신도 불안의 요구대로 삶에서 불확실성을 없애려고 시도한 적도 있을 것이다. 이러한 시도는 마음 깊은 곳에서 잠깐의 안도감만 줄 뿐 아무 소용이 없다는 사실도 깨달았을 테다. 결과적으로 인생에서 불확실성을 완전히 없앨 방법은 존재하지 않는다. 그러한 시도는 오히려 불안을 악화시켜 회복만 방해할 뿐이다.

인생에는 우리 마음대로 되지 않는 것들이 너무나 많다. 그러나 불확실성에 반응하고 대처하는 방식만큼은 우리가 직접 선택할 수 있다. 이것이야말로 우리의 가장 큰 힘이다.

불확실성을 인식하고 다루는 일은 불안 극복을 위해 반드시 갖추어야 할 요소이다. 나는 그동안의 임상 경험을 바탕으로 불안에 시달리는 환자 모두가 불확실성과 씨름하고 있음을 알게 되었다. 그중에는 내가 첫 담당 치료사인 환자와 함께 기존에 치료 이력을 지닌 환자도 있었다. 내가 소속된 클리닉의 표준 치료법에는 불확실성을 다루는 과정이 늘 포함되어 있었다. 따라서 처음에는 과거 치료 과정에서 불확실성을 견디는 능력 향상을 목표로 삼지 않았다는 사실에 놀란 적도 있었다.

20년에 걸친 나의 임상 경험과 여러 연구 결과는 불확실성이 불안을 부추긴다는 사실을 강력하게 지지한다. 1998년, 나는 불확실성에 대한 인내 부족이라는 특성이 불안장애에 중추적인 역할을 담당한다는 내용의 논문을 접한 바 있다.[10] 이후 2001년에는 참가자 347명을 대상으로 실시한 연구와 그 후속 연구에서는 그러한 특성이 불안과 긴밀한 관계가 있음을 확실히 보여 준다.[11]

위와 같이 지난 20년간의 연구 결과는 공통적으로 불확실성에 약할수록 불안장애에 악영향을 미친다는 점을 제시한다. 결과적으로 불확실성은 불안을 야기하며, 그 역도 마찬가지이다.

한편 불안에 대처하는 과정에서 불확실성을 일일이 해결하려 들수록 끝없는 어둠을 헤매는 느낌이 들 것이다. 캄캄한 방에 들어설 때마다 스위치를 찾아 헤매며 상황을 이해하려고 애쓸 것이다. 하지만 스위치를 여러 번 켜더라도 그 앞에는 또 다른 캄캄한 방이 등장한다. 그리고 새로운 문을 열면 더 큰 불확실성이 도사리고 있다.

마음속의 캄캄한 곳을 모두 밝히고 싶은 마음은 이해한다. 그러나 불확실성을 없애려는 시도는 불안 극복에 전혀 도움이 되지 않는다. 누구나 불확실성을 완벽히 해결하고 싶어 하겠지만, 이는 현실적으로 불가능한 일이다.

내면의 평화를 찾는 비결은 불확실성을 받아들이고,
자신감 있게 대처하는 능력을 키우는 것이다.

따라서 이 장에서는 불확실성이 불안감 형성에 어떠한 역할을 하는지 상세히 밝히고, 불확실성에 효과적으로 대처하는 전략을 살펴본다. 이를 토대로 불확실성을 견디는 능력을 키우는 방법에는 무엇이 있는가를 고찰하고자 한다.

불확실성을 견디는 능력이 커질수록 불안감은 줄어든다. 우리의 삶은 결코 계획이나 바람대로 흘러가지 않는다. 다만 인생의 불확실성을 받아들이면 그러한 상황에 대처하는 능력이 향상된다. 그리고 불확실성을 견디고 극복하는 방법을 배우면 좋지 않은 상황에 대처할 자원을 확보할 수 있다.

1. 불확실성

불확실성이란 무언가를 확실히 알지 못하는 심리적 상태를 말한다. 다시 말해서 결과를 예측할 수 없는 상황을 의미한다. 사람이라면 누구나 미래를 내다볼 수 없기에 어떠한 일이라도 항상 불확실성을 느낄 수밖에 없다.

하지만 불확실성을 견디는 능력은 사람마다 다르다. 누군가는 불확실성에 전혀 개의치 않고 잘 대처한다. 해당 유형은 오히려 불확실성에서 비롯되는 스릴과 흥분을 즐기기도 한다. 즉 새로운 경험을 즐기는 즉흥적인 사람으로, 롤러코스터나 번지점프, 공포 영화를 즐긴다. 이러한 활동은 대체로 무해하다.

그런데 때로는 건전함이라는 선을 넘어 지나치게 스릴을 추구하는 사람도 있다. 그러면 위험한 행동을 하거나 자신의 한계를 넘은 위험한 상황에 빠질 수 있다. 그러니 안전과 새로운 경험 및 모험 사이에 균형을 잡아야 한다. 개인적으로는 나이가 들면서 롤러코스터를 그다지 즐기지 않게 되었다. 물론 당신까지 그래야 할 필요는 없다!

한편 불확실성을 견디는 능력이 상황에 따라 달라지는 사람도 있다. 그런가 하면 우리 중에는 약간의 불확실성조차 버거워하는 사람도 많다. 이러한 사람들은 불확실성을 정말로 싫어하는 나머지 도움이 되지 않는다는 반응을 보인다. 그러면 강한 불안감이 생겨나고, 불안을 더욱 악화하는 행동으로 문제가 생긴다.

위와 같은 행동은 불확실성에 대한 혐오감을 더욱 강화하면서 악순환을 반복적으로 만들어 낸다. 결국 불안에 대처할 수 없다는 믿음으로 불안과 싸우면서 불안을 통제하고 없애려는 노력을 계속한다. 그러나 불안이 악화되면 불확실성이 더욱 크게 다가오고, 그럴수록 불확실성을 더욱 견디기 어려워한다.

이 외에도 걱정하지 않는 것을 나쁘다고 여기며, 차라리 걱정으로 불확실성을 줄이는 편이 낫다고 믿는 사람도 있다. 즉 걱정이 없다면 결과도 좋지 않다고 믿는 것이다. 불안이 끊임없이 해야 할 일과 느껴야 할 감정을 지시하며, 이에 따르지 않으면 끔찍한 결말을 맞을 것이라 협박하는 깡패라고 상상해 보자. 그는 걱정이 합리적이거나 논리적이지 않더라도 늘 걱정하라고 명령할 것이다. 그리고 당신은 두려운 나머지 도움이 되지 못하는 해로운 일임에도 시키는 대로 따른다.

문제는 그의 말을 잠깐이라도 어기고 걱정하지 않는 순간, 걱정이 없음을 걱정하기 시작한다는 점이다. 걱정하지 않으면 끝이 좋지 않으리라는 깡패의 협박에 넘어가 버린 것이다. 이처럼 걱정하지 않는 상태를 두려워하면 불안의 악순환에서 벗어나기 어려워진다.

이상의 내용처럼 우리는 불확실성의 괴롭힘에 그저 당하고만 있을 수는 없다. 우리는 그의 거짓말에 당당히 도전할 수 있다. 괴롭힘에 맞설 때 괴롭힘이 힘을 잃듯, 불안은 비합리적인 생각에 저항할 때 불안은 힘을 잃는다. 효과적인 전략을 익히고 활용하면, 걱정하지 않는 상태에 관한 두려움을 극복하여 불안의 손아귀에서 벗어날 수 있다.

이상의 내용을 토대로 불안과 불확실성의 연결 고리를 살피고, 하나의 고리가 다음 고리의 배경이 되어 지속적인 순환 고리를 형성하는 과정을 자세히 다루도록 하겠다. 트리거의 요인은 내부나 외부처럼 발현되는 위치와, 우리가 알아채지 못할 정도로 미묘한가와 상관없이 불안을 유발한다는 점을 명심하자. 트리거는 곧 불안한 생각이나 감각을 불러와 내면의 불확실성이 고개를 들도록 한다. 마음속에서는 불확실성을 떨쳐내기 위해 뭐라도 해야 할 것 같은 충동이 몰려온다.

하지만 불확실한 상황에서 확실성을 추구할 때마다 그 거부감은 더욱 강해진다. 이처럼 불확실성을 통제하거나 없애려는 노력은 불안을 지속시키는 주요인이 된다. 아래 도표를 보면서 그 순환 구조가 불안 문제를 어떻게 지속시키는지 살펴보자.

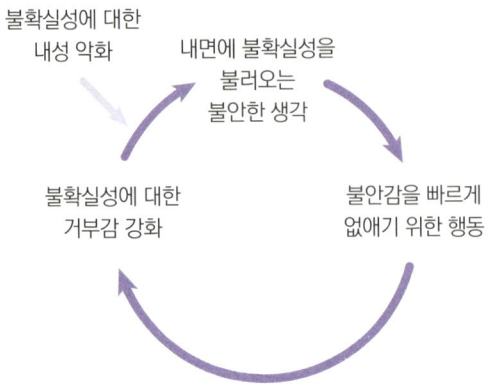

　위의 구조가 반복될 때마다 불확실성에 대한 두려움은 더욱 깊어진다. 불확실성을 없애려는 노력은 그것을 감당하고 견뎌낼 수 있다는 자신감을 갉아먹는다. 이처럼 한 번의 순환이 다음 순환을 부르는 동안 불안 증상은 점차 악화된다.

　질병불안장애나 공황장애 환자는 신체 감각과 관련한 불확실성으로 괴로워한다. 사회불안장애 환자의 경우 타인이 자신을 어떻게 생각할지, 자신이 타인에게 어떻게 보일지 확실히 알지 못하여 고통받기도 한다. 그런가 하면 범불안장애를 앓는 사람은 하나의 불확실한 시나리오에서 또 다른 시나리오로 옮겨 가기를 끊임없이 옮겨가며 걱정한다. 이처럼 불안장애 환자는 종류를 불문하고 고조된 의식, 불확실성에 대한 집착, 미지에 대한 강한 혐오감을 경험한다.

　고조된 의식은 그 자체로 불안과 신체 감각을 경험하고 잘못 해석하는 트리거로 작용한다. 사회불안장애 환자는 사회적 실패의 경험으로 사회적 상황에서 온갖 걱정과 불확실성에 시달리는 경우가 많다. 예컨대 내가 치료를 담당하던 환자 중에서는 "제가 이상한 말을 하면 어떡하죠?"라는 걱정을 하던 사람이 있었다. 이러한 불확실성은 환자가 대화를 시작하거나 여럿이 모인 자리에서의 자기소개처럼 작은 위험조차 감수하기 어렵게 하여 사회불안장애를 지속시킨다.

위의 사례와 마찬가지로 당신 또한 실제로 일어나지 않을 부정적인 결과에 대비하려 많은 시간과 노력을 쏟아붓고 있을지 모른다. 이러한 패턴에 빠졌다면 아무리 만사를 확실하게 하도록 노력해도 상황이 원치 않는 방향으로 흘러갈 수 있다. 이 양상이 유지된다면 불안 문제를 떠안은 채 한 발자국도 나아갈 수 없음을 깨달아야 한다.

2. 불안의 주사위 놀음

불확실성을 견디지 못하면 여러 문제가 생긴다. 그중 몇 가지는 당신도 이미 인식하고 있을지도 모르겠다. 불확실성을 견디지 못하면 과도한 생각의 굴레에 빠져 끊임없이 불안한 생각에 사로잡힌다. 그렇게 불안한 생각은 불안을 악화시키는 행동을 유도하여 문제를 지속시킨다.

불확실성을 줄이기 위한 여러 조치를 취하다 보면 신체적으로나 정신적으로 지칠 수밖에 없다. 물론 그러한 행동의 목표는 불확실성을 최대한 경감하는 것이다. 구체적으로 앞으로 다가올 결과에 대한 통제력을 높임으로써 불확실성으로 생겨나는 고통을 줄이는 것이 궁극적인 목표이다. 다음은 불확실성을 견디지 못할 때 취하는 행동의 사례를 정리한 것이다.

- 불확실성이 항상 부정적인 결과를 불러온다고 믿는다.
- 객관적 현실과 상관없이 자신이 주관적으로 안전하지 않거나 불확실하다고 느끼는 상황을 회피한다. 이러한 경향은 불확실성과 실제 위험을 구분하지 못하여 생긴다.
- 사소한 위험에도 지나치게 주의를 집중하면서 최악의 사태가 일어날 것이라 확대 해석한다.
- 익숙하지 않은 것에 불안감을 느끼며, 일이 잘못될 모든 가능성을 가정하므로 새로운 장소에 가기를 피한다.

- 불확실성이 조금이라도 존재하는 상황에 최대한 노출되지 않으려 한다. 이는 다음 장에서 다룰 주제인 회피의 사례에 속한다.
- 가능한 시나리오를 모두 떠올리며 맞닥뜨릴 수 있는 모든 불확실성에 대비하려고 노력한다.
- 일상에서 불확실성을 없애기 위해 할 수 있는 조치를 모두 취한다.
- 불확실성을 없애고, 그것에서 비롯되는 불편감을 줄이기 위해 충동적으로 성급하게 조치한다. 이러한 조치에는 특정 상황 회피, 계획 취소 또는 익숙한 장소만을 고집하는 행위 등이 있다.
- 불확실성을 거부하는 성향으로 병원 진료나 사교모임처럼 결과가 불확실한 상황을 피한다.
- 나쁜 소식에 온통 신경을 빼앗겨, 언젠가 그 일이 자신에게 미칠 영향을 끊임없이 걱정한다.
- 정보를 지나치게 검색한다. 그 예로 특정 질병에 대한 지식을 전부 수집하거나, 환경 위기에 대한 정보를 강박적으로 찾아보는 것 등이 있다.
- 불안한 생각을 곱씹으며 결론을 내지 못한 채 생각이 쳇바퀴를 돌듯 반복되기만 한다.
- 자신의 건강 상태나 타인이 자신을 바라보는 시선 또는 자신이 내린 결정이 긍정적인지 지나칠 정도로 자주 확인받으려 한다.
- 불확실성을 줄이기 위한 물리적·정신적 확인 행동을 반복한다. 물리적 확인 행동에는 반복적인 혈압 측정 등 건강 추적관찰 행동과 사회불안장애로 지금까지 보낸 이메일을 계속 검토하는 일 등이 있다. 정신적 확인 행동으로는 지난 일을 과도하게 되돌아보거나, 자신이 한 말과 행동을 극도로 세밀하게 분석하는 행동 등이 있다.
- 인생의 불확실성을 직면하지 않으려고 지나치게 다른 곳으로 주의를 돌리는 유해한 대처 메커니즘에 의존한다. 자신을 끊임없이 바쁘고 정신없는 상황으로 몰아넣어 불확실성을 직면할 가능성을 없앰으로써 불편감을 느끼지 않으려 한다.
- 결정을 미룬다.

위에서 나열한 내용 가운데 당신에게 해당하는 행동 패턴이 있는가? 이러한 행동은 상황을 통제하고 있다는 느낌이 들게 하지만, 실제로 부정적인 결과가 발생할 가능성까지 줄이지는 못한다. 최악의 상황이 발생할 확률은 통계적으로 굉장히 낮다. 그러나 불안장애 환자는 자신이 취한 예방 조치 덕에 그러한 일이 일어나지 않았다고 믿는다.

그러한 믿음은 불확실성을 통제하려는 행동을 지속시킨다. 또한 자신이 예상하고 두려워하는 최악의 사태가 실제로는 드물게 일어난다는 점을 인정하고 받아들이지 못하도록 막는다. 그렇게 불확실성을 일일이 통제한다고 항상 결과가 좋은 것은 아니라는 사실을 배울 기회를 놓치면서 악순환이 반복된다.

환자 사례
와심의 반복되는 확인 행동

와심의 경험을 바탕으로 만든 도표를 살펴보자. 아래에 제시한 도표에서는 와심이 느낀 불확실성이 이를 통제 또는 제거하려는 시도로 확인 행동과 안전 추구 행동을 유발하고 있음을 보여 준다.

위의 행동은 본질적으로 회피나 통제 행동에 가까우며, 이를 통해 얻은 안도감은 오래 가지 않는다. 결국 와심은 얼마 지나지 않아 확신이 없는 상태로 되돌아가 확인 행동을 되풀이할 수밖에 없다. 시간이 흐를수록 행동 패턴이 굳어지고, 확인 행동의 빈도와 강도는 증가하면서 와심을 더욱 강하게 지배한다. 그럼에도 그가 심장 질환을 앓을 가능성은 변하지 않는다. 되려 불확실성을 견디는 능력이 약화되면서 불안은 강해진다.

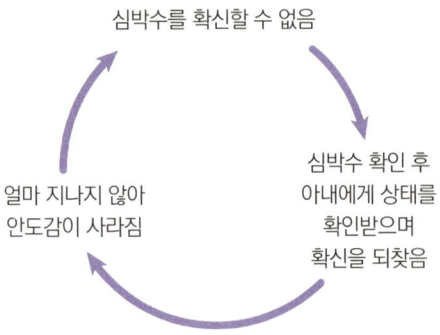

　불확실성을 줄이기 위한 행동으로 이전에 언급한 것 외에도 예측 불가능함을 이유로 인생의 즐거움을 외면하려는 경향이 나타나기도 한다. 즉 불확실성으로 우리가 즐길 활동이나 경험에 참여할 기회를 놓치는 것이다. 집을 떠나 휴가나 여행을 가는 것이 그 사례에 해당한다.
　환경과 일상의 변화는 통제감을 빼앗으며 불확실성과 불안감을 높인다. 또한 낯선 장소에서 새로운 상황과 환경에 노출되는 것도 마찬가지이다. 문제가 발생했을 때 평소에 활용할 수 있었던 여러 체계와 인프라에서 멀리 떨어져 있다는 걱정에 불안감이 가중된다. 휴가 중에 병이 나거나 다칠 가능성도 불안감을 키우는 요인에 속한다.
　위와 같이 불확실성을 통제하려고 애쓰다가는 여러 가지 삶의 기쁨을 놓치기 쉽다. 그리고 머지않아 위험이 닥칠 것 같은 느낌과 함께 불길한 기운이 늘 주위에 도사리고 있다는 생각에 시달린다. 그 예로 내가 담당한 환자 제이크는 가끔 불확실성을 견디기 너무 힘들어한 나머지 차라리 자신이 가장 두려워하는 일이 일어나 고통이 끝나길 바랐다. 그것은 바로 암에 걸리는 것이었는데, 지금부터 불확실성과 씨름해 온 불안장애 환자의 이야기를 소개하겠다. 이를 통해 불확실성에 따른 내면의 혼란을 살피고, 이에 공감할 수 있을 것이다.

- '나쁜 일이 일어날 확률은 굉장히 낮은 건 알아. 그런데 그 일이 꼭 일어날 것만 같아.'
- '그 희박한 확률이라도 날 비껴가지는 않겠지.'
- '그 일이 발생할 가능성을 받아들일 수 없어. 확신할 만한 게 필요해.'
- '모르면 안 되지. 알고 있어야 돼. 그러니까 확인하고 또 확인할 거야.'
- '100% 확신을 얻고 싶어서 의사를 두 명이나 만났다. 진료를 받고 나니 기분은 나아졌다. 그런데 시간이 흐르니 다시 불안해지기 시작했고, 그렇게 또 다른 의사를 만나고 싶다는 생각이 들었다.'
- '의사가 뭐라고 말할지 너무 불안하다. 나쁜 얘기를 들을까 봐 안 가려고 한다.'
- '내가 상상하는 결과가 일어날 확률이 낮더라도 끝이 뭔가 안 좋을 것 같다는 느낌이 든다.'
- '내가 모르는 건 위협적이고 안전하지 않은 데다 위험하기까지 할 수 있으니 내가 아는 것만 고집할 거야.'
- '나는 무엇이든 즉흥적으로 행동하는 법이 없다. 즉흥적인 건 즐기지 않는다. 나는 누가, 어디서, 언제, 왜, 무엇을 하는지 모두 알아야 직성이 풀린다.'
- '모르는 건 나에게 너무 무서운 일이다. 그래서 내가 모를 때는 뭔가 분명 잘못됐다는 생각이 든다.'

3. 포커페이스를 넘어

이제 불확실성이 무엇이며, 이를 견디지 못하는 성향이 어떻게 불안을 악화시키고 회복을 방해하는지 이해했을 것이다. 또 그러한 성향을 지닌 사람들의 동기와 행동 및 사고 패턴도 알게 되었을 것이다. 지금부터는 불확실성과 관련한 경험을 살펴보고, 불확실성을 다루는 전략을 살펴볼 것이다.

이 책의 내용을 따라가다 보면 변화를 시도하기 전에 상황을 제대로 이해하는 일이 중요함을 깨달았을 것이다. 이러한 과정 속에서 인식이 고쳐지면 불확실성의 지시에 따른 행동을 알아차림으로써 적절한 순간에 필요한 전략을 효과적으로 적용할 수 있다. 이제 불확실성과 관련한 경험을 깊이 이해할 첫 번째 과제를 시작해 보자.

> **과제 27**
>
> ✓ **불확실성 경험 이해하기**
>
> 아래 질문에 답하며 공책이나 노트 앱에 답변을 적어 보자. 그리고 당신의 삶에서 불확실성이 어떤 역할을 하는지 자세히 살펴보도록 하자.
>
> - 상황이나 사건이 앞으로 어떻게 펼쳐질지 확실히 알 수 없을 때 기분은 어떠한가?
> - 일이 잘못될 가능성을 모두 따질 때 어떠한 기분이 드는가?
> - 얼마나 많은 시간을 이런 생각에 몰두하면서 보내는가?
> - 불확실성을 통제하기 위해 어떻게 행동하는가?
> - 불확실성을 통제하려는 욕구가 당신의 인생과 관계, 삶을 즐기는 능력에 어떠한 영향을 미쳤는가?
> - 불확실성을 통제하고자 한 행동이 불안의 강도와 지속 시간에 어떠한 영향을 미쳤는가? 그리고 당신의 불안감은 개선되었는가, 악화되었는가, 아니면 그대로 유지되었는가?

지금부터 확실성을 추구하는 욕구를 다루고, 불확실성을 포용하는 능력을 개선하는 전략에는 무엇이 있는지 살펴보도록 하겠다.

3.1. 절대적인 확실함은 없다

클리닉에서 만난 환자들에게는 한 가지 공통점이 있었다. 환자들은 확실성 추구가 일상에 방해가 된다는 사실을 알면서도 그에 대한 욕구를 버리지 못한다는 것이다. 혹시라도 불확실성을 받아들이기 어렵다면 다음에 소개할 [과제 28]에 집중해 보자. 해당 과제는 여러 환자가 불확실성의 거부감을 극복하고, 불확실한 상황에 익숙해지도록 도와주었다.

어쩌면 당신도 불확실한 상황에서 불안이 부정적인 결과를 예방하는 효과가 있으리라는 잘못된 믿음을 지닐 수 있다. 때로 불확실성을 경험하는 일이 너무나 괴로운 나머지 직면하기보다 그것에 대응하고 대비하는 편이 낫다는 생각도 할 것이다. 그러나 이러한 태도를 유지할수록 불안 극복에 방해만 된다는 점을 명심하자.

한편 불확실성에 대응하는 노력을 최악의 상황에 대비할 방편으로 여기는 사람도 있다. 또한 모든 불확실한 가능성에 주의를 기울인다면 최악의 사태를 미리 막을 수 있다고 믿기도 한다. 그리고 불확실성을 줄이려고 노력하면 인생에 예측 가능성과 통제감이 생긴다고 생각하기도 한다. 그런가 하면 불확실한 상황에 대처할 전략을 몰라 자신이 아는 방법만을 고집하는 사람도 있다. 이 외에도 이러한 반응 패턴이 습관으로 굳어져 벗어날 방법을 찾기 어려워하는 사람도 있다.

따라서 다음 과제를 통해 확실성 추구의 장단점을 살펴보도록 하자. 그러면 불확실성에 반응하는 지금의 행동 패턴이 당신에게 효과가 있는지 깨달을 수 있을 것이다.

> **과제 28**
>
> ✓ **확실성 추구의 장단점 평가하기**
>
> 불확실성이 특별히 높아지는 상황에서 아래 질문에 답해 보자. 이와 동시에 도움이 되지 않는 반응을 보이는 당신의 모습을 관찰하자. 이 과정에서 불확실성에 대한 기존의 신념을 바꿀 수 있을 것이다. 공책이나 노트 앱에 다음 질문에 대한 답을 기록해 두자.

- 불확실성에 대비하면 상황이 더 확실하고 예측 가능해지는가?
- 불확실성에 대응하는 당신의 행동이 과거에 일어난 사건의 결과를 바꾼 적이 있는가?
- 당신은 불확실성에 얼마나 오랫동안 대응해 왔는가?
- 불확실성을 통제하려는 시도가 효과적이었다면 당신은 지금쯤 불안장애에서 회복되었어야 한다. 불확실성에 대응해 온 기간 동안 불안 문제가 개선되고 있는가? 이에 당신은 회복하는 중인가?
- '불확실성에 대응하면 문제가 해결된다.(의견 A)'와 '불확실성에 대응하면 잠깐의 안도감이 들면서 실제보다 부정적인 상황에 대한 통제감을 느낀다.(의견 B)' 중 어느 쪽이 맞는가?
- 불확실성에 대처하려고 조치를 취할 때 단기적으로나 장기적으로 어떤 기분이 드는가?
- 불확실성으로 당신의 마음이 불안과 공포, 위협 또는 최악의 시나리오에 사로잡혀 있는가? 그렇다면 기분은 어떤가? 그리고 이러한 상태가 정신 건강 전반에 어떤 영향을 미치는가?
- 불확실성에 대응하면서 얻는 이득이 정신적, 감정적 고통을 정당화할 수 있는가?
- 지속적으로 확실성을 추구하는 삶의 장단점은 무엇인가?

3.2. 미지의 확률을 가능성으로

제2장에서는 수용과 유연성이 불안 대처에 얼마나 중요한 역할을 담당하는지 살펴본 바 있다. 불확실성에 따른 고통을 받아들이는 것 또한 수용의 범주에 속한다. 인간으로서 느끼는 모든 감정을 이해와 친절과 열린 자세로 수용하는 일은 우리 자신을 위한 의무이기도 하다.

이처럼 불확실성의 수용은 불확실성을 곧 인생의 일부분으로 인식한다는 것이다. 이와 동시에 그것에서 비롯되는 불편한 감정을 어떠한 판단도 거치지 않고 받아들임을 의미한다. 이러한 행위는 새로운 가능성을 열어 두고 변화하는 환경에 적응하여 미지의 세계에 맞서 내면의 평화와 회복탄력성을 기를 수 있다.

그리고 불확실성을 수용하는 일은 지금껏 불확실성에 반응하고 대응하는 패턴을 바꾸려고 노력하는 동안, 당분간은 불편감을 경험할 수 있음을 인정하는 것이기도 하다. 이처럼 일시적인 불편감을 받아들이면 그 느낌에 저항하거나 제거하는 등 비생산적인 반응 패턴에서 벗어날 수 있다. 그렇다면 성장과 발전의 여지가 생긴다.

불확실성을 경험하지 않기 위해 저항하다 보면 의도와 달리 삶 속에 더 많은 불확실성을 끌어들이기 마련이다. 갈등은 불확실성에 대응하려는 시도에서부터 시작되며, 이는 불확실성에 대한 저항에서 비롯된다. 불확실성은 저항할 때 더 많은 힘을 쥐게 되지만, 그렇지 않고 내버려둔다면 영향력은 오히려 줄어든다.

그러니 감정은 지극히 자연스럽고 불가피한 삶의 일부임을 명심하자. 감정은 그저 존재할 뿐이니 말이다. 이와 관련하여 감정을 극복하는 가장 효과적인 방법은 바로 감정을 흘려보내는 것이다. 이는 감정에 도움이 되지 않는 방식으로 반응하지 않음을 뜻한다. 따라서 불확실성에 이렇게 대처한다면 시간이 지나면서 불확실성이 점점 희미해진다. 그렇게 의식적으로 불확실성을 포용하고, 불확실성의 통제를 받지 않기로 한다면 내면의 힘을 되찾아 회복의 길로 나아갈 수 있다.

하지만 불확실성을 포용하려면 실제로 어떻게 해야 할까? 수용 기법을 자세히 살펴보기 원한다면 수용을 다루었던 장의 과제로 되돌아가 보자. 지금까지의 내용과 가장 관련이 깊은 과제는 다음과 같다.

- **[과제 6] 나의 불안 수용 선언문**

  불안 수용 선언문 쓰기는 불안이 자연스러운 경험의 일부임을 인정하는 것이다. 또한 불안을 판단하거나 거부하지 않고 불안의 존재를 허용한다. 이는 불안을 친절과 이해로 포용할 수 있음을 스스로 기억하기 위함이다.

- **[과제 7] 마음에 감사하고 이야기에 이름 붙이기**

  이 과제는 자신을 보호하려는 마음의 역할에 감사하는 태도를 기른다. 그리고 불안을 유발하는 이야기를 의식적으로 인식함으로써 불안과 거리를 두는 것이 목적이다.

- **[과제 22] 의식적인 관찰을 통해 감정 포용하기**

  해당 활동은 자신의 내적 경험의 흐름을 의식적으로 판단하지 않고 관찰하기 위한 것이다.

수용과 불확실성

불확실성을 수용한다는 것은 곧 그에 대한 두려움을 인식하고 관찰하며, 그 존재를 인정함으로써 충동적으로 반응하지 않고 그대로 두는 것임을 뜻한다. 그러려면 불확실성에 바로 반응하는 대신 잠시 속도를 늦추며 한 발짝 물러서야 한다. 그리고 내면에 떠오르는 생각과 감정에 주의를 기울인다. 그 뒤 행동을 멈추고 판단하지 않는 태도로 내면의 경험을 처리하며, 그 경험을 자신에게 설명해 본다. 예를 들면 다음과 같다.

'나는 ○○이/가 불확실해서 두렵고 불안하다.'

'나는 내가 항상 ○○한 행동으로 불확실성에 대응한다는 사실을 깨달았다. 그리고 장기적으로 그 행동이 불안을 지속시킨다는 점도 알게 되었다. 나는 불안에서 벗어나고 싶지, 더 불안해지기를 원하지 않는다. 지금이야말로 불안을 극복하는 방향으로 나아갈 기회이다. 이처럼 불확실성에 반응하지 않으면 유익한 점이 많다.'

불확실성을 수용했다면 지금부터 그에 유연하게 대처하는 능력을 길러 보자. 지금까지 당신은 불확실성에서 비롯되는 고통을 인식했다. 그렇다면 이제는 융통성 있게 행동할 차례다.

다양한 선택지를 열어 두고 탐색하자. 그리고 과거에 효과가 없음이 입증된 비생산적인 행동을 반복하지 말자. 똑같은 반응 패턴에 의존하는 것이야말로 융통성 없는 접근 방식이다.

반면 불확실성에 유연하게 대처하는 방식은 의식적으로 불안 극복을 향해 나아가기를 선택하는 것이다. 선택지를 살펴보고 원하는 방향에 맞는 대처 방법을 의식적으로 선택한다. 이러한 과정에서 당신은 불확실한 상황을 효과적으로 헤쳐 나갈 힘을 기를 수 있다.

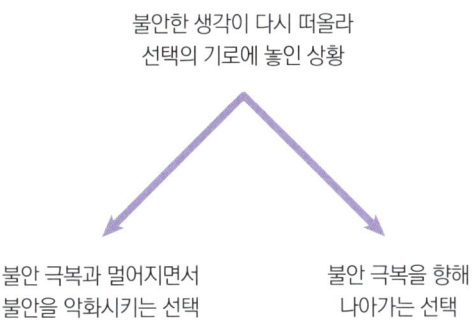

제4장에서 도입부에서 소개한 위의 도표를 기억하는가? 이처럼 불확실성을 헤쳐 나갈 힘은 대처 방식을 선택하는 데서 온다. 따라서 우리는 불안을 악화시켜 목표에서 멀어지는 선택을 할 수도 있다. 이와는 다르게 불안을 악화시키지 않고도 고통의 존재를 인정함으로써 우리가 원하는 목표로 나아가는 선택을 하는 것도 가능하다.

누군가는 불확실한 느낌을 견디길 원치 않거나 참을 수 없을 정도로 너무 힘들다고 항변할 수도 있다. 하지만 이 작업은 저항하고 피할수록 더 힘들어진다. 처음에는 힘들지라도 불확실성을 견디고, 대처 방식을 선택하는 일을 계속하다 보면 인내하기가 더욱 수월해질 것이다. 그러니 이 기회에 대처 방식을 바꾸어 장기적으로 삶의 질을 개선해 보자.

그렇다면 유연한 자세로 목표를 향해 나아가기 위한 선택은 어떻게 해야 할까? 이와 관련하여 불확실성에서 비롯된 고통을 견디는 힘을 단련할 수 있는 전략에는 여러 가지가 있다. 그러니 지난 장에서 소개한 과제를 살펴보자.

이 책에서 소개하는 기법들은 서로 연관되어 있어서 불안 문제의 다양한 유형에 따라 개별적으로 조절하여 적용할 수 있다. 특히 제6장에 소개한 [과제 23~26]은 모두 유연성과 매우 밀접하게 관련되어 있다.

이외에도 자기만의 대화 대본을 만드는 것도 불확실성에서 비롯된 고통을 견디고 누그러뜨리는 데 효과적이다. 이때는 사랑하는 사람이나 아이에게 말할 때처럼 친절하고 안도감을 주는 어조로 말을 건네야 하는 점을 염두에 두자. 다음 예시를 참고하여 자기만의 언어와 목소리를 반영하도록 고쳐 보자.

> **자기 대화 대본**
>
> 마음속에 남아 있는 불확실한 느낌 때문에 불안해져도 다른 곳에 집중하면 돼. 네가 몰입할 수 있는 흥미로운 일에 주의를 기울여 봐. 지금까지 힘든 시간을 보냈으니 너에게는 쉴 자격이 있어. 물론 모든 게 확실하기를 바라겠지만, 그런 시도가 불안 극복에 전혀 도움이 되지 않는다는 걸 너도 알잖아? 그러니까 불확실하다는 느낌이 사라질 때까지 그 느낌의 존재와 영향력을 받아들이면서 지켜보도록 하자.

3.3. 인생은 러시안 룰렛이 아니다

불안을 안고 살아가면서 잘 알지 못하는 것을 마주할 때 위협감을 느끼기 쉽다. 그리고 불확실성을 바탕으로 그 느낌이 현실로 다가올 가능성과 심각성을 모두 과대평가하기 쉽다. 따라서 불안을 극복하려면 그러한 예측을 효과적으로 다루는 과정이 중요하다.

불확실한 예측을 의식적으로 탐색하면 불안 극복에 도움이 되지 않는 행동으로 그 타당성을 과장하는 것을 피할 수 있다. 또한 불확실성으로 현실 인식의 왜곡도 막을 수 있다. 앞에서 잠깐 언급했던 환자 제이크의 사례를 살펴보자.

> **환자 사례**
> **위암을 두려워한 제이크**
>
> 제이크는 위암에 걸릴 것을 굉장히 두려워하면서 매일 자신이 위암에 걸렸다고 여긴다. 또한 그는 뱃속에서 낯설고 불편한 감각이 느껴질 때마다 이를 곧바로 암으로 직결되는 나쁜 징후로 해석했다. 불편감의 원인을 확실히 알 수 없었기 때문이었다. 이에 불확실한 것은 곧 나쁜 것이라는 믿음이 그의 머릿속에 깊이 뿌리내렸다.
>
> 치료 과정에서 제이크는 단순히 원인이 불확실하거나 빠른 시간 안에 명확하게 밝혀지지 않는다고 해서 최악의 결과를 예상하는 것은 합리적이지 않음을 점차 깨달았다. 다음에 소개할 도표는 불안의 굴레에서 헤어 나오지 못하고 상태가 악화되어 가는 제이크의 모습을 보여 준다.
>
> 제이크의 사례처럼 불확실하다는 이유만으로 당신도 부정적인 결과를 예상하고 있는가? 아니면 불확실성이 항상 나쁜 소식이나 불리한 결과로 이어진다고 생각하는 경향이 있는가? 당신은 혼자가 아니다.
>
> 불안장애 환자들은 불확실하다는 느낌을 코앞까지 들이닥친 재난의 징조로 해석하려 한다. 이는 익숙한 사고 경로를 따르는 경향에서 비롯된다. 그러면 굉장히 두렵고 불안한 생각을 유발한다. 이에 괴로운 감정이 고조되면 신체 감각이 증폭되기도 한다.

제이크의 트리거
복부에서 느껴지는 불편감

최악의 사태 예상
올 것이 왔다!
이건 확실히 암이야.
난 분명 죽을 거야.

감정적 고통
너무 무서워서
정신을 잃을 것 같아.

신체 감각 증폭
속이 더부룩하고
가슴이 답답해서
숨을 쉴 수가 없어.

불확실성에 따른 회피
병원 진료는 받지 않을 거야.
내가 암에 걸렸단 얘기를
차마 못 듣겠어.

병원 진료를 회피하면 암이 아니라는 확인을 받을 수 없어 불확실성이 불안을 유발하는 패턴 지속

    한편 불확실성에 대응하여 내린 예측을 의식적으로 검토하는 능력을 기르는 일은 꽤 중요하다. 그 전에 원인을 모른다고 해서 항상 부정적인 결과가 따라오지는 않음을 깨달아야 한다.

    그렇다면 불확실성에 관한 당신의 생각과 행동을 점검할 수 있도록 표의 형식으로 간단히 기록해 보자. 표에는 날짜, 불확실한 상황을 예측한 결과 그리고 나중에 그 결과가 실제로 일어났는가로 나뉜다. 혹시라도 예측이 맞지 않았다면 그 대신 어떤 결과가 나타났는지도 기록해 두자.

    아래 표를 정기적으로 검토하여 중립적이거나 긍정적인 결과가 나타날 확률을 따져 보자. 이 활동의 목표는 불확실함이 항상 부정적인 결과를 낳지 않는다는 점을 배우는 것이다. 이와 동시에 불확실한 상황을 바라보는 균형 잡힌 시각을 기른다.

날짜	예상한 결과	예상이 실제로 일어났는가?	아니라면 결과는 어땠는가? 긍정적/중립적이었는가?
7.28.	복부에서 느껴지는 감각이 뭔지 몰라도 이건 분명히 암이야.	아니다.	결과는 긍정적이었다. 아무 이상 없다는 의사의 말 덕에 마음이 편안해졌다.

4. 구르는 주사위 앞에서

여기에서 소개할 기법은 불확실성에 대처할 회복탄력성을 기르는 데 도움이 된다. 앞으로 소개할 해당 과제의 내용을 따르다 보면 불확실성으로 느끼는 불편감이 언젠가는 지나갈 일시적인 것이며, 충분히 대처가 가능함을 깨달을 것이다.

이 기법은 특히 효과적이라서 개인적으로 가장 선호하는 편이다. 이뿐 아니라 개인적인 경험을 통해 효율적인 학습을 촉진하여 부정확한 생각을 떨치도록 도와준다. 여기에서는 불확실성을 통제하거나 없애려는 노력을 최소화하면서 불확실성에 대응하는 방식을 바꾸는 방법을 제시한다. 이를 위해 우리는 의도적으로 불확실성의 강도를 높여 가면서 불확실성을 수용하는 연습을 통해 회복탄력성을 키워야 한다.

이미 마음속에 불확실성을 회피하는 습관이 자리 잡고 있다면, 다음 내용을 실천하는 일이 달갑지 않을 수 있다. 물론 시도하는 과정에서 걱정이 앞서리라는 것은 예상할 수 있다. 그러나 이 기법이 불확실성에 효과적으로 대처하는 방법으로 불확실성에 따른 불편감을 수용하고 인내하는 능력을 키우는 데 목적이 있음을 명심하자.

불편감을 점진적으로 수용하면 당신도 불편한 상황을 견딜 수 있다는 사실을 깨달으면서 전반적인 불안 문제가 개선될 여지가 있다. 이처럼 불확실성에 대처하는 방식을 바꾸면 불안 문제를 더 이상 부추기지 않기에 불안 극복이라는 목표를 향해 나아갈 수 있다.

> **환자 사례**
> **불확실성과 씨름한 올리버**
>
> 질병불안장애 환자 올리버는 신체 건강뿐 아니라 삶의 다른 영역에서도 절대적인 확신을 추구했다. 자신이 건강하다는 확신을 얻기 위해 올리버는 진료와 갖가지 검진을 반복했다. 인터넷에서의 숱한 정보 검색은 말할 것도 없었다.
>
> 그리고 올리버는 익숙지 않은 상황을 피하고 일상을 엄격하게 지키면서 늘 같은 경로로 운전하는 등 익숙한 장소를 선호했다. 이러한 습관으로 그는 일상에서 불확실성에 대한 혐오감을 드러냈다. 물론 사람 중에는 규칙적인 일상과 체계를 특히 선호하는 부류가 있으며, 그러한 욕구를 타고나더라도 문제가 되지는 않는다. 문제는 불안이 원인이 되어 불확실성을 통제하거나 제거하려는 행동이 습관적으로 이어질 때 발생한다.
>
> 올리버는 문제를 해결하기 위해 총 두 단계로 구성된 과제를 수행했다. 그는 일상에서의 전반적인 불확실성을 다루는 1단계를 거친 뒤 질병불안장애에 특화된 2단계로 넘어갔다. 구체적으로 그는 1단계에서 일상적인 불확실성을 견디는 힘을 길러 자신감을 키웠다. 초기에 올리버는 건강에 한하여 경험하는 어려움이나 혐오감보다 낮은 수준의 것에 대처하는 데 중점을 두었다. 그는 작은 불확실성에서 더 큰 것에 대처하는 데 필요한 기법을 습득하면서 자신을 개선해 나갔다.

지금부터 불확실성을 견디는 힘을 키워 불안의 지배를 받지 않는 방법을 본격적으로 살펴보도록 하겠다. 일단 휴대폰을 확인하고 싶은 충동을 떠올려 보자. 대다수가 하루 내내 이러한 충동에 시달린다. 이에 바로 휴대폰을 찾아 확인하는 대신 당장 떠오르는 생각과 감정을 관찰하면서 욕구 충족을 미루자. 충동을 미루는 연습을 통해 충동은 머지않아 지나가며, 즉시 반응할 필요가 없음을 뇌가 받아들이도록 훈련할 수 있다.

위의 과정을 꾸준히 실천하면 휴대폰을 확인하고 싶은 충동이 점차 사라져

감을 느낄 수 있다. 이 장에서 소개한 다른 과제와 함께 실천한다면 불확실성에 따른 불편감을 인내하는 능력이 더욱 향상될 것이다. 시간이 흐를수록 모든 일에 즉시 반응하거나 해결할 필요는 없으며, 불편감을 감수해도 괜찮다는 생각에 점차 익숙해질 것이다. 그 과정을 다음과 같이 단계별로 자세히 설명했으니, 내용을 따라가 보자.

4.1. 일상의 흐름에 맡기기

1단계에서는 불안 문제와 직접적인 연관이 없으며, 불안을 크게 유발하지도 않는다. 그렇더라도 어느 정도의 불확실성을 수반하는 상황에 초점을 맞추어 보자. 이 목표에 집중하면서 불확실성을 견디는 힘을 기르자. 그러면 불확실성을 받아들이고 포용할 수 있다는 자신감이 생기면서 2단계로 나아갈 탄탄한 기반이 마련된다.

이 단계에서는 일상에서 실천할 수 있는 간단한 절차에 따라 불확실성에 자신을 적극적으로 내던진다. 이에 [과제 29]에서는 불확실성을 탐색하기 위한 스무 가지 아이디어가 제시되어 있다. 이들 아이디어는 단순하지만, 불확실성을 체험할 수 있도록 고안되었다. 하지만 반드시 그대로 따를 필요는 없다. 자유롭게 변형해도 좋고, 제시된 내용과 유사한 불확실성을 경험하는 당신만의 아이디어를 떠올려 보자.

과제 29

✓ **일상 속 불확실한 상황 탐색하기**

다음은 일상 속에서 불확실한 상황을 접하고 탐색하기 위한 아이디어를 목록화한 것이다. 구체적인 내용은 아래와 같다.

① 모르는 작가의 책이나 새로운 장르의 책을 읽어 본다.
② 일상에 의도적인 변화를 준다.

③ 활동 순서 바꾸기나 새로운 장르의 음악 탐색, 또는 해 본 적 없는 게임 등의 활동을 무작위로 시도해 본다.

④ 한 번도 먹어 보지 않은 음식을 맛보거나, 생소한 과일을 산다.

⑤ 음식 이름을 알지 못하는 상황에서 사랑하는 사람이 주는 것을 먹거나 눈을 가린 채 시식해 보자.

⑥ 평소와 다른 길로 운전을 하거나 좀처럼 이용하지 않던 교통수단을 타 본다.

⑦ 새로운 장소를 방문하거나 낯선 곳을 탐험한다.

⑧ 평소에 참석하지 않던 행사에 참석한다.

⑨ 다른 사람에게 나들이나 활동 계획을 세우고 준비하도록 한다.

⑩ 평소와 다른 곳에서 장을 본다.

⑪ 사전 정보 없이 새로운 영화를 본다.

⑫ 낯선 카페나 식당에서 식사한다.

⑬ 혼자 외식을 해 본다.

⑭ 지금껏 시도하지 않은 새로운 취미에 도전해 본다.

⑮ 새로운 헤어 스타일이나 옷차림을 시도해 본다.

⑯ 주변 지역이나 도시로 즉흥적인 당일치기 여행을 떠난다.

⑰ 새로운 운동을 시도하거나 체험 수업에 참여한다.

⑱ 사용해 본 적 없는 식재료로 요리를 해 본다.

⑲ 배경 지식이 거의 없는 주제를 다루는 워크숍이나 수업에 참여한다.

⑳ 자신의 출신과 다른 전통 또는 문화 행사에 참석한다.

위의 내용 가운데 두 가지 이상의 활동을 선택하거나, 당신만의 아이디어를 토대로 쉬운 활동에서 어려운 것까지 모두 시도하자. 이때 쉽고 접근성이 좋은 일상적인 활동을 중심으로 자주 반복하며 실천해 보자. 활동을 마친 뒤 불확실성을 얼마나 잘 견뎌 냈는지 되돌아보고, 불확실성을 견디는 힘이 시간이 흐름에 따라 어떻게 변화하는지 관찰하자. 그리고 표를 활용하여 발전 과정을 기록해 보자.

수차례의 시도 끝에 불확실성을 편안하게 받아들이는 상태가 되더라도, 이는 정상적인 반응이니 낙심하지 말자. 그러니 불확실성이 더 이상 괴롭게 느껴지지 않을 때까지 계속해 보자. 일상적인 활동은 불확실성에 지속적으로 자신을 노출하는 가장 효과적인 방법이다. 따라서 불확실성에 대한 인내력을 키우는 데 좋다.

이상에서 나열한 활동 가운데 일부는 더 많은 자원과 계획이 필요하다. 그러한 활동은 불확실성을 견디는 힘이 어느 정도 커졌을 때 참고해 보자. 그러면 그 힘을 더욱 단련할 기회로 다가올 것이다.

아래 표는 당신이 선택한 과제를 수행할 때 느끼는 불편감의 변화를 추적, 기록한 것이다. 표의 목적은 시간이 지남에 따라 불편감이 점차 완화되는 과정을 관찰하기 위한 것이다. 이 표는 개선 과정을 시각적으로 나타내며, 불확실성으로의 반복적인 노출에서 거둘 수 있는 긍정적인 효과를 보여 준다.

활동	불편감
마트 세 곳을 번갈아 가며 장보기	1차시(마트 A): 6/10 2차시(마트 B): 6/10 3차시(마트 C): 5/10 4차시(마트 A): 3/10 5차시(마트 B): 2/10 6차시(마트 C): 2/10 7차시(마트 A): 0/10
사전 지식 없이 눈을 가린 채 음식을 한 숟가락씩 맛보기	1차시: 7/10 2차시: 6/10 3차시: 4/10 4차시: 2/10 5차시: 0/10

※ 불편감은 0~10점 척도로 평가

마트 세 곳에서 번갈아 장을 보겠다고 결정한 사람을 예로 들어 보겠다. 이 사례는 단순히 발전 상황을 기록하고 평가하는 방법을 보여 주기 위한 예시일 뿐이므로 해당 활동을 반드시 선택할 필요는 없다. 그저 당신에게 가장 어울리는 것을 자유롭게 채택하면 된다.

그 밖에 사전 지식 없이 눈을 가리고 다양한 음식을 맛보는 과제를 수행한 사람도 있었다. 그는 매번 다른 종류의 음식을 그날의 사정에 따라 선택했다. 앞선 예시와 같이 이 활동을 굳이 실천할 필요는 없으며, 이에 많은 돈을 소비할 필요도 없다. 이미 구비해 놓은 식재료를 활용하면 불필요한 낭비를 막을 수 있기 때문이다.

4.2. 본격적인 불안과 맞서기

1단계 활동을 완수했다면 이제는 불안 문제와 관련된 불확실성을 직접 다룰 차례이다. 그러니 미루거나 망설이지 말고 추진력을 발휘하여 바로 2단계로 나아가자. 일단 계획을 세우기에 앞서 다음 설명을 끝까지 읽어 보자.

불안장애에 시달리는 사람들은 불확실성을 견디지 못하고, 그에 대처할 여러 방법을 사용하는 경우가 많다. 당신도 여러 가지 대처 메커니즘을 번갈아 사용하거나 상황에 따라 달리 사용해 왔을 것이다. 하지만 그런 행동에 의존하다 보면 불안 문제가 악화된다. 그러면 극심한 불안과 불편감으로 건설적인 대처가 불가능한 '마비 상태'에 이를 수 있다.

위와 같은 방식에 매달리는 것은 장기적으로 불안 극복에 도움이 되지 않는다. 이와 관련하여 불확실성을 통제하거나 제거 또는 최소화하기 위한 일반적인 행동 사례를 다음에 제시하였다. 이에 아래 예시를 살펴본 뒤, 당신에게 해당하는 행동이 있다면 적어 보자. 다만 다음 목록은 개인적인 사례까지 망라하지는 못함을 알려 둔다. 따라서 그 밖에 당신만의 방법이 있다면 그것도 함께 적어 보자.

불확실성에 대처하는 일반적 행동

- 지나치게 계획하고 준비한다.
- 온갖 결과 예측에 지나치게 몰두한다.
- 불확실한 상황과 정보를 회피하거나 유해한 행동 패턴에 빠진다.
- 불확실성에 따른 불편감에 충동적으로 성급하게 반응한다.

- 같은 질문을 반복한다.
- 과할 정도로 타인의 확인을 받으려 한다.
- 인터넷 검색에 막대한 시간을 쏟는다.
- 필요 이상의 정보까지 알아내려 든다.
- 확인 행동을 반복한다.
- 가능한 모든 시나리오를 상상한다.
- 의사 결정을 미룬다.
- 융통성 없이 늘 같은 방식으로 일을 처리한다.
- 굳이 하지 않아도 될 일을 한다.

위의 내용과 관련하여 불확실성에 대처하는 방안을 여섯 단계로 나누어 살펴보자. 구체적으로는 각 단계별로 사례를 곁들여 순차적으로 설명하도록 하겠다.

4.2.1. 대처 방식 파악하기

당신은 불확실성에 대응하여 확신을 얻고자 어떤 행동을 하는가? 이에 앞에서 소개한 일반적인 대처 목록을 참고해 보자. 아래는 심장 관련 질병불안장애 환자의 사례이다.

- 배우자에게 지속적으로 확인을 부탁한다.
- 심박수를 매 시간 여러 번 반복적으로 확인한다.
- 심장 건강 관련 정보 검색에 시간을 소비한다.

4.2.2. 불안 행동 평가하기

성공 확률을 높이려면 쉬운 과제로 시작하여 자신감을 쌓은 후 점차 어려운 과제로 넘어가는 편이 좋다. 따라서 엄두가 나지 않을 만큼 부담스럽지 않으면서도 계속해서 진전을 이룰 수 있는 절충안을 잘 찾아보자. 이전 단계에서 작성한 목록을 살펴보고 가장 쉬운 작업은 맨 위, 그 반대는 맨 아래의 순서대로 재배열한다.

그리고 각 행동을 1점에서 10점까지로 평가한다. 해당 점수는 행동을 수행하지 않을 때 예상되는 고통이나 불안의 정도를 말하며, 행동의 순위를 매길 때 도움이 된다. 이에 다음 예시를 살펴보자.

- 심장 건강 관련 정보 검색에 시간을 소비한다. (6/10)
- 배우자에게 지속적으로 확인을 부탁한다. (8/10)
- 심박수를 매 시간 여러 번 반복 확인한다. (10/10)

4.2.3. 중단 결과 예측하기

이 과제는 불확실성을 견디는 자신의 능력을 파악하고, 불확실성에 따른 일반적 반응으로서의 행동을 멈춰도 큰일이 나지 않는다는 사실을 증명하는 데 목적을 둔다. 당신은 평가한 점수의 순위대로 행동하며, 각 행동별로 새로운 예측을 하게 될 것이다. 점수가 가장 낮은 행동을 예로 들어 보겠다.

> 심장 관련 정보 검색에 몇 시간이라도 투자하지 않으면 중요한 증상을 인지하지 못하고 놓칠지 모른다. 그러면 심장 마비를 일으켜 죽을 수도 있다.

위와 같이 당신이 불확실성을 바탕으로 내린 예측을 얼마나 신뢰하는지 백분율로 나타내 보자.

4.2.4. 새로운 행동 방식 계획하기

이 단계에서는 불확실성에 대처하는 일반적 행동 반응을 자제하는 데 집중한다. 불확실성을 포용하는 새로운 접근 방식은 행동 반응에 할당하는 시간을 점차 줄여 나갈 수 있다. 인터넷 정보 검색에 많은 시간을 소비하는 행동 반응이 그 예이다.

위와 관련하여 처음에는 인터넷 검색을 일 2회, 시간은 매회 10분으로 제한한다고 해 보자. 그렇다면 이후 일 1회에 검색 시간은 5분씩으로 빈도를 줄인다. 그리고 검색을 이틀, 사흘 또는 주 1회로 진행하다가 궁극적으로 그 행동을 완전히 중단해 보자. 이에 불확실성에 따르는 불편감이 현저히 줄어들고, 객관적 사실이라 여기는 당신의 예측에 대한 신뢰도가 0~10% 수준으로 감소할 때까지 앞의 절차를 반복한다. 이 과정에서 불확실성을 견디는 능력과 회복탄력성이 자라날 것이다.

예측에 대한 신뢰도를 기록하고 평가하는 과정은 다음과 같은 이점을 지닌다.

첫째, 결과를 객관적으로 평가하며, 불확실성에 기반한 왜곡된 신념과 지나친 두려움에 도전할 수 있다.

둘째, 불확실성을 견디는 능력을 가시적으로 드러내며, 평소의 대응 패턴을 자제해도 큰일이 나지 않음을 증명할 수 있다.

셋째, 시간이 흐름에 따른 발전 상황을 기록해 두면 불편감이 줄어들고, 대처에 자신감이 생기면서 동기 부여에 도움이 된다.

지금까지 소개한 사례를 참고하여 과제 수행 경험을 기록하는 방법을 살펴보자. 표를 활용해도 좋고, 당신에게 편한 방법으로 메모해도 좋다.

- **예측:** 심장 관련 정보 검색에 몇 시간이라도 투자하지 않으면 중요한 증상을 인지하지 못하고 놓칠지 모른다. 그러면 심장 마비를 일으켜 죽을 수도 있다.
- **새로운 행동 방식 적용 전 신뢰도:** 90%
- **새로운 행동 방식 적용 후 신뢰도:** 5%

4.2.5. 진행 상황 검토하기

이제 검토 단계에 진입했다. 이 단계에서는 각 목표 행동을 연습한 뒤, 진행 상황을 검토한다. 그리고 인식의 변화를 확인하고 학습 과정을 촉진해 보자. 이러한 과정은 불확실성을 통제하려는 행동에 집착하지 않도록 하는 중요한 역할을 한다. 지금부터 당신의 진행 상황을 검토하기 위해 다음 질문에 답해 보자.

- 결과는 어땠는가? 예측이 맞았는가, 틀렸는가?
- 불확실성을 느끼더라도 결과는 좋았는가?

새로운 행동 방식 (심장 관련 정보 검색 자제하기)	적용 후	
	심장 마비 발생 여부	예측에 대한 신뢰도
일 2회, 회당 10분 이내로 제한	×	70%
일 2회, 회당 5분 이내로 제한	×	60%
일 1회, 5분 이내로 제한	×	50%
2일 1회로 제한	×	20%
3일 1회로 제한	×	10%
주 1회로 제한	×	5%
중단	×	5%

- 심각할 정도로 위험한 상황이 발생했는가?
- 과제를 수행하는 동안 기분은 어떠했는가? 예상한 만큼 어려웠는가, 아니면 생각보다 쉬웠는가?
- 과제를 수행하면서 달라진 점은 무엇인가?
- 불확실성에 대처하기 위해 지금껏 의존해 온 행동에 새롭게 발견한 점은 무엇인가? 그렇다면 그 행동은 정말 필요한 것이었는가?
- 불확실성에 대처하는 자신의 능력에 어떤 통찰을 얻었는가?

4.2.6. 반복하기

불확실성을 견디고 그 결과를 관찰하는 과정에 능숙해졌다면 작성했던 행동 목록의 순서대로 마지막 행동을 다루기까지 같은 과정을 반복한다. 꾸준히 연습하면 불확실성을 견디는 능력이 눈에 띄게 향상되고 강해졌음을 느낄 수 있을 것이다.

지금까지는 심장 건강 불안을 완화하는 정보 검색 행동을 중심으로 설명하였다. 그러나 불안장애의 유형 및 기질, 대처 전략은 저마다 다르다. 따라서 불확실성을 통제하는 행동에도 각자 차이가 있음을 명심하도록 하자.

다음 상자에서는 불확실성이 유발한 고통에 대처하는 데 사람들이 흔히 사용하는 방법과 그 해결책을 제시해 놓았다. 물론 아래에서 당신의 상황에 맞는 행동을 찾더라도, 그 내용을 반드시 따라야 한다는 법은 없다. 다만 어떠한 행동이라도 위에서 소개한 6단계 접근 방식만큼은 동일하게 유지된다.

불확실성 대처 방식 개선하기

① **과도한 계획**: 한도를 설정하여 계획 수립에 소모하는 시간과 정보 검색량을 제한한다. 제한은 시간이나 정보의 출처 가운데 어떤 것을 기준으로 삼아도 괜찮다.

② **반복적인 질문**: 2일 동안의 질문 빈도를 세어 본 뒤, 그 횟수를 줄여 없애 나간다.

③ **상대방에게 위로받기**: ○일 ○회의 형식으로 행동의 횟수를 제한한다. 타인에게 위로받고 싶은 생각이 든다면, 10분에서 20분, 30분, 나아가 1시간이 될 때까지 반응을 늦춘다.

④ **장시간 인터넷 검색**: 검색 시간과 간격에 제한을 둔다. 실제로 이에 적합한 앱도 시장에 출시되어 있다.

⑤ **반복적인 확인 행동**: 행동 횟수를 제한한 뒤 줄여 나간다.

⑥ **타인의 의견 또는 확인 요구 행동**: 의견을 구할 사람의 수를 제한한다. 예컨대 지금까지 5명에게 물었다면, 4명에서 1~2명까지 사람의 수를 점차 줄인다. 질문 빈도 또한 마찬가지다.

그리고 불확실성으로 당신이 회피하는 상황을 계속해서 접하도록 하자. 처음에는 비교적 가벼운 상황부터 시작하여 점차 어려운 상황도 시도해 보자.

불확실성을 견디기가 어렵다면 이 장에서 소개한 과제를 더욱 열심히 수행할 필요가 있다. 그렇다면 불확실성을 견디는 능력 향상에 매일 시간을 할애해 보자. 처음에는 어렵더라도 확실성을 추구할 때보다 시간과 에너지가 덜 들어간다는 사실을 깨닫게 될 것이다.

불확실성을 견디는 힘을 키우다 보면 불확실성에서 비롯되는 문제에서 벗어남과 동시에 우리가 모르는 상황에도 잘 대처해 나갈 것이다. 그리고 절대적 확신이란 애초에 불가능하기에 확신할 수 있는 상황에만 만족할 필요는 없음 또한 깨달을 것이다. 이상의 과정은 불확실성이 불러온 고통과 불안에서 벗어나도록 당신을 이끌어 줄 것이다.

5. 불확실성에 대처하는 시스템 강화하기

이상에서 설명한 전략 외에도 불확실성에 대처하는 시스템을 강화할 수 있도록 다른 과제도 한 번 더 살펴보자. 그러면 불확실성과 불안에 대처하는 시스템을 확장하고, 기술도 숙달할 수 있다. 이에 연습을 거듭한다면 기법을 더욱 능숙하고 당당하게 활용할 수 있을 것이다. 지금까지 소개한 여러 해결책을 당신의 상황에 따라 선택하고 적용해 보자.

불확실성으로 스트레스에 시달린 신경계를 안정시키려면 제3장의 과제를 참고해 보자. 불확실성과 관련한 불안한 생각에는 제4장의 과제가 도움이 될 것이다. 한편 제5장에서는 불확실성과 관련된 트리거에서 주의를 돌려 더욱 객관적이고 균형적인 관점을 갖도록 도와줄 유용한 기법을 찾아볼 수 있다. 불확실성 너머로 주의의 폭을 넓히면 과도한 경계심이 줄어들면서 평온함을 느낄 것이다.

불확실성 다루기

① 불확실성에서 비롯되는 고통이 정신 건강 전반과 불안장애에 미치는 영향을 인식한다.

② 불확실성은 인생에서 불가피한 부분으로서 현실을 받아들이고, 불확실성을 견디는 힘을 키우는 방향으로 초점을 전환한다.

③ 불확실성을 견디지 못하고 반응할 때, 불확실성을 견디는 능력과 불안을 악화시키는 행동으로 이어지는 과정을 이해한다.

④ 불확실성을 통제하려고 별 도움이 되지 않는 행동을 한다면, 일시적으로 안도감을 느낄 수 있더라도 장기적으로는 불안을 지속시킨다. 이러한 패턴에서 벗어나기 위해 노력한다.

⑤ 불안감 완화에 도움이 되지 않는 방식으로 불확실성에 반응하는 동기를 살펴보고, 난관을 극복할 더 건강한 대안을 모색한다.

⑥ 인생에 절대적인 확실함은 존재하지 않는다는 현실을 받아들이고, 불확실성과 더불어 건강하게 살아가는 능력을 키운다.

⑦ 불확실성에 대처하는 방법을 스스로 선택할 수 있음을 인식함으로써 자신에게 힘을 실어 준다.

⑧ 이 장에서 소개한 기법을 활용하여 불확실성을 견디려는 의지를 다지자. 불확실성을 경험할 때, 그 경험을 이해하고 받아들이며 유연하게 반응한다.

⑨ 불확실성에 따르는 고통에 대처하는 효과적인 방법은 경험을 통해 배우는 것이다. 일상 속에서 불확실성을 불러일으키는 트리거를 줄이고 불확실성을 견디는 힘을 기를 때 도움이 되는 활동에 더 많이 참여한다.

⑩ 불안 문제와 관련된 불확실성을 견디는 힘을 기르도록 기법을 꾸준히 연습하고, 불확실한 상황에 도전한다. 불확실성을 견디는 능력이 향상되면 불안 증상이 줄어듦을 자각할 수 있다.

✚ 평온함을 되찾는 카운트다운

　500~5,000 사이의 큰 숫자부터 거꾸로 세다 보면 주의가 전환되어 불안한 생각에서 벗어날 수 있다. 숫자 세기에 집중하는 동안 마음은 미래에 벌어질 최악의 사태에 대한 상상에서 벗어나 휴식을 취할 수 있다. 거꾸로 숫자를 세려면 정신 집중이 필요하므로 불안을 유발하는 생각에 주의력을 쏟을 여지가 줄어든다. 이 활동은 호흡 조절에도 유용한데, 숫자를 세며 호흡 타이밍을 맞추면 호흡 속도가 느려지면서 마음이 편안해진다.

제8장

그림자를 피하는 방법

회피와 안전 추구 행동은 불안을 지속시키는 주범이므로 반드시 해결해야 한다. 회피란 우리가 두려워하는 부정적인 결과와 관련된 상황과 생각, 심상 및 트리거를 피하는 행동을 말한다. 진단 결과가 좋지 않을 것이라는 생각에 병원 진료를 피하거나, 거절을 두려워하여 사교 모임을 피하는 것 등이 그 예이다. 한편 안전 추구 행동이란 잠재적 위험에서 자신을 보호하기 위한 행동으로, 회피의 미묘한 형태라 볼 수 있다.

두 행동은 모두 극심한 두려움에서 비롯되는 고통을 줄이려는 공통된 목적을 지니며, 일시적인 안도감을 준다. 그러나 두려움을 마주하고, 불안을 유발하는 상황에 인내하는 법을 배우지 못하게 하여 불안을 악화시킨다. 불안이 발생하는 상황은 참 위험하다. 그 상황에 제대로 대처할 수 없으리라는 믿음이 지속된다면, 불안은 더욱 강해져 경험의 폭이 제한되고 만다.

따라서 이 장에서는 회피와 안전 추구 행동의 개념을 자세히 살피고, 두 행동이 불안에 미치는 영향을 포괄적으로 이해한다. 이후 두려움을 마주하여 회피나 안전 추구 행동을 절제하고, 궁극적으로는 완전히 제거하는 실용적인 전략을 제시하고자 한다. 먼저 환자 사례를 통해 회피와 안전 추구 행동이 어떻게 불안을 악화시키는지 살펴보도록 하자.

환자 사례
이지의 회피행동

우리 진료실을 찾은 많은 환자가 안전 추구 행동과 회피로 자기 세계가 축소되는 경험을 한 바 있으며, 그중 몇몇은 집안에 틀어박히기 시작했다. 그 사례인 이지는 공황 발작에 대한 두려움으로 심각한 불안을 겪었다.

그녀의 문제는 1년 전, 사람으로 붐비는 곳에서 쇼핑을 하던 중 공황 발작을 경험하면서 시작되었다. 그때 그녀는 어딘가에 갇힌 듯한 느낌과 함께 심장 마비가 온 듯한 공포를 느꼈다고 말했다. 마치 공포의 소용돌이에 휩쓸려 머릿속에는 최악의 사태가 닥칠 것만 같은 어둠이 드리운 느낌이었다고 회상했다.

이지는 공황 발작을 막기 위해 트리거가 될 만한 상황을 회피했다. 또한 타인에게서 위안을 구하려 하고, 게임 앱으로 주의를 분산시키며 행운의 물건을 가지고 다니면서 도망칠 방법을 찾는 데 골몰하는 등의 안전 추구 행동에 의존해 왔다. 그러나 이들 행동은 그녀의 두려움을 오히려 강화할 뿐이었다. 결국 그녀는 스스로 외부 세계에서 고립되어 마음 놓고 외출할 수 없는 처지가 되었다.

그러나 이지는 불안에 대처하는 기제로 회피와 안전 추구 행동을 더는 활용하지 않기로 했다. 그리고 스스로 두려움에 정면으로 맞서 삶의 주도권을 탈환함으로써 그녀는 삶을 되찾을 수 있었다. 이러한 성취는 이지가 안전 추구 행동의 손아귀에서 벗어나 회피를 줄이면서 두려움을 직접 마주하려는 결심 덕분이었다.

1. 회피

회피는 부정적인 결과나 불쾌한 감정이 예상되는 상황을 피하는 대처 전략이다. 즉 나쁜 일이 일어날 수 있다고 생각하는 상황을 피하는 것이다. 회피의 또 다른 목표는 자신이 두려워하는 결과에서 수반되는 불편한 감정이나 생각과의 대면을 막는 것이다.

상황을 회피하면 불안이 일시적으로 감소한다. 이에 성공적으로 위험 요소를 제거했다는 믿음이 생기도 한다. 예컨대 사람들 앞에서 발표하는 상황에 불안해하는 사람이라면 발표 당일 병가를 내어 일시적으로 안도감을 느낄 것이다. 그러나 발표를 회피하면서 자신감은 더욱 떨어진다. 결국 '나에게 발표는 불가능한 일'이라는 믿음을 강화하는 악순환이 지속된다.

회피는 불안을 키우고, 불안은 회피를 부른다. 불안은 고통스러운 심상에서 자신을 보호한다. 또한 최악의 생각과 감정을 유발할 만한 상황을 피하거나 벗어나라고 충동질한다. 하지만 최악의 상상은 현실이 되고, 그때 나타날 감정에 시달리는 상황을 회피한다면 불안이 마음을 사로잡기 시작한다. 이처럼 회피에 의존하는 사람들은 그 덕에 최악의 결과는 면했다고 합리화한다. 그리고 이러한 신념에 의심조차 없이 고집하는 경향이 있다. 회피가 주는 안도감으로 애착이 커지면서, 회피가 위험을 제거하거나 통제하는 유일한 방법이라고 여기는 데 이른다.

회피는 최악의 시나리오대로 상황이 흘러가리라는 믿음을 강화할 뿐 아니라, 이를 곱씹도록 한다. 회피를 통해 참여하는 활동이 줄어들수록 생각을 되풀이할 시간과 기회는 늘어난다. 그리고 불안한 생각은 되새길수록 거대해지는 반면 자신의 세계는 작아진다.

따라서 회피를 습관적으로 일삼으면, 그것이 삶의 다양한 측면까지 침투한다. 그리고 스스로 옛 시절의 그림자에 불과한 존재로 축소되고 만다. 물론 개인차는 있겠지만, 이상의 양상은 거의 모든 불안장애 환자에게서 나타난다.

또한 회피는 마치 카펫 아래에 먼지를 감추는 것과 같다. 겉보기에는 몸과 마음 모두 어떤 어려움이나 문제도 없이 깨끗해진 것처럼 보인다. 그러나 불안은 여전히 카펫 밑의 먼지처럼 불안은 남아 있다. 이에 회피 행동을 할 때마다 불안은 먼지처럼 쌓이고 커지면서 극복을 가로막는다. 따라서 우리는 회피로 문제를 해결했다는 착각에서 벗어나 두려움을 직면해야 불안에서 벗어날 수 있다. 이 문제는 또 다른 환자 사례를 통해 더 깊이 파헤치도록 하겠다.

아래 도표는 환자 자라의 회피 행동 증가에 따라 불안 증세가 어떻게 악화되었는가를 보여 준다. 자라가 겪는 괴로움은 점점 빈번하고 강렬해졌으며, 이 과정에서 회피만이 두려움에 대처할 유일한 방법이라는 신념이 더욱 강해졌다. 시간이 흐르면서 회피 패턴은 더 뚜렷한 불안 증세로 이어졌고, 그녀의 두려움도 한층 강화되었다.

> **환자 사례**
> **자라의 회피행동**
>
> 자라는 만약 몸에서 혹을 발견한다면, 그 혹이 암의 명백한 증거일 것이라 믿었다. 그리고 그녀는 혹시라도 자기 몸에 혹이 날 것을 굉장히 두려워했다. 사실 자라에게는 아무런 증상이 없었음에도 주변에서 암 진단을 받았다는 소식을 접한 후로 자신에게도 같은 일이 일어날 수 있다는 두려움에 휩싸인 것이다.

그렇게 자라는 정기검진은 물론, 자가 검진이나 병원 진료, 건강검진도 삼갔으며, 거울을 보는 것도 피하는 등 혹을 발견할 수 있을 만한 상황을 적극적으로 회피했다. 혹을 보게 될 것이라는 생각만으로도 자라는 압도적인 공포에 휩싸였고, 그러한 상황이 실제로 일어난다면 혹은 분명 암으로 발전하여 죽을 것이라 굳게 믿었다.

위와 같이 얼어붙는 듯한 두려움으로 자라는 혹을 발견할 가능성이 있는 활동을 모두 회피했다. 이처럼 회피는 그녀에게 일시적인 안도감만을 줄 뿐, 혹이 존재한다는 깊은 확신만 오히려 지속될 뿐이었다. 그 결과 그녀의 불안은 계속 악화되어 갔다.

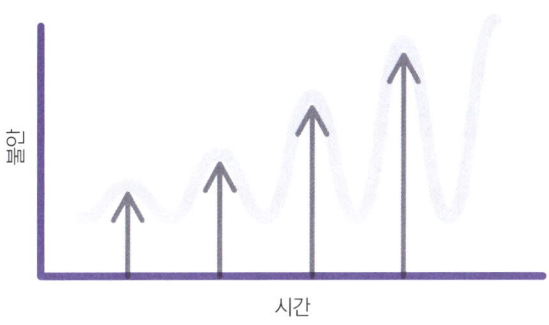

불안감을 유발하는 상황을 회피할 때 자라는 즉각적인 안도감을 느낀다. 하지만 그 상황이 다시 찾아올 때는 불안의 강도가 더욱 높아진다.

안전 추구 행동을 본격적으로 다루기에 앞서, 잠시 당신의 회피 행동 패턴부터 돌이켜보도록 하자. 이때 다음 질문이 도움이 될 것이다. 각 질문을 살펴보고, 공책이나 노트 앱에 답변을 기록해 두면 이 장의 후반부에서 두려움을 마주보기 위한 기초 자료로 활용할 수 있다.

> **과제 30**
>
> ✓ **회피 행동 파악하기**
>
> ① 어떠한 상황을 회피하려는 경향이 있는가?
> ② 구체적으로 어떤 생각을 외면하려고 노력하는가?
> ③ 어떠한 감정이나 신체 감각을 피하려 애쓰는가?
> ④ 당신의 회피 행동은 어떠한 점에서 도움이 되는가? 이점이 있는가, 아니면 안도감을 느끼는가?
> ⑤ 회피 행동을 중단하면 무슨 일이라도 일어날까 두려운가?
> ⑥ 회피 행동 이후 장기적, 단기적으로 나타나는 기분 변화 패턴이 있는가?

2. 안전 추구 행동

안전 추구 행동이란 위협적이거나 위험하다고 인식한 상황에서 고통을 줄이기 위해 취하는 행동이나 생각을 말한다. 이 행동은 회피와 마찬가지로 불안 대처 메커니즘으로 활용된다.

회피와 마찬가지로 안전 추구 행동도 일시적으로는 불안을 줄이지만, 결국 근본적인 불안 문제를 유지하고 강화한다. 안전 추구 행동 없이 불안을 겪는 상황을 충분히 경험하지 못하는 탓에 위험해 보이는 상황이 실제로는 그렇지 않음을 배울 기회가 사라지기 때문이다.

안전 추구 행동은 불안장애 유형에 따라 다양한 형태로 나타난다. 다음에서 그 사례를 살펴보자.

사회불안장애

- 대화 중에 눈을 마주치지 않는다.
- 자신감을 얻기 위해 대화를 미리 준비하고 연습한다.
- 사람을 만나기 전, 불안감을 줄이고자 주류나 약물을 복용한다.

범불안장애

- 불안감을 경감할 목적으로 행운의 부적이나 위안을 주는 특정 물품을 가지고 다닌다.
- 안정감 또는 안도감을 주는 옷이나 액세서리를 착용한다.

질병불안장애

- 반복적으로 의사에게 상담을 받거나 온라인에서 증상을 확인하는 등 타인에게 지속적으로 확인받으려 한다.
- 병원이나 진료를 피하는 등 건강과 관련된 두려움을 유발하는 상황과 활동을 피한다.
- 몸으로 느끼는 감각을 자주 점검하고 자가 검진을 반복하는 등 신체 상태를 지나치게 살핀다.

공황장애

- 심박수 증가, 호흡곤란, 발한과 같은 신체 감각이 나타나지 않도록 움직임을 제한한다.
- 공황 발작과 연관된 감각을 최소화하고, 호흡 조절을 위해 호흡에 큰 신경을 쓰거나 얕게 호흡한다.

사람들은 저마다 가장 두려워하는 결과의 실현을 막거나, 불안한 상황에서 느끼는 괴로움을 덜고자 위에서 제시한 행동과 함께 여러 조치를 취한다. 불안 장애 환자들은 불안을 유발하는 상황에서 완전히 회피하기를 선호할 때가 많지만, 그럴 수 없을 때는 안전 추구 행동으로 미묘하게 상황을 회피하려 든다. 이는 위협이라 인식한 상황을 합리적으로 대응하는 것처럼 보이겠지만, 실상은 불안 극복을 방해하는 크나큰 장애물이다.

안전 추구 행동은 마치 흔들의자에 앉아 몸을 계속 앞뒤로 움직이는 것과 같다. 따라서 이때는 스스로 도움이 되는 일을 하고 있다고 느끼겠지만, 사실은 전혀 앞으로 나아가지 못하고 있다. 이러한 행동은 통제감과 위안을 느끼게 할 수는 있어도, 불안 극복에는 도움이 되지 않는다. 의미 있는 진전을 이루려면 흔들의자에서 내려와 더 나은 방향으로 나아가야 한다. 따라서 이 장에서는 앞선 내용에 관한 전략을 살펴보겠다.

이상에서 언급한 안전 추구 행동의 사례는 사람들이 불안에 대처하는 행동 방식의 일부에 불과하다. 안전 추구 행동은 개인적인 측면이 강하기에 사람에 따라 천차만별이다. 따라서 행동보다는 근본적인 원인이 더 중요하다. 이는 불안을 느끼지 않더라도 같은 행동을 할 수 있기 때문이다.

예컨대 벽에 기대는 행동의 원인은 실신할까 두려워서일 수도, 그저 피곤한 탓일 수도 있다. 또한 영화를 예매할 때 출구와 가까운 자리를 선호하는 것 역시 영화관에 갇히는 상상을 했기 때문일 수도 있지만, 단순히 다음 약속 시간에 늦지 않도록 빨리 나가야 해서일 수도 있다. 문제는 구체적인 행동 자체가 아니라 그 이유에 있다.

나는 환자들에게 "그 행동을 할 수 없다거나 그 행동이 금지된다면 불안할까요?"라고 묻곤 한다. '네'라고 대답한다면, 그 행동은 안전 추구 행동일 가능성이 높다. 반대로 불안감 없이 행동을 쉽게 바꾸거나 중단할 수 있다면, 안전 추구 행동이 아닐 가능성이 높다. 내 질문은 개인의 안전 추구 행동 파악에 도움이 되지만, 예외가 있을 수 있다. 다음 예시는 흔히 나타나는 안전 추구 행동 이면에 숨은 이유를 보여 준다.

안전 추구 행동 사례	이유
사회적 상황에서 발언하지 않기로 결심한다.	실언으로 망신을 당하거나 거절당할 수도 있다.
수업이나 회의에 지나치게 빨리 도착한다.	지각하면 사람들이 내가 들어오는 모습을 지켜볼 테고, 넘어지거나 얼굴이 화끈거리거나 민망해질 수 있다.
특정한 호흡 방식을 고수한다.	이런 식으로 호흡하지 않으면, 산소를 충분히 공급받지 못해 위험해질 수 있다.
자신의 상태와 물품 및 상황을 수시로 점검하거나, 의료기기와 검사 도구를 활용한다. 또는 스마트 워치로 활력 징후를 점검한다.	확인하지 않으면 심각한 증상을 놓쳐 병에 걸리거나 죽을 수도 있다.
다른 사람에게 묻거나 정보를 찾아보면서 확인받으려 한다.	다른 사람들에게 내 상태가 괜찮은지 묻지 않으면 죽을 수도 있다.
필요 이상으로 오래 앉거나 누워 있다.	움직이지 않으려고 지나치게 노력한다.
육체노동을 피한다.	너무 많이 움직이면 심박수가 올라가 공황 발작이나 심장 마비를 일으킬 수 있다.
출구를 찾고, 그 근처에 앉는다.	비상구 근처에 앉지 않으면, 긴급 상황이 발생했을 때 빠르게 빠져나갈 수 없다. 또한 내가 아파도 의료 서비스를 받기 힘들어질 수 있다.
머릿속에 떠오르는 생각이나 감정, 또는 신체 감각을 회피하려고 TV나 라디오를 켜놓는 등 주의를 분산시킨다.	문제에 너무 주의를 기울이면 좋지 않은 일이 일어날 것이다.
외출할 때마다 누군가와 동행한다.	혼자 외출했다가 나쁜 일이 생기면 도와줄 사람이 아무도 없다.
행운의 부적이나 특정 물품을 가지고 다닌다.	행운의 부적이나 특정 물품이 없으면 나쁜 일이 일어날 것이다.
익숙한 사람들과 익숙한 장소에만 간다.	새로운 장소에 가면 예측이 불가능하며, 안전하지 않고, 나쁜 일이 생길 수 있다.

위와 같이 안전 추구 행동은 부정적인 결과를 피하기 위한 예방 행동이다. 이러한 행동을 통해 막고자 하는 부정적인 결과에는 죽음, 질병, 망신, 거절, 무안, 불확실성, 크고 작은 피해 등이 있다.

징크스도 안전 추구 행동이다

징크스는 안전 추구 행동의 일종으로 많은 환자가 징크스로 어려움을 겪는다. 징크스가 있는 사람은 부정적인 결과가 발생하지 않도록 미신에 가까운 행동이나 의식을 행한다. 나무를 만진다거나, 현재 상황을 긍정하면 징크스에 걸려 상황이 나빠질 것이라고 굳게 믿는 것처럼 말이다.

그러한 사람은 상황이 괜찮거나 좋을 때조차 상황을 있는 그대로 인정하지 않고 비관적으로 바라본다. 그래야만 불운이 닥치는 것을 피할 수 있다는 듯이 말이다. 하지만 이러한 행동은 합리적 근거나 결과에 미치는 영향력이 없고, 개인이 주관적으로 느끼는 통제감과 불안 및 불확실성을 줄이려는 욕구에서 비롯된다.

우리의 생각과 반응은 사건에 영향을 미치거나 결과를 통제하는 힘이 없다. 불안을 덜 느끼고 긍정적인 측면을 인정하면 불운이 찾아오리라는 생각은 전혀 합리적이지 않다. 징크스를 두려워하는 것 자체가 불안 증상이다. 따라서 당신이 불안하지 않더라도, 스스로 징크스를 믿은 적은 없었는가를 한번 생각해 보자.

징크스를 두려워하는 것은 불안을 관리하는 하나의 대처 방법으로, 자신이 무력감을 느끼는 상황에서 거짓 통제감을 제공한다. 징크스는 불안을 통제하는 수단이라는 점을 기억하자. 불안한 상태를 유지하지 않고 인생을 즐긴다고 해서 눈에 보이지 않는 누군가가 우리에게 벌을 주려고 호시탐탐 기회를 엿보는 일은 없다는 사실을 깨달아야 한다.

징크스에 대한 두려움과 씨름하고 있다면, 이 장에 제시된 전략을 활용하여 해결할 수 있다. 그리고 제4장의 징크스 관련 내용 및 제7장의 불확실성을 다루는 전략을 다룬 부분도 참고하면 좋다.

안전 추구 행동 이후 상황이 무탈하게 마무리되면, 해당 행동 덕분이라고 믿으면서 안전 추구 행동이 강화된다. 이때 가장 큰 문제는 불안장애 환자가 지레짐작하고 두려워하는 최악의 사태가 실제로 일어날 확률이 얼마나 낮은가를 제대로 판단할 기회를 잃는다는 점이다. 그러면 자신의 상황 대처 능력에 대한 자신감이 점차 줄어들고, 안전 추구 행동의 범위가 확장되면서 의존성과 불안감도 덩달아 커진다. 다음 도표는 친구와 동행할 때만 외출이 가능한 케이티의 사례를 보여 준다.

도표에 나타난 바와 같이 케이티는 안전 추구 행동으로 일시적인 안도감을 경험한 뒤부터 그 행동에 반복적으로 의존한다. 그러면 불안감이 커지면서 회피행동이 심화된다. 이에 따라 불안한 생각이 강화되는 반면, 자신감은 약해지는 악순환이 계속된다.

당신도 그와 유사한 패턴을 직접 경험한 적이 있는가? 이러한 순환이 계속 반복되면, 자기 생각이 옳음을 더욱 확신하면서 불안이 커지는 악순환에 빠진다. 불안한 생각에 크게 사로잡힐수록 안전에 대한 욕구가 강해지면서 안전 추구 행동을 반복한다. 이 과정이 거듭되면 패턴이 굳어져 영속화된다.

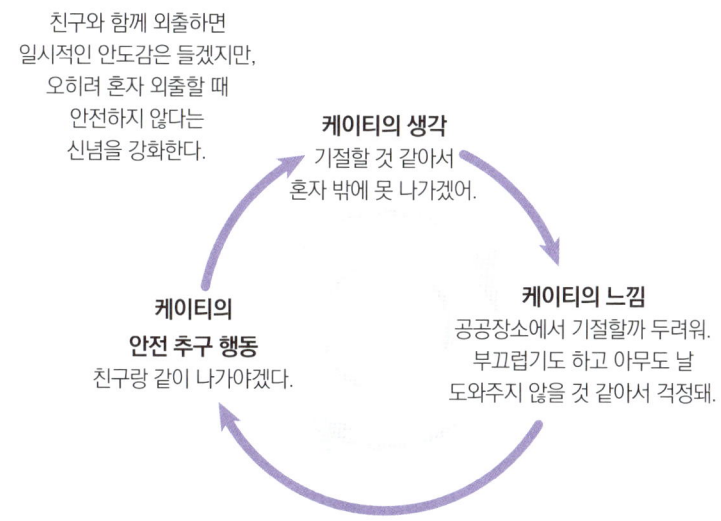

회피 행동과 안전 추구 행동을 다루는 기법으로 넘어가기 전에, 먼저 자신의 상황을 철저히 이해해야 한다. 상황 이해는 실용적인 기법을 익히기 위한 토대가 될 것이다. 이제 당신의 안전 추구 행동을 자세히 파악하는 데 도움이 될 질문에 답해 보자.

과제 31
✓ 안전 추구 행동 파악하기
① 어떠한 안전 추구 행동에 의존하는가?
② 안전 추구 행동을 몇 가지나 실행하는가?
③ 각각의 안전 추구 행동이 무엇을 예방하거나, 무엇으로부터 당신을 보호하는가?
④ 안전 추구 행동을 중단할 경우 발생할 결과에 대한 두려움은 무엇인가?
⑤ 안전 추구 행동을 한 지는 얼마나 되었는가?
⑥ 안전 추구 행동을 하는 동안 불안감이 개선되었는가, 악화되었는가?
⑦ 불안에 대처할 목적으로 안전 추구 행동을 할 때, 단기적, 장기적 차원에서 기분은 어떤가?

**단기적인 안도감을 추구하면 장기적으로 불안을 줄일 수 없다.
불안에 대처하는 가장 좋은 방법은 두려움을 마주하는 것이다.**

3. 그림자와의 줄다리기

두려움을 마주한다는 것은 곧 안전 추구 행동과 회피를 멈추겠다는 의미이다. 그러면 과거에 누리던 자유를 되찾으면서 스스로 의미 있는 목표를 추구할 수 있다. 치유는 회피하던 대상을 직면하는 데서 비롯되며, 여기에는 우리를 회복의 길로 이끄는 힘이 있다.

두려움을 마주하는 것이 불안 극복의 열쇠라는 이야기는 이미 들어 본 적이 있을 것이다. 맞는 말이지만 두려움을 직면할 때는 신중하게 접근해야 한다.

점진적으로 치밀하게 계획을 세워 신중하게 수행하되, 추진력을 가지고 진행하면서 적절한 검토 과정을 거쳐야 한다. 이처럼 신중한 접근으로 불안 수준이 자연스럽게, 때로는 빠르게 줄어듦을 느낄 것이다.

두려움을 마주하기는 어려운 일이다. 그러나 지금까지 다양한 전략을 습득했으니, 이제는 준비가 되었을 것이다. 두려움을 마주할 때 일시적으로 불안감이 증가하는 것은 지극히 정상적이다. 그러니 스트레스에 시달린 신경계를 안정시키고, 불안한 생각과 격렬한 감정을 다스리면서 주의를 전환하고 불확실성을 헤쳐 나가자. 이 책의 전략을 활용하여 처음으로 두려움과 마주하는 어려운 순간을 이겨 내 보자.

이 책에서 제시하는 전략은 불안을 유발하는 상황에 자신감과 회복탄력성을 갖추고 접근하도록 도와준다. 우리가 지금까지 배운 기법을 활용하면 두려움을 마주하고, 점차 불안을 줄여 나가면서 자기 통제감과 대처 능력을 키울 수 있을 것이다. 지금부터 소개할 단계에 맞추어 당신의 두려움을 직면한다면 불안감과 불확실성에 관한 공포심이 줄어들면서 불안한 생각이 점차 바뀌어 감을 경험할 것이다. 그렇게 회피와 안전 추구 행동을 멈추고, 노력을 지속하면 불안감은 자연스레 줄어든다.

또한 두려움을 정면으로 마주하면 불안의 원인이 되는 신념을 자연스럽게 재평가하고, 그에 맞설 수 있다. 그리고 부정적인 결과가 나올 가능성이나 위협의 심각성이 생각했던 것만큼 크지 않음을 점차 깨닫는다. 이 과정에서 불안에 대한 뇌의 반응이 재구성되면서 불안도가 전반적으로 감소한다.

그와 동시에 한때 불안을 유발했던 상황에 능숙하게 대처할 수 있다는 통제감이 생긴다. 이러한 통제감은 자신감을 불어넣어 주고 안전 추구 행동의 필요성을 줄인다. 그리고 자신에게 문제 관리 및 대처 능력이 있음을 깨닫게 한다.

그리고 두려움을 마주하는 일은 단순히 당신이 평소 두려워하던 활동에 참여하는 것 이상의 의미를 갖는다. 이는 두려운 상황과 관련된 생각과 심상, 신체 감각과 직면하는 일도 포함한다. 그러나 체계적인 접근 계획 없이 두려움에 노출되기를 감행한다면 오히려 부담이 크고 비효율적이다. 따라서 두려움을 효과적으로 마주하고 자신감 있게 헤쳐 나갈 수 있도록 여기에 필요한 전략과 종합적인 계획을 제시하고자 한다.

우선 회피나 안전 추구 행동에 의존하지 않고 두려움을 마주하는 일이 얼마나 큰 치유 효과를 발휘하는가를 이해하는 것이 중요하다. 다음 도표는 트리거가 불안을 유발하는 상황에서도 그것에 반응하는 방식을 우리 스스로 선택할 수 있음을 보여 준다.

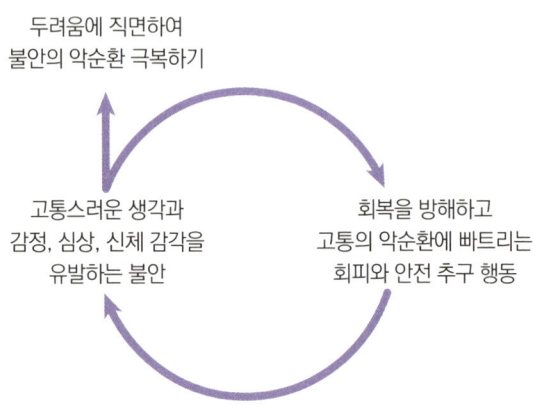

회피와 안전 추구 행동을 선택하면 고통이 이어지면서 불안의 악순환도 반복된다. 이 악순환에서 벗어나 앞으로 나아가겠다고 선택할 때, 비로소 우리는 불안에서 자유로워질 수 있다. 이처럼 두려움과의 의식적인 대면으로 회피나 안전 추구 행동을 자제하면, 불안 극복을 향해 나아갈 힘을 얻는다.

불안의 순환 과정을 살펴보면, 불안이 발생할 때 괴로운 생각, 감정, 심상, 신체 감각이 연쇄적으로 떠오름을 알 수 있다. 이러한 경험은 우리에게 굉장히 압도적으로 다가올 수 있고, 이에 대처하는 방법으로 회피와 안전 추구 행동을 부추긴다. 하지만 두 행동에 의존하면 불안에서 회복되지 못한 채 고통스러운 악순환만 계속될 뿐이다. 반면 두려움에 적극적으로 맞서 불안한 상황이나 트리거를 용감하게 마주하면 그 악순환을 깨고 벗어날 수 있다.

그렇다면 지금부터 두려움에 직면하는 실질적인 방법을 알아보도록 하자.

긍정적인 자세로 나아가면서 내면의 힘과 회복탄력성을 믿어 보자. 이제 당신은 두려움과 마주하는 어려움을 충분히 극복할 수 있다.

[과제 30]과 [과제 31]에서 자신의 회피 행동과 안전 추구 행동을 파악했다면, 다음 네 단계를 따라가 보자.

① 고통의 강도에 따라 행동 순위 정하기
② 두려움 마주하기
③ 진행 상황 검토하기
④ 다음 순위 행동으로 같은 과정을 반복하기

이제 다음에 소개할 닉의 사례를 따라 당신의 회피 및 안전 추구 행동을 파악하고, 순위를 매겨 가장 쉬운 행동부터 시작해 보자. 그다음 당신이 감당할 수 있을 만한 수준으로 과제를 나누어 계획을 세분화한다. 이와 관련하여 앞으로 제시될 표에서는 닉의 세부 계획이 제시되어 있으며, 이는 그가 두려움을 수월하게 직면할 수 있도록 과제를 구조화한 모습을 볼 수 있다.

닉은 세부 계획을 따라가는 동안 불안 수준을 계속해서 기록했고, 이 기록은 그가 기울인 노력의 결과를 가늠하는 데 도움이 되었다. 이 평가 단계는 불안도가 최소 수준에 도달해야 다음 과제로 넘어갈 수 있다는 점에서 꼭 필요하다. 과제를 수행해도 불안이 줄어들지 않는다면, 더 작은 단위로 세분화하거나 반복해 보자.

> **환자 사례**
> **두려움을 마주하는 닉의 여정**
>
> 닉은 나쁜 진단 결과를 받으리라는 두려움에 병원 방문을 피했고(10/10), 몸 상태를 반복적으로 확인했으며(8/10), 질병과 관련한 정보를 지나치게 많이 검색했다(6/10). 그리고 여자친구와 부모님에게 자신의 건강 상태를 확인해 달라는 불필요한 부탁을 반복하는 등(4/10), 질병불안장애와 관련된 행동을 여럿 보였다. 우

> 리는 회피 및 안전 추구 행동을 중단할 때 나타나는 고통을 앞의 괄호와 같이 10점 만점 기준으로 점수를 매겨 순위를 정했다. 이를 토대로 두려움을 마주하는 작업은 행동별 고통의 강도 순으로 다루기로 했다.
>
> 닉은 두려움을 극복할 수 있도록 가장 해결하기 쉬운 행동부터 하나씩 집중적으로 해결해 나갔다. 그 행동은 바로 타인에게 불필요한 확인을 반복적으로 요청하는 것이었다. 우리는 닉이 목표를 달성할 수 있도록 세부 계획을 세웠다. 그러한 행동을 한꺼번에, 완전히 그만두기란 너무나 어렵고 모호하며, 시작과 끝이 명료하지 않기 때문이다. 닉의 사례와 같이 적절한 단계별 계획을 세워 실천하다 보면 불안이 지속적으로 줄어들면서 사고 방식의 변화 또한 자연스럽게 목격할 것이다.

4.1. 괴로움의 순위 매기기

고통의 강도를 정확히 평가하려면, [과제 30, 31]에서 회피 및 안전 추구 행동을 돌아봐야 한다. 이 과정은 목표와 함께 치료 과정에서 다룰 해당 행동의 우선순위를 정하는 데 필수적이다.

불안장애 환자가 흔히 경험하는 바와 같이, 여러 행동이 복합적으로 나타날 때는 가장 다루기 쉬운 것부터 하나씩 해결해 나간다. 가장 먼저 해결할 행동을 파악했다면, 그 행동이 얼마나 필요하다고 믿는가를 평가해야 한다. 이러한 평가 과정으로 신념의 강도를 가늠하고, 그 변화 양상을 측정할 수 있다.

그렇다면 닉의 사례로 평가 과정의 중요성을 살펴보도록 하자. 닉은 여러 가지 회피 및 안전 추구 행동을 보였다. 먼저 그는 개별 행동을 수행하지 않을 때 겪는 고통의 강도를 평가했다. 그다음 고통의 정도에 따라 해결해야 할 행동의 순위를 매겼다. 닉은 극복하기 가장 쉬운 행동에서 어려운 것까지 점진적으로 실천해야 했다. 다음은 닉이 보인 행동이다.

- 건강 진단에 대한 두려움으로 병원 방문을 피한다. (10/10)
- 몸 상태를 반복적으로 확인한다. (8/10)

- 질병과 관련한 정보를 인터넷에서 지나치게 많이 검색한다. (6/10)
- 여자친구와 부모님에게 자신의 건강 상태를 지나치게 확인받으려 한다. (4/10)

닉의 첫 번째 목표는 고통이 가장 덜한 행동, 즉 다른 사람에게 불필요한 확인을 반복적으로 요청하는 일을 멈추는 것이었다. 닉은 자신의 안전을 보장하려면 그러한 행동이 반드시 필요하다는 신념이 10점으로 매우 강했다.

4.2. 두려움 마주하기

이 단계에서는 두려움을 마주할 계획을 세우고 실천한다. 닉처럼 두려움을 마주해 본 적이 없다면 처음에는 불안하겠지만, 점진적인 접근 방식이라면 바로 극복할 수 있을 것이다. 닉의 계획을 살펴보면 과제를 스스로 감당 가능한 선에서 단계별로 세심하게 분류한 것을 볼 수 있다.

닉은 성실하게 각 단계에 도전하면서 두려움에 정면으로 맞서 상당한 진전을 이루었다. 이 과정에서 닉은 자신의 불안도를 평가하면서 그동안 이루었던 노력의 성과를 살폈다. 이를 통해 불안도가 최소화되었을 때만 다음 과제로 넘어갔다. 불안이 뚜렷하게 줄어들지 않았다면 확실히 가라앉을 때까지 과제를 더욱 세분화하거나 반복적으로 실천했다.

계획을 세울 때는 크게 무리하지 않고도 과제에 도전하여 꾸준히 진전을 이루도록 해야 한다. 이에 닉의 사례를 참고하여 과제를 감당할 만한 단계로 나누어 본다. 그리고 불안도가 현저히 감소할 때까지 각 단계를 계속 실천하면서 두려움에 맞선다.

동시에 과제를 수행하는 동안 지속적으로 불안도를 측정하여 진전 상황을 평가한다. 필요한 경우 과제를 더 세분화하거나 반복 횟수를 늘리며 계획을 조정한다. 이 계획은 개인의 사정에 맞추어 세우는 것이므로, 당신의 필요나 진전 속도에 따라 얼마든지 유연하게 조절해도 좋다.

목표 (불필요한 확인 요청 중단에서 오는 두려움 마주하기)	불안도 평가	
	과제 수행 전	과제 수행 후
3일간 부모님을 제외하고, 확인을 요청하는 대상을 여자친구로 한정해 본다.	1일차 10/10 2일차 7/10 3일차 4/10	1일차 6/10 2일차 3/10 3일차 1/10
3일간 여자친구에게 1일 2회, 아침과 퇴근 후에만 확인을 요청한다. 이때 질문은 1개로 제한한다.	1일차 7/10 2일차 5/10 3일차 3/10	1일차 5/10 2일차 2/10 3일차 1/10
3일간 여자친구에게 1일 1회, 1개의 질문만으로 확인을 요청한다.	1일차 6/10 2일차 2/10 3일차 1/10	1일차 4/10 2일차 3/10 3일차 0/10
7일간 매일 아침 출근 전에 필요한 경우에만 1개의 질문만으로 확인을 요청한다.	1일차 7/10 2일차 6/10 3일차 5/10 4일차 5/10 5일차 4/10 6일차 2/10 7일차 0/10	1일차 5/10 2일차 4/10 3일차 4/10 4일차 3/10 5일차 2/10 6일차 1/10 7일차 0/10
7일간 1주 1회 주기로 여자친구에게 1개의 질문만으로 확인을 요청한다.	1/10	0/10
여자친구에게 질병에 관한 질문은 하지 않는다. 새로운 걱정거리가 생긴다면 의사와 상담한다.	0/10	0/10

4.3. 진행 상황 검토하기

잠시 시간을 내어 그간의 과정으로 이룬 성과를 평가한다. 검토는 지금까지 경험하고 배운 것을 다지는 데 필요한 과정이다. 이 단계는 사고와 행동을 바라보는 새로운 관점과 접근 방식을 받아들이는 과정이므로, 그 가치를 소홀히 하지 않아야 한다.

이 단계는 경험이 아직 머릿속에 생생하게 남아 있을 때 시작한다면, 훨씬 쉽고 정확하게 상황을 파악할 수 있다. 이 과정에서 어떠한 일이 일어났고, 무엇을 느꼈는가를 주의 깊게 살펴보자. 그리고 관찰한 내용과 함께 당신이 느낀 감정과 변화를 꼼꼼하게 살펴보자.

또한 검토할 때는 안전 추구 행동의 필요성에 대한 신념도 재평가해야 한다. 계획대로 잘 진행된 부분과 그렇지 못했던 것, 그리고 수행 과정에서 깨달은 바를 정리한다. 수정 또는 반복하거나, 더 살펴봐야 할 영역이 있는지도 확인한다. 이에 당신의 진전 상황 검토에 도움이 될 질문을 몇 가지 제시한다.

진행 상황 검토하기

① 무슨 일이 있었는가?
② 목표 과제를 완수했는가?
③ 계획에서 예상한 것보다 더 빠른 속도로 진행할 수 있었는가?
④ 회피 및 안전 추구 행동의 충동에 어떠한 변화가 있었는가?
⑤ 회피 및 안전 추구 행동에 의존하지 않고 대처할 수 있다는 믿음에 어떠한 변화가 있었는가?
⑥ 전반적인 불안 수준에는 어떠한 변화가 있었는가?
⑦ 위협이나 위험을 느낀 적이 있는가?
⑧ 예전에 위험하다고 여긴 상황에 관한 인식 변화가 있었는가?
⑨ 어려움에 대처하는 능력으로 무엇을 배웠으며, 새롭게 깨달은 지식을 바탕으로 더욱 발전할 방법은 무엇인가?
⑩ 특정 행동이 안전을 가져다준다는 믿음의 수준은 현재 어느 정도인가?

환자 사례

닉의 진행 상황 검토

① 무슨 일이 있었는가?

계획을 수행하는 과정에서 다른 사람에게 확인받고 싶은 충동을 참기가 수월해짐을 느낄 수 있었다. 처음에는 힘들었지만 계속하다 보니 충동의 강도가 줄었다.

② 목표 과제를 완수했는가?

그렇다. 목표한 과제를 완수했다.

③ 계획에서 예상한 것보다 더 빠른 속도로 진행할 수 있었는가?

그렇다. 과제를 반복적으로 수행하면서 과도하게 확인을 요청하는 행동이 실제로는 도움이 되지 않음에도 도움이 된다고 믿으며 집착하고 있었음을 깨달았다.

④ 회피 및 안전 추구 행동의 충동에 어떠한 변화가 있었는가?

처음에는 충동을 참기 어려웠지만, 계속 진행하면서 충동의 강도가 점점 줄어들었다. 행동을 절제하는 게 훨씬 수월해졌다.

⑤ 회피 및 안전 추구 행동에 의존하지 않고 대처할 수 있다는 믿음에 어떠한 변화가 있었는가?

실제로는 생각보다 훨씬 더 잘 대처할 수 있음에도 불안감으로 그러한 행동을 해야 한다고 생각했다는 사실을 깨달았다. 또한 다른 사람에게 확인을 받더라도 내가 처한 상황이 바뀌지 않는다는 점도 깨달았다.

⑥ 전반적인 불안 수준에는 어떠한 변화가 있었는가?

불안감이 전보다 확실히 줄어들었다. 이제는 다른 사람에게 확인받는 행동을 하지 않아도 전혀 불안하지 않지만, 이외의 회피행동에는 여전히 노력이 필요하다.

⑦ 위협이나 위험을 느낀 적이 있는가?

없다. 실제로는 생각보다 위험하지 않음을 알 수 있었다. 이에 불안이 두려움을 키웠다는 것을 깨달았다.

⑧ 예전에 위험하다고 여긴 상황에 관한 인식 변화가 있었는가?

그렇다. 내 불안으로 상황을 더 심각하게 받아들였음을 알았고, 다른 사람에게 확인받지 않은 채 그러한 상황에 처하더라도 생각보다 심각하지 않다는 사실도 깨달았다.

⑨ 어려움에 대처하는 능력으로 무엇을 배웠으며, 새롭게 깨달은 지식을 바탕으로 더욱 발전할 방법은 무엇인가?

불안감이 밀려와도 생각 외로 혼자서 잘 대처할 수 있음을 배웠다. 이제 더는 다른 사람에게 확인받지 않아도 딱히 나쁜 결과가 뒤따르지 않는다는 것을 알고 있다. 실제로는 별 도움이 안 되어도 도움이 된다고 믿었던 행동에 집착하는 마음이 사라졌다. 그리고 확인을 받더라도 상황은 실질적으로 변하지 않기에, 굳이 확인받지 않아도 상황에 대처할 수 있음을 깨달았다. 그 행동으로 얻은 안도감은 오래가지 않는데도, 도움이 된다며 반복하는 패턴에 빠지기 쉽다는 점을 기억해야 한다. 그리고 지금까지의 깨달음을 바탕으로 내 행동과 이것이 불안에 미치는 영향을 더 주의 깊게 살피려 한다.

⑩ 특정 행동이 안전을 가져다준다는 믿음의 수준은 현재 어느 정도인가?

안전을 위해 다른 사람에게 확인받는 행동이 필요하다는 믿음은 상당히 약해졌다. 이제는 0%라고 평가하고 싶다.

닉의 계획 변경

닉은 과제 수행 과정에서 탄력이 붙어 일부 과제를 계획보다 빨리 끝냈다. 이에 닉은 두 가지 과제를 무리 없이 한 번에 완수할 수 있다고 생각하기도 했는데, 실제로 그렇기도 했다. 이렇게 닉은 과제를 진행하면서 진척 상황에 맞추어 계획을 조정했다.

위와 같이 과제를 진행할 때는 유연성을 발휘하자. 당신 또한 닉처럼 계획을 변경해도 괜찮겠다는 생각이 들 것이다. 자신을 더 밀어붙이고 싶은 마음이 든다면 자신 있게 도전해 보자. 유연성은 필요에 따라 계획을 조정하고, 성장을 위한 기회를 붙잡을 수 있는 중요한 역할을 담당한다. 따라서 자신감이 생겼다면, 추진력을 최대한 활용해 보자.

계획해 놓은 과제를 완수하지 못했다면, 잠시 진행 상황을 검토한 뒤에 더 효과적인 계획을 새롭게 세워 보자. 먼저 원인을 생각하고, 진행 과정에 장애물은 없었는지 파악해 보자. 그다음 계획 변경 방안이나 과제의 반복 수행 또는 추가로 계획할 사항이 있는가를 고려한다. 이외에도 과제를 더 작은 단계로 세분화하거나 반복적으로 실천하는 횟수를 늘리거나 진행 속도를 조절하는 방법도 있다.

4.4. 반복하기

1단계에서 만든 목록을 토대로 회피 및 안전 추구 행동을 멈추고 두려움에 성공적으로 맞섰다면, 이제 다음 순위로 정한 행동으로 넘어가 보자. 스스로 속도를 조절하면서 감당할 수 있을 만큼 목록의 모든 행동을 최대한 극복하며 자신감을 키워 보자.

> **환자 사례**
> **닉의 행동 극복 상황**
>
> 닉은 확인을 요청하는 행동을 성공적으로 극복한 후 단계별 세부 계획에 맞춰 남은 세 가지 행동을 차례대로 해결해 나갔다. 먼저 그는 인터넷에서 질병 관련 정보를 지나치게 찾아보는 행동을 해결했다. 그다음 몸 상태를 반복적으로 확인하는 습관을 고치기로 했다. 놀랍게도 닉은 행동 수정에 돌입한 지 3일 만에 과감히 병원 예약을 잡고 병원 방문을 회피하는 두려움에 맞서기로 했다. 병원에 방문하는 과제를 예정보다 빨리 성공한 그의 모습은 이전 과제를 수행하면서 자신감이 높아졌음을 보여 준다.

과제를 진행하는 과정에서 가장 두려워하는 마지막 행동을 대하는 태도에 큰 변화가 일어났음을 알아차릴 수 있다. 이전 과제를 완수하는 과정에서 자연스레 전반적인 불안감이 감소한다. 그리고 나머지 행동을 멈추는 데 따르는 두려움과 고통이 연쇄적으로 감소하는 효과가 있다.

초기 계획 수립 단계에서 벅차고 압도적인 듯하던 과제가 점차 달성 가능해지면서 수월하게 대처할 수 있겠다는 느낌이 들 것이다. 이전에 가장 두려워했던 상황 또한 그 과정에서 문제를 새로운 관점으로 바라보게 된다. 마지막 두려움을 마주한다는 생각에 약간 불편한 마음이 들 수도 있겠지만, 전보다 크게 괴롭지는 않을 것이다.

5. 그림자의 이름들

불안 문제와 회피 및 안전 추구 행동의 양상은 저마다 다르다. 따라서 두려움에 직면하는 과정도 각자의 사정에 따라 진행하는 것이 중요하다. 같은 유형의 불안장애에 통용되는 일률적인 접근 방법이란 존재하지 않는다. 질병불안장애나 사회불안장애나 개개인의 경험에는 회피나 안전 추구 행동이 뒤따른다.

따라서 개인마다 겪는 구체적인 문제와 필요에 맞게 접근 방식을 조정해야 가장 효과적인 결과를 얻을 수 있다. 여기서는 여러 불안장애 유형과 관련하여 흔하게 나타나는 안전 추구 행동의 깊은 이해에 도움을 줄 임상 사례를 제시했다. 불안장애의 유형을 막론하고 회피 및 안전 추구 행동을 해결하기 위한 계획을 세울 때는 다음의 4단계 계획을 참고한다.

> ① 고통의 강도에 따라 순위를 정한다. 두려움의 크기에 따라 순위를 매겨 목록을 만들고, 가장 수월한 행동부터 시작한다.
> ② 두려움에 맞선다. 두려운 상황이나 행동을 단계적으로 차근차근 직면해 본다.
> ③ 진행 상황을 검토한다. 진행 상황을 살피고 그동안 배운 소중한 교훈을 되돌

아보며, 필요하다면 계획을 수정한다.

④ 다음 순위의 행동을 대상으로 위의 과정을 반복한다. 두려운 순서로 작성한 목록에서 점점 해결하기 어려운 것과 마주한다.

5.1. 질병불안장애

닉은 질병불안장애 환자로, 그의 사례는 이상에서 살펴본 바 있다. 다음은 해당 불안장애를 겪는 환자에게서 흔히 나타나는 행동 양식이다.

- 건강이나 질병과 관련된 정보를 지나치게 많이 살펴본다.
- 의료기기를 활용하여 자신의 상태를 지나치게 반복적으로 점검한다.
- 신체 건강 상태를 과도하게 살핀다.
- 타인에게 지나치게 확인받으려 한다.
- 신체 감각에 지나치게 집중한다.
- 스마트 워치를 활용하여 상태를 지속적으로 점검한다.
- 의사나 병원, 검진, 검사 결과를 회피한다.
- 검사를 지나치게 많이 받는다.
- 의학적 견해를 지나치게 많이 구한다.
- 응급상황을 대비해서 항상 타인과 함께 있으려 한다.

⚘ 대처하기

- 과도한 자료 조사와 자가 점검, 신체 건강 상태 관찰, 확인 요청을 점차 줄인다.
- 의료 환경에 익숙해지도록 점진적으로 자신을 노출한다. 처음에는 병원 옆을 운전하면서, 다음번에는 걸어서 지나가 본다. 그리고 주차장에서 잠시 머물거나 병원 건물에 잠시 들어갔다 나온 뒤, 앞으로 조금 더 긴 시간을 머물러 본다.
- 의학적 검사와 소견에 대한 걱정을 의사에게 솔직하게 털어놓으면서 검사나 진료를 계속해서 받아야 하는 상황인가를 상담한다.
- 혼자 있는 시간을 몇 분에서 하루까지 점차 늘려 본다.

5.2. 공황 발작

공황 발작이란 갑작스럽게 심한 불안감이 엄습하면서 상당히 불편한 신체 증상을 수반하는 것을 말한다. 상황이나 신체 감각 또는 생각으로 공황 발작이 다시 일어나리라는 두려움으로 불안이 이어지면서 신체 감각을 두려워하게 된다. 이러한 생리적, 감정적 흥분 상태가 지속되면, 회피 및 안전 추구 행동이 습관화되어 불안의 악순환에 갇힐 수 있다.

공황 발작에 관한 두려움을 극복하려면 두려워하는 감각을 직접 경험하고, 회피하는 상황에 점차 노출되는 과정을 거쳐야 한다. 또한 그 감각이 더는 고통스럽게 다가오지 않을 때까지 감각을 의도적으로 유발하면서 경험해야 한다. 다음 행동은 공황 발작을 겪는 환자에게 흔하게 나타난다.

- 심장의 두근거림을 예방하고자 특정 활동을 피하거나 심장 박동과 리듬을 정상으로 유지하기 위한 조치를 취한다.
- 불편감을 느끼지 않으려고 서늘하거나 추운 환경에 머문다.
- 신체 감각의 유발이 우려되는 특정 동작을 취하지 않는다.
- 신체 감각에 대한 두려움으로 운동을 기피한다.
- 숨이 차오르는 상황을 피한다.
- 쇼핑몰이나 대중교통, 영화관, 낯설거나 번화하거나 혼잡한 장소 등을 피한다.
- 익숙한 장소만을 즐겨 찾으며, 새로운 곳에는 가지 않는다.
- 엘리베이터처럼 밀폐된 공간을 피한다.

❀ 대처하기

- 짧고 빠르게 제자리 뛰기를 하되, 10초부터 지속 시간을 서서히 늘린다.
- 고온의 방이나 차 안, 목욕탕 등 더운 환경에 머무는 시간을 서서히 늘린다.
- 불편한 감각을 견디는 법을 배우도록 관련된 움직임을 연습하면서 지속 시간을 서서히 늘린다.
- 처음에는 짧게 운동하면서 점차 운동 시간을 늘린다.

- 15초 동안 숨을 참는다.
- 5초에서 10초쯤 숨을 몰아쉬는 연습을 해 보고, 시간을 최대 1분까지 점진적으로 늘린다.
- 코를 막은 채 입으로 숨을 쉬는 연습을 하면서 시간을 점차 늘린다.
- 평소 피하던 장소에 짧게 머물러 본 뒤, 시간을 점차 늘린다.
- 이전에 공황 발작이 일어난 장소나 상황과 유사한 곳에 짧게 머무른 뒤, 시간을 점차 늘린다.

5.3. 사회불안장애

사회불안장애는 대인 관계나 사회적 상황에서 타인의 부정적인 판단에 대한 두려움이 중점적으로 나타난다. 다음은 사회불안장애 환자는 흔히 다음과 같은 양상을 보인다.

- 창피를 당할까 두려워 사람들 앞에서 침묵을 지킨다.
- 말을 꺼내기 전에 항상 연습한다.
- 대화에 참여하지 않는다.
- 헤드폰을 착용하여 다른 사람이 말을 걸기 어렵게 한다.
- 자신이 예상한 부정적인 반응을 확인할까 걱정하여 상대와 눈을 마주치지 않는다.
- 주의가 지나치게 자신에게 집중되어 다른 사람의 눈에 자신이 어떻게 비칠지 걱정한다.
- 전화나 메시지, 이메일 답장에 지나치게 오랜 시간이 걸린다.

❀ 대처하기
- 단순한 문장이나 기본적인 질문으로 시작하여 말의 양을 조금씩 늘린다.
- 대화 중에 즉흥적으로 중립적인 태도의 발언을 해 본다.
- 상점이나 카페에서 만나는 직원에게 간단히 인사말을 건네는 연습을 한다. 안

부를 묻고, 좋은 하루 보내라는 말을 하거나 제품 위치를 문의하는 등 적절한 상호 작용을 점차 늘린다.
- 헤드폰을 착용하거나 눈을 마주치지 않는 등 안전 추구 행동을 하지 않는 시간을 점차 늘린다.
- 자신을 지속적으로 검열하기보다 외부 요소에 주의를 기울이면서 초점을 점차 외부로 옮긴다.
- 스스로 시간 한도를 설정하여 메시지와 이메일 응답에 걸리는 시간을 점차 줄인다.

5.4. 죽음불안

죽음불안은 사실 책 한 권을 별도로 할애해야 할 만큼 방대한 주제이다. 이 책에서 해당 주제를 충분히 다룰 수는 없겠지만, 중요하므로 그냥 지나칠 수도 없다. 죽음불안은 실존적 문제와 깊이 얽혀 있으며, 이 질환을 겪는다면 그 문제를 더 크게 느끼는 경향이 있다. 질병불안장애 환자는 죽음에 대한 불안에 특히 많은 영향을 받는다.

자신의 건강과 사랑하는 사람의 안위를 지나치게 걱정하는 것은 근본적으로 죽음에 대한 두려움이 원인이기도 하다. 공황장애 역시 심장 마비 등 죽음에 대한 두려움을 동반하는 경우가 많다. 따라서 상실이나 폭력, 생명의 위협을 느낀 경험이 죽음에 대한 근원적인 두려움을 불러일으키는 원리와 이것이 불안 문제 전반에 미치는 영향, 즉 외상 경험과 불안의 관계를 다음 장에서 살펴보기로 한다.

이제 다시 회피 및 안전 추구 행동이라는 주제로 돌아가 보자. 본질적으로 인간은 의식과 무의식을 막론하고 죽음을 떠올리지 않으려는 경향이 있지만, 죽음의 필연성을 인식하고는 있다. 죽음불안을 경험하는 이들은 인간이라면 언젠가 죽을 수밖에 없다는 사실을 떠올리거나 죽음에 대해 생각이 들지 않도록, 아니면 죽음을 맞이할 가능성을 줄이기 위해 회피 및 안전 추구 행동을 추구할 때가 많다. 또한 죽음과 관련된 트리거를 회피하기도 하는데, 다음이 그 예이다.

- 죽음과 관련된 생각을 피한다.
- 영화나 텔레비전 방송, 음악 등의 미디어에서 죽음과 관련된 주제를 피한다.
- 죽음과 관련된 생각이나 대화 및 계획을 피한다.
- 장례식이나 성묘, 생명보험 광고를 피한다.
- 사랑하는 사람의 죽음을 상상하는 파국적 시나리오에 지나치게 집착한다.

대처하기
- 죽음을 다룬 노래를 듣는다.
- 죽음과 상실을 다룬 소설을 읽는다.
- 죽음을 다룬 영화나 텔레비전 방송을 시청한다.
- 유언장 작성을 고려해 본다. 지인들과 이 문제를 논의한 후, 유언장을 작성한다.
- 여행 중 장례식장과 묘지를 방문한다.
- 자신의 장례식을 어떤 방식으로 진행하고 싶은가를 생각한 뒤, 이야기를 나누거나 글로 써 본다.
- 사랑하는 사람이나 지인이 사별을 어떻게 극복했는지 떠올려 본다.

목표는 죽음에 관한 회피를 점차 줄이는 것이다. 위에 나열한 극복 방법은 죽음을 언급했다는 것만으로 불편감을 유발할 수 있다. 죽음에 관한 두려움과 회피를 마주하기란 쉽지 않은 일이다. 나를 찾아온 환자 중에는 죽음과 관련된 외상 사건을 경험한 사람도 있었다.

비극적인 경험에서 비롯된 복합적인 트라우마는 다루기 까다로운 죽음불안을 일으킬 수 있고, 이러한 외상 경험과 두려움은 현재의 삶에 상당한 영향을 미친다. 이때 죽음불안을 유발한 외상 경험을 직접 다룬다면 더욱 효과적으로 해결할 수 있다. 만일 당신이 이러한 유형의 환자라면, 극복을 위해 전문가의 도움을 받는 것이 좋다. 적합한 전문가를 찾는 방법은 부록에 자세히 제시되어 있으니 참고하자. 과거에 경험한 외상 사건이 불안에 지대한 영향을 미친다면, 트라우마의 영향에 대처하는 방법을 다룰 다음 장의 내용을 살펴보도록 하자.

6. 그림자의 농간

두려움을 직면하는 과정이 어렵고 막막하다면 대개 그만한 이유가 있다. 방해 요소를 이해한다면, 이를 넘어 앞으로 나아가는 데 도움이 될 것이다. 그러면 이제부터 사람들이 흔히 경험하는 방해 요소를 해결하는 실용적인 요령을 살펴보겠다.

6.1. 과도한 불안

불안을 유발하는 대상, 특히 굉장히 두려워하는 대상을 마주하기란 참 어려운 일이 아닐 수 없다. 하지만 모든 두려움의 대상과 한꺼번에 맞설 필요는 없다는 점을 기억하자. 여기에는 점진적인 과정이 허용을 넘어 권장되는 수준이다.

엄두가 나지 않아 시작조차 못 하겠다면, 당신이 감당할 수 있는 쉬운 과제부터 차근차근 진행한다. 예컨대 사회불안장애로 사람들 앞에서 말을 꺼내거나 가벼운 대화를 나누기 힘들어하는 환자를 생각해 보자. 이때는 짧은 문장 한두 마디나 간단한 질문으로 시작하는 것이 좋다.

친분이 없는 사람이 더 편하다면, 가게나 카페 직원에게 말을 건네는 연습을 해 보는 것도 좋은 방법이다. 이 방법으로 서서히 자신감을 쌓아 보자. 이를 통해 전보다 자신감이 생겨나는 때, 친구나 동료에게 말을 건네는 단계로 나아간다. 그리고 더 많은 청중 앞에서 질문하거나, 생각과 아이디어를 공유해 본다.

이 외에도 자신감을 북돋우기 위해 상상력을 발휘할 수도 있다. 편안함을 느낄 수 있는 집에서, 아니면 거울 앞에서 자신 있게 말하는 모습을 떠올리면서 하고 싶은 말을 생각해 보자.

처음으로 두려움에 맞선다면 약간의 불안감은 지극히 정상이다. 그러나 너무 불안해서 엄두가 나지 않는다면, 계획을 더욱 세부적으로 나누어야 한다. 그래도 망설여진다면 제6장으로 돌아가 격렬한 감정을 다루는 기법을 연습하면서 불안감을 다스린 뒤에 다시 시도해 보자. 이렇게 두려움을 마주할 준비가 되었다는 느낌이 들면, 점차 두려움에 맞서면서 안전 지대를 넓혀 갈 수 있다.

6.2. 두려움의 속삭임

가장 두려워하는 대상을 마주할 때, 고통스러운 생각과 심상이 떠오르는 것은 지극히 정상이다. 최악의 두려움을 마주하는데 그렇지 않을 이유가 있을까? 과제를 수행하는 중에 평온함과 편안함을 기대하는 것이 오히려 비현실적이다. 당연하게도 그러한 상황에서는 불편감과 불안감을 피할 수 없다. 그러니 고통을 받아들이고 견뎌 내도록 하자.

그렇다면 발생 가능한 최악의 결과는 무엇인가? 두려움을 마주하는 과정에서 괴로운 생각이 든다면, 제4장에서 소개한 최악의 시나리오에 대처하는 기법을 다시 연습해 보자. 그리고 수용과 관련된 과제 수행 경험을 되돌아보고, 필요하다면 해당 개념을 다시 검토할 것을 고려하자.

아니면 애초에 이 책을 읽는 이유와 지금보다 훨씬 더 평온한 삶을 누리고자 한다는 목표를 떠올려 보자. 누구나 불안 문제를 극복하여 의미 있는 삶을 되찾고 싶을 것이다. 잠깐의 고통은 그저 어려움을 헤쳐 나가는 과정에 치러야 할 작은 대가일 뿐이다.

따라서 평온하고 만족스러운 삶을 향한 여정의 일부로 불편감을 받아들이고 포용하자. 격한 감정을 관리하는 방법을 다룬 제6장을 참고해도 좋다. 제6장의 내용을 살펴본다면 두려움을 마주하는 과정에서 감정 조절에 도움이 되는 전략을 찾을 수 있을 것이다.

6.3. 결과를 향한 의심

효과에 대한 의심을 막으려면, 과제를 진행하면서 불안 수준을 기록하고 진전 양상을 검토하는 과정은 필수적이다. 특히 당신이 얼마나 나아졌는지 한눈에 확인할 수 있어야 하니, 한 걸음 물러서서 진행 상황을 평가해 보자. 물론 그렇지 않았다면 앞서 두려움을 마주하는 4단계에서 3단계와 같이 새로운 과제나 다른 과제를 시도하면서 과제 전후의 불안 수준을 기록하여 평가 단계를 거쳐 가도록 하자.

또한 과제를 충분히 오랜 기간 자주 수행하는 것도 중요하다. 어쩌다 한번 시도하는 것만으로는 충분하지 않다. 따라서 불안도가 현저히 낮아질 때까지 최대한 자주, 같은 과제를 반복해야 한다. 수박 겉핥듯 두려움을 마주하면 바라는 결과를 얻을 수 없다. 두려움을 마주하는 시간을 짧게 유지하는 것도 일종의 회피이며, 자신이 두려워하는 대상이 너무 무서워서 회피해야 한다는 믿음을 강화한다.

그리고 반드시 기억해야 할 사항은 안전 추구 행동을 하지 않고 두려움을 마주해야만 효과가 있다. 두려움을 마주하려고 노력하는 과정에서 안전 추구 행동을 한다면, 실질적으로 두려움에 맞서지 않고 불안을 강화하는 꼴이 된다. 안전 추구 행동 없이 두려움을 마주할 수 없다고 느낀다면, 과제의 세분화가 필요하다.

> **두려움 마주하기**
>
> ① 회피는 불안을 유발하는 상황이나 활동, 생각을 의도적으로 피하는 행위로, 근본적으로 불안 문제를 지속시킨다는 점을 기억한다.
> ② 안전 추구 행동은 두려워하는 결과에서 안전함을 느끼려는 행동에 속하며, 이 또한 미묘한 형태의 회피임을 인식한다.
> ③ 두려워하는 상황, 생각, 심상, 트리거를 회피하거나 벗어나려는 시도는 불안 문제만 악화시킬 뿐임을 기억한다.
> ④ 회피 및 안전 추구 행동은 최악의 시나리오가 현실이 되지 않도록 예방하고, 두려움에 따르는 고통을 통제하기 위한 것임을 이해한다.

⑤ 불안 극복을 위해 두려움을 마주하는 과제를 꾸준히 수행하며 회피 및 안전 추구 행동을 극복한다.
⑥ 두려움에 맞서기를 거부할수록 두려움은 더욱 강해진다. 회피라는 수단으로 상황에 대응한다면 불안 문제가 악화되므로, 두려워하는 상황을 계속 피하지 말고 받아들이는 편이 좋다.
⑦ 두려움을 온전히 마주하면서 불안이 자연스레 감소하는 경험을 통해 위험 수준을 정확히 판단하는 훈련을 수행한다.
⑧ 두려움을 마주하는 4단계 계획을 실천한다. 각 단계를 상세히 기술하고, 명확하고 예측 가능한 계획을 세움으로써 점진적으로 두려움에 맞선다. 이 과정을 주기적으로 반복하면서 회복탄력성을 키우고, 불안 극복을 향해 나아간다.
⑨ 도전 정신과 달성 가능성 사이에서 균형을 유지하고, 필요에 따라 유연하게 계획을 조절하면서 두려움에 맞선다.
⑩ 범불안장애, 질병불안장애, 사회불안장애, 공황장애 등 다양한 불안 문제를 해결하기 위한 4단계 계획을 적용해 보자.

✚ 감각 자극하기

　감각 체계를 활용하면 현재에 집중하고, 주의를 불안감에서 다른 곳으로 돌림으로써 불안을 줄이는 데 도움이 된다. 감각은 외부 세상과의 연결을 강화하며, 불확실한 미래가 주는 불안한 생각에서 벗어나 지금의 순간에 집중하도록 한다. 도파민처럼 쾌감을 주는 신경전달물질의 분비를 촉진하는 즐거운 감각 활동은 불안을 줄이고 기분을 개선하는 일석이조의 효과를 준다.
　이상과 같이 감각을 자극하는 활동을 몇 가지 소개하도록 한다. 만화경 보기, 예술 작품이나 자연 감상하기, 비 내리는 소리나 새가 지저귀는 소리 듣기, 클레이나 점토 또는 촉감 장난감 만지기, 마사지 즐기기, 탄산 사탕 먹기, 허브나 향초의 향 즐기기 등 방법은 무궁무진하다. 이 외에도 당신이 좋아하는 감각 활동이 더 있을 것이다.

제9장
오래된 공포

불안장애의 원인은 매우 다양하다. 이 장에서는 트라우마와 외상 후 스트레스 장애를 자세히 살펴보려 한다. 더불어 다양한 불안장애 유형을 통해 트라우마와 불안의 연관성을 살펴보려 한다.

지금까지 이 책을 읽으면서 노력해 왔다면 당신은 무척 강인한 사람이다. 지난날의 경험을 딛고 일어나 개선책을 찾고자 노력하는 당신의 회복탄력성은 자랑스러워할 정도가 되었을 것이다. 당신의 노력은 정말 칭찬받을 만하다. 이 장에서는 트라우마를 경험한 신경계를 진정시키는 다양한 전략을 소개한다.

우리 뇌가 튼튼한 배이고, 트라우마를 바다 위에 몰아치는 거친 폭풍우라고 상상해 보자. 격렬한 폭풍우가 몰아치면 배가 흔들리며 항로를 벗어나듯, 트라우마는 뇌의 섬세한 균형 상태를 깨트린다. 폭풍우를 견딘 배가 안정을 되찾고 제 경로로 되돌아가기까지는 시간이 필요하다. 돛을 살피고 손상되었거나 물이 새는 부분을 수리해야 이전의 튼튼하고 견고한 모습을 되찾을 수 있다.

위의 맥락과 마찬가지로 트라우마를 겪은 뇌가 균형을 회복하려면 시간과 지원이 필요하다. 배를 다시 잔잔한 수면 위로 올리듯 친절과 인내, 연민과 돌봄의 자세로 자신을 대해야 트라우마라는 격랑을 헤치고 내면의 평화를 되찾을 수 있다. 또한 모든 것을 제자리로 되돌리려면 몸과 마음을 재정비하는 것도 필요하다. 시간을 내어 자신을 진정시키고 돌보는 한편, 필요하다면 사랑하는 사람이나 전문가의 도움을 받는 것도 도움이 될 것이다. 여유를 두고 자신을 돌보다 보면, 뇌가 힘을 되찾고 풍랑을 이겨낸 배처럼 다시 항해를 시작할 수 있을 것이다.

다만 이 장의 정보는 자가 진단 용도로 활용해서는 안 된다. 외상 후 스트레스 장애가 의심된다면 의사와 상담하는 편이 좋다. 자격이 있는 전문가라야 외상 후 스트레스 장애를 정식으로 진단하여 효과적인 치료법을 제시할 수 있다. 트라우마나 외상 후 스트레스 장애와 관련된 전문가 및 기관은 부록을 참고하자.

1. 공포의 두 얼굴

트라우마와 외상 후 스트레스 장애의 개념은 서로 다르다. 트라우마는 고통스러운 사건이나 경험에 대한 감정 반응을 말하며, 공식적인 진단명은 아니다. 반면 외상 후 스트레스 장애는 공식 진단명이다.

외상 후 스트레스 장애는 심각한 트라우마를 직·간접적으로 경험한 결과로 나타나는 정신 질환이다. 해당 질환은 외상 사건을 경험한 후 발생하지만, 그 사건으로 모두가 외상 후 스트레스 장애를 겪는 것은 아니다. 정확하게는 외상 사건을 겪은 사람의 일부가 외상 후 스트레스 장애 진단 기준에 부합하는 증상을 경험한다.

한편으로 다른 이들은 트라우마 증상을 보이나, 몇몇은 증상이 가라앉다가 사라지기도 한다. 외상 후 스트레스 장애는 대개 심각한 고통을 지속적으로 유발하면서 개인의 삶과 기능에 갖가지 영향을 미친다. 그러나 트라우마는 외상 후 스트레스 장애만큼 광범위하고 심각한 수준의 영향력을 발휘하지는 않는다.

1.1. 트라우마

트라우마는 인생에서 흔히 경험하는 요소의 하나로, 살면서 어떤 형태라도 트라우마를 겪지 않은 사람을 거의 찾아보기는 어렵다. 우리는 저마다 다양한 빈도와 강도로 고통을 겪는다. 때로 그 고통은 의도와 관계없이 가족의 영향으로 경험하기도 한다. 또는 어려운 시기에 가족이 도와줄 여력이나 그럴 의사가 없는 경우도 마찬가지이다.

위와 다르게 든든하고 사랑이 넘치는 가족을 둔 사람이라도 때로는 어려움을 겪는다. 성인이 된 이후의 트라우마 경험으로 가족과 소원해지는 사례도 있다. 사람들은 대부분 살면서 실망과 상처, 거절, 굴욕, 실패, 갈등, 두려움, 공포 등과 같은 보편직 경험을 맞닥뜨린다.

트라우마의 원인은 전적으로 어린 시절의 경험에서 찾는 이론이 널리 퍼져 있어서, 일부 치료사는 그 책임을 전적으로 부모에게 돌리기도 한다. 이러한 관점은 잘못되었을 뿐 아니라, 잠재적으로 해롭다는 점에서 주의가 필요하다. 모든 트라우마가 어린 시절이나 부모와 연관되어 있지는 않다.

물론 어린 시절의 경험이 트라우마의 원인으로 작용하기도 한다. 그러나 행복한 유년기를 보내고 성인이 된 후에 트라우마나 불안 문제를 겪는 사람도 있다. 따라서 어린 시절이나 부모의 영향을 넘어서 트라우마 경험의 다양한 원인과 복잡성을 고려하는 너른 관점을 갖추어야 한다.

또한 누군가에게는 트라우마가 된 사건이 다른 사람에게는 상처로 남지 않을 만큼 사소한 일일 수도 있다. 이러한 차이는 기질, 성격, 회복탄력성, 사회적 지지, 신경계 기능 등 다양한 요인으로 나타난다. 트라우마 경험은 사람들에게 상당히 커다란 불확실성과 무력감을 남길 수 있다. 중요한 것은 외상 사건의 규모가 아니라 외상 사건이 우리에게 미치는 영향이다.

트라우마는 자신에게 일어난 사건과 관련하여 개인이 겪는 고통을 뜻하기도 한다. 옆 사람이 비슷한 사건에 영향을 받지 않은 듯하다고 해서 그 사건이 자신에게 미치는 영향이 줄어들지는 않는다. 사람마다 몸과 마음이 모두 같지 않기에 외상 사건에 대한 반응도 다를 수밖에 없다.

그리고 잘 대처했어야 했는데, 그렇지 못했다고 자책하지도 말자. 이 장에서 트라우마에 대처하는 방법을 자세히 살피다 보면, 트라우마로 균형을 잃은 신경계를 진정시키는 방법이 생각보다 다양하다는 사실을 깨달을 테니 말이다.

중요한 것은 사건의 규모가 아니라
외상 사건이 우리에게 미친 영향이다.

1.2. 외상 후 스트레스 장애

외상 후 스트레스 장애는 심각한 외상 사건을 직접 경험하거나 목격한 후에 발생하는 정신 질환이다. 이 질환으로 이어지는 주요 외상 경험에는 사망 또는 심각한 부상이나 상해, 그 밖에 온전한 신체 보전에 반하는 심각한 위협에 노출되는 상황이 포함된다.

이처럼 생명과 존엄성에 크나큰 위협을 받는 상황에는 성폭력, 중범죄, 폭행, 사고, 건강을 위협하는 사건, 전쟁, 자연재해를 비롯하여 응급 구조 업무가 있다. 그리고 앞의 상황에 노출되는 것까지를 포함하며, 이때 '상황'은 대략적인 개념을 설명하기 위한 것이다. 이 외에도 여러 상황이 주요 외상 경험의 범주에 속한다. 외상 후 스트레스 장애의 증상은 다음과 같다.

- 사건이 반복적이고 비자발적으로 떠오름
- 꿈이나 회상으로 사건을 반복해서 재경험함
- 수면 장애
- 지나친 경계와 각성 상태
- 현실과 분리된 무감각한 느낌
- 회피
- 인식 변화
- 해리 반응
- 외상 사건과 관련된 내·외부 단서에 노출될 때 생리적 스트레스를 강하게 또는 오랫동안 경험함
- 자신과 타인, 세상에 지나치게 부정적인 신념과 기대
- 이유 없이 갑작스럽게 치솟는 짜증과 분노
- 무모한 행동 반응
- 집중력 문제
- 긍정적인 감정 경험의 지속적 부재

2. 트라우마와 불안

　외상 사건이 정신 건강에 미치는 영향은 이미 잘 알려져 있으며, 해당 사건을 겪은 사람들이 불안 증상을 경험한다는 연구 결과도 있다.[12] 어린 시절의 역경은 트라우마의 원인 중 하나이지만, 불안장애를 일으키는 유일한 요인은 아니다. 트라우마는 모든 연령대에서 경험할 수 있으며, 어린 시절의 부정적인 경험에 초점을 맞춘 연구가 많다. 그러나 불안장애 발병에 영향을 미칠 만한 트라우마는 성인도 경험할 수 있다.

　나는 어린 시절에 트라우마를 겪은 후 불안장애가 발병한 환자를 수도 없이 봐 왔다. 성인이 되고 나서 외상 사건을 경험한 뒤 불안장애에 걸린 환자도 마찬가지였다.

　아동기 역경은 불안장애를 비롯한 다양한 정신 질환과 밀접하게 관련되어 있다. '아동기 역경(childhood adversity)'이라는 용어는 빈곤, 낮은 사회경제적 지위, 가족 간 갈등, 가정 폭력, 불안정한 부모, 방치, 학대, 가슴 아픈 상실의 경험 등 어린 시절에 경험할 수 있는 여러 부정적인 경험을 포괄한다. 연구에 따르면 아동기 역경은 흔히 스트레스 반응성이라 일컬어지는 생리적 반응의 증가와 관련이 있는 것으로 나타났다.[13]

　스트레스 반응성이란 스트레스 요인이나 힘든 상황에 대한 생리적, 심리적 반응을 말한다. 여기에는 스트레스를 인지하고 대처하기 위한 심박수, 혈압, 호르몬 수치, 감정 변화 등과 같은 신체 적응 메커니즘이 포함된다. 높은 스트레스 반응성은 스트레스 요인에 강렬하고 민감하게 반응함을 나타내며, 그 반대는 뚜렷한 반응을 보이지 않는다는 의미이다. 따라서 외상 사건을 경험했다고 해서 무조건 스트레스 반응성에 문제가 생기거나 불안 문제가 나타나지는 않음을 기억하자.

　한편 아동기의 스트레스 반응성에 영향을 미치는 요인에 관한 많은 연구가 상대적으로 심각한 역경에 초점을 맞추고 있다. 학대와 같이 충격적인 수준의 사건이 아동기 스트레스 반응성을 얼마나 바꿔 놓는지는 아직 정확히 알 수 없다. 현재 이와 관련한 지식과 이해가 부족한 실정이므로 섣불리 가정할 수는 없다. 마찬가지로 아동기에 부적응적인 스트레스 반응성을 유발하는 환경적 측면도 정확히 밝혀지지 않아 추가적인 연구가 필요한 상황이다.

스트레스 반응성이 높아지면 장기간 지나치게 민감하게 반응하는 양상을 보이는데, 이는 스트레스 상황에 적응하고 대처하는 데 도움이 되지 않는다. 그러면 과도한 불안과 생리적 반응 고조, 대처 능력 손상, 감정 조절의 어려움, 스트레스 상황에 대한 적응 실패로 회복되지 못하는 증상이 나타난다.

스트레스 반응성이 높아지면 불안장애를 비롯한 정신 질환에 취약해진다. 그 영향력을 온전히 이해하려면 추가적인 연구가 필요하겠지만, 이러한 취약성 증가를 설명하는 가설 중 하나가 있다. 이는 바로 외상 경험이 발달 중인 스트레스 반응체계에 영향을 미친다는 것이다. [14]

제3장에서 설명한 바와 같이 스트레스 반응 체계는 타고난 신체의 '위험 경보'이다. 트라우마 경험은 아동 발달을 저해하여 스트레스 반응 체계가 적절히 발달하지 못하도록 영향을 미친다. 그러면 최적화된 스트레스 반응이 어려워질 수도 있다. 이제부터는 실제 불안장애 사례를 통해 불안과 트라우마의 관계를 살펴보도록 하자.

> **환자 사례**
> **케이티의 범불안장애**
>
> 케이티는 범불안장애와 질병불안장애를 함께 겪었다. 부모님의 빽빽한 일정 탓에 늦게까지 일하는 날이 많아서 케이티는 오랜 시간 동안 어떤 문제든 혼자 해결해야 했다. 케이티는 어릴 적부터 지나치게 많은 책임을 요구받아 왔기에 부모님이 집에 계실 때도 그녀는 혼자 모든 일을 도맡아야 했다. 케이티는 막중한 책임감 탓에 자신의 문제는 혼자 해결해야 하며, 모든 일이 자신에게 달려 있다는 신념을 갖게 되었다. 이는 어린 그녀에게 분명 가혹한 경험이었다.
>
> 케이티는 부모님을 비롯한 타인에게 자신의 문제나 고민을 거의 털어놓지 않

> 았다. 그녀의 내면에는 걱정이 자리를 잡은 탓에 항상 걱정 많은 사람이 되어 버렸다. 이에 케이티의 걱정거리는 이곳저곳으로 옮겨 다니며 걱정을 만들어 냈다.
>
> 　타인의 말, 직장 일, 시간 약속, 가족, 배우자, 돈 문제, 사회적 문제, 자신과 타인의 건강 상태 등 그녀의 걱정거리는 끝이 없었다. 한 가지 걱정이 가라앉는 듯해 보이면, 또 다른 걱정이 금세 떠올랐다. 어린 시절의 경험에 영향을 받은 케이티의 핵심적인 신념은 자신이 연약한 존재이며, 언제든 일이 잘못될 수 있음을 비롯하여 일이 잘못되면 비난받을 것이라는 두려움을 중심으로 작동하고 있었다.

　케이티의 사례는 어린 시절의 부정적 경험이 범불안장애의 발달에 미치는 영향을 보여 준다. 반면 다음에 소개할 로라의 사례는 성인기의 트라우마 경험으로 범불안장애가 발생할 수 있음을 알리고 있다. 아동기뿐 아니라 성인기에 발생하는 다양한 트라우마 경험은 범불안장애를 유발하기도 한다. 여기에는 폭행, 자연재해, 사고, 범죄 현장 목격 등이 포함된다.

　파란만장한 관계, 이별이나 이혼, 사랑하는 사람을 잃는 경험 또한 심각한 감정적 고통과 함께 범불안장애의 원인이 된다. 실직이나 재정 불안, 지속적인 업무 스트레스도 만성 불안과 걱정을 일으킨다. 또한 인생의 중대한 사건을 겪으며 불확실성과 압박감이 높아지는 상황도 마찬가지이다.

> **환자 사례**
> **로라의 범불안장애**
>
> 　로라는 스트레스가 큰 여러 사건을 한꺼번에 겪으면서 범불안장애가 생겼다. 회사의 구조조정으로 갑작스럽게 실직하면서 재정 상태와 커리어 전망이 불확실해졌다. 그리고 얼마 지나지 않아 오랫동안 만나던 연인과의 이별로 정서적 고통과 상실감에 시달렸다. 그 후 새로운 도시로 이주하면서 안정된 관계망과 익숙한 환경을 떠나야 했다.
>
> 　당연하게도 위의 사건들은 로라가 한꺼번에 감당하기는 너무 벅찼기에 평소대로 대처할 수 없었다. 로라는 이어지는 악재를 겪으면서 이전에 익숙하고 안전한

환경에서 느끼던 안정감을 잃었다. 그 결과 일상 생활 능력과 정신 건강을 비롯한 전반적인 삶의 질이 크게 흔들렸다. 그녀의 범불안장애는 인생과 재정 상태, 직업 전망, 새로운 관계에서의 행복 추구에 대한 끊임없는 걱정으로 나타났다. 그리고 그녀의 걱정은 업무, 시간 관리, 수면 등 일상 생활에까지 확산되었다.

환자 사례
잭의 질병불안장애

30대 초반에 클리닉을 찾은 잭에게는 어린 시절 가족이 온갖 병에 시달리던 과거가 있었다. 그의 아버지는 심각한 만성 질환에 시달렸으며, 조부모 역시 병으로 돌아가셨다. 이와 같은 상황은 잭을 포함한 누구도 어찌할 수 없는 일이었다.

취약하고 불확실한 부모님의 상태를 보면서 생긴 트라우마는 잭의 신체 인식에 영향을 미쳤다. 시간이 흐르면서 그의 트라우마는 특정 질병에 대한 두려움으로 발전했다. 잭은 신체 감각에 민감해지면서 끊임없이 자신의 상태를 확인했고, 현재 겪는 증상이 질병 진단 기준에 부합하는가를 인터넷으로 검색하곤 했다.

그의 질병불안장애에는 어린 시절 트라우마 경험의 영향으로 안정감과 안전에 대한 신념이 형성되어 있다. 그 결과 잭은 자신이 항상 위험에 처해 있고, 사방에 위협이 도사리고 있으며, 자신도 결국 병에 걸릴 것이라는 확고한 신념을 갖게 되었다.

환자 사례
폴리의 질병불안장애

폴리의 질병불안은 그녀의 어머니가 겪은 동일한 질환의 영향을 받았다. 폴리 어머니의 질병불안은 자신뿐 아니라 다른 자녀에게까지 확장되어 결국 자녀의 신체 상태를 반복적으로 확인하기에 이르렀다. 그녀의 어머니는 두 가지 두려움에 시달렸다. 하나는 자신의 죽음으로 자녀가 고생길을 걷는 것이었고, 다른 하나는 자

> 녀가 병에 걸리거나 죽는 것이었다. 폴리의 말에 따르면 어머니는 감정 변화가 급작스러웠으며, 가족이 조금만 아파도 기겁을 했다고 한다.
> 물론 그녀의 어머니를 직접 만나지는 못했지만, 자식을 지극히 염려한다는 점에서 깊은 연민을 느꼈다. 이에 가족에 대한 깊은 사랑과 걱정에 공감하기 시작했고, 아이를 보호하고 잘 키우려는 부모의 보편적인 본능을 느낄 수 있었다. 이러한 양육 환경 속에서 폴리는 자신이 연약한 존재이며, 몸도 허약하고 병에 걸리거나 다치기 쉽다는 믿음을 내면화했다. 그렇게 폴리는 세상을 위험한 곳으로 인식하면서 잠재적 위험을 늘 경계하고 걱정했다. 이 탓에 자신뿐 아니라 배우자와 반려동물의 건강까지 지속적으로 점검했다.

어쩌면 당신도 폴리의 어머니와 비슷한 상황일지도 모른다. 하지만 당신은 혼자가 아니다. 이는 성별과 관계없이 질병불안장애를 앓는 부모와 보호자가 흔히 경험하는 일이다. 이제 폴리가 어머니의 질병불안장애에 영향을 받은 것처럼 당신의 걱정과 행동이 가족에게 트라우마를 남길까 걱정할 수 있다. 이 불안감은 충분히 이해할 수 있으므로, 나는 이 문제를 직접 거론하고자 한다.

사실 폴리의 사례를 소개한 이유는 많은 이들이 그녀의 어머니와 같은 걱정을 하고 있다는 점을 알기 때문이다. 부모의 행동은 자녀에게 확실히 영향을 미친다. 아이는 부모를 관찰하면서 많은 것을 흡수한다. 하지만 당신이 이 책을 읽으면서 스스로 문제 해결을 위해 많은 노력을 한다는 사실만으로 많은 것을 알 수 있다. 마음의 안정을 되찾고 정신 건강을 개선하려는 당신의 노력은 가족에게도 긍정적인 파급 효과를 미칠 것이다.

폴리가 결국 어떻게 됐는지, 그녀의 이야기가 부모가 자녀에게 돌이킬 수 없는 상처를 입혀 평생 부모에 대한 불안감을 안고 살게 하는 사례가 아닌가 생각할지도 모르겠다. 그러나 절대로 그렇지 않다. 그동안 불안장애 환자들이 회복하고 변화해 가는 모습을 수없이 목격해 왔기 때문이다. 다행히 폴리는 적절한 치료 후 불안장애가 크게 개선되었다.

그녀는 불안의 뿌리였던 어머니의 행동이 자신에게 어떤 영향을 미쳤는가를 깨달았다. 그리고 걱정을 관리하는 동안에 배운 안전과 위험을 바라보는 건강한 시각을 기르는 전략이 불안 극복에 큰 효과를 거두었다. 시간이 흐르고 그녀의 불안감은 줄어들면서, 삶의 어려움을 헤쳐 나갈 수 있으리라는 자신감을 얻었다.

불안장애에서 회복하는 길로 나아갈 때, 부모가 할 수 있는 일은 자녀가 연령에 따라 위험을 감수하도록 격려하면서 자녀와 함께 불안에 관한 대화를 나누는 것이다. 아이가 불안이 무엇인가를 질문할 때는 답변과 함께 불안을 이해하도록 도와주어야 한다. 호흡법이나 마음챙김 같은 기법을 소개해도 좋다. 기법마다 효과는 어떠하며, 어떻게 도움이 되는가를 자녀에게 설명하는 것도 굉장히 가치 있는 일이다.

이 책에서 소개한 전략에는 불안에 대처하는 다양한 기법이 담겨 있다. 이러한 수단과 자원을 갖춘다면 자녀에게 보다 충실하고 균형 잡힌 부모가 될 수 있다. 그 전략은 양육자로서 아이를 잘 길러 내고자 할 때도 도움을 줄 것이다. 부모가 성장하면 부모 자신뿐 아니라 가족의 행복을 키우는 긍정적이고 유익한 파급 효과가 나타난다.

환자 사례
에이미의 질병불안장애

에이미는 성인기에 트라우마를 겪으면서 불안감 없이 지내던 일상이 흔들렸다. 갑상선암 오진을 받은 것이 발단이 되어 감정이 롤러코스터를 타듯 요동치기 시작한 것이다. 진단을 받은 뒤, 그녀는 죽을 것이라는 두려운 현실을 마주하면서 곧바로 갑상선암 치료를 받기 시작했다.

갑상선암은 일반적으로 완치가 가능한 암에 속하지만, 상상하기 어려운 일이 벌어졌다. 암 진단에 심각한 오류가 있다는 사실을 알게 된 것이다. 임상 경험상 오진은 매우 드물지만, 간혹 발생하기도 하는 일이다. 이 트라우마의 여파로 에이미는 건강과 관련된 강박관념에 사로잡혔다.

에이미는 병에 걸릴 가능성을 차단하기 위해 반복적으로 검진을 받고, 병원 진

> 료에 상당히 많은 돈을 지출했다. 에이미의 불안 증상은 오진에 따른 트라우마를 치료받고 해결할 때까지 몇 년 동안 지속되었다. 에이미와 같이 많은 이들이 트라우마를 극복하고 치유와 회복을 향해 나아가는 모습을 보고 있노라면, 인간에게 회복탄력성이 실존함을 새삼 깨닫는다.

지금까지 살펴본 환자 사례 가운데 잭과 폴리는 어린 시절에 겪은 트라우마가 질병불안장애를 불러일으키는 과정을 보여 준다. 한편 에이미는 성인이 된 후 트라우마 사건을 겪으면서 질병불안장애가 나타났다. 에이미 외에도 성인기에 질병불안을 유발할 만한 트라우마를 다양하게 겪을 수 있다.

임상 경험에 따르면 건강상 위기를 겪거나, 가까운 사람의 심각한 건강 문제를 목격하는 것이 그에 해당한다. 또한 질병이나 다른 이유로 사랑하는 사람을 갑자기 잃으면 불안감이 고조되며 건강에 대한 우려가 높아지기도 한다. 외상 사건이나 부상 경험도 신체의 취약성과 잠재적 발병 위험에 대한 인식을 높인다. 코로나19처럼 공중보건상 심각한 위협에 노출되는 것도 트라우마를 남길 수 있고, 개인의 건강과 안전에 대한 두려움과 불안을 심어줄 수 있다.

그뿐 아니라 진료와 치료를 자주 받아야 하는 만성 질환 또는 건강 상태도 트라우마로 작용하여 질병불안을 유발할 가능성이 있다. 또 건강과 의료에 대한 지속적인 관심은 건강 문제가 추가로 발생할 수 있다는 우려를 증폭시킬 수 있다. 마지막으로 의료 사고의 피해자가 되거나 의료 과실을 목격한 사건도 의료 체계와 전문가에 대한 신뢰를 떨어뜨려 질병불안을 높일 수 있다.

> **환자 사례**
> **조시의 사회불안장애**
>
> 트라우마 경험이 사회불안에 미치는 영향을 조시의 사례에서 확인해 보도록 하자. 그는 학창 시절 끔찍하고 집요한 괴롭힘을 당했다. 소위 '친구'라는 놈들이 그에게 잘해 주다가 괴롭히기를 반복했다. 가해 학생은 조시를 욕하거나 때리고 넘어뜨리는 것은 기본이고, 침을 뱉거나 원치 않은 음식을 먹이는 등 다른 친구들까

지 괴롭힘에 끌어들였다. 심지어 그의 목소리와 행동까지 조롱했다.

그렇게 끈질긴 괴롭힘으로 조시는 자의식이 지나치게 강해졌고, 자신의 말이나 행동 실수로 더 큰 괴롭힘을 당하지는 않을까 두려워하며 항상 조심했다. 따라서 그는 타인의 주의를 끌지 않으려고 필사적으로 노력하면서도 사람들과 섞이기 위해 최선을 다했다.

이상과 같은 트라우마 경험으로 그는 스스로 본질적인 결함이 있고 무가치하며, 무슨 일을 해도 사람들의 인정을 받지 못하리라는 신념이 깊어져 갔다. 시간이 흐르면서 조시의 사회불안은 점점 더 심해졌는데, 성인이 되어 말실수를 하지 않으려고 사람들 앞에서 말을 꺼내지 않았다. 이러한 성향은 사회생활뿐 아니라 인간관계는 물론이고 구직 활동에도 방해가 되었다.

환자 사례
에밀리의 사회불안장애

신중한 사람을 자처하는 에밀리는 직장에서 겪은 한 사건을 계기로 사회불안장애가 생겼다. 그녀는 수많은 청중 앞에서 중요한 프레젠테이션을 해야 하는 상황에서 몇 가지 기술적인 문제가 발생했다. 슬라이드 순서가 흐트러지고 마이크가 제대로 작동하지 않아 그녀의 불안감이 치솟기 시작했다. 그녀는 결국 말을 더듬다가 눈물을 흘리며 무대에서 서둘러 내려와야만 했다.

그때 느낀 수치심과 모멸감은 에밀리에게 커다란 영향을 미쳤다. 에밀리는 다른 사람들이 자신을 어떻게 생각할지 두려워하며, 그 사건을 마음속으로 곱씹었다. 그리고 자신이 무능력한 사람으로 비추어질까를 끊임없이 걱정했다. 자신감이 산산조각나고 자의식에 짓눌려 버린 에밀리는 자신의 능력을 의심하기 시작했으며, 앞으로도 프레젠테이션 때와 비슷한 실패나 창피를 당하게 될 것이라 생각했다.

그 결과 에밀리는 대중 앞에 나서는 일을 극도로 회피하면서 모든 공식 행사 초대를 거절하기 시작했다. 그녀는 다시 창피를 당하거나 사람들에게 평가받을 것이 두려워 사교 모임을 피하면서 스스로를 고립으로 몰아넣고 말았다.

조시의 사례와 같이 지속적인 괴롭힘과 정서적 학대, 굴욕감을 경험하면 자존감이 낮아지면서 사회불안장애가 발생할 위험이 높아진다. 마찬가지로 에밀리와 같은 성인기 트라우마 경험도 해당 질환을 유발하는 요인으로 작용한다.

임상 현장에서는 공공장소에서 경험한 당혹스러운 사건이나 사회 모임에서의 해프닝, 직업적 실패, 관계 갈등, 직장 내 괴롭힘과 차별, 지속적인 적대적 환경 등의 성인기 트라우마도 사회불안장애의 원인이 될 수 있음을 목격했다. 구체적으로 말하면 계기에 상관없이 트라우마를 겪은 사람은 자신이 부족하고 무능하며, 무가치하다는 신념을 갖게 된다. 그들은 타인의 부정적인 판단을 끊임없이 두려워한다. 이러한 두려움은 사회불안 문제를 지속시켜 환자가 사회적 상황에 온전히 참여하지 못하도록 방해한다.

> **환자 사례**
> **제인의 공황 발작**
>
> 그동안 첫 공황 발작이 상당히 큰 트라우마로 남은 환자들을 수없이 만나 왔다. 제인도 그중 하나였다. 그는 첫 공황 발작을 경험하기 전까지 불안이나 공포에 시달린 적이 없었다. 제인의 첫 번째 공황 발작은 친구들과 함께 휴가지에서 보트 여행을 하던 중 일어났다.
>
> 제인과 친구들은 작은 보트를 빌려 섬 주변을 돌고 있었다. 그런데 보트가 갑자기 해안에서 어느 정도 떨어진 곳에서 멈추는 바람에 육지로 빨리 돌아갈 수 없었다. 수영을 잘하지 못했던 제인은 배가 좌초될지 모른다는 생각으로 두려움에 휩싸였다. 게다가 전날에는 열대야로 밤늦게 잠들었던 탓에 깨어 있기 위해 에너지 드링크를 마신 상태였다.
>
> 과도한 카페인 섭취로 그에게 불안감이 밀려왔다. 제인은 공황 발작을 경험한 적이 없기 때문에 '이상한' 느낌이 들기 시작했을 때, 자신에게 무슨 일이 일어나고 있는지를 전혀 알아채지 못했다. 심장이 뛰고 과민해지면서 숨쉬기가 힘들어지기 시작했다. 이때 그는 배 안에서 죽을 수도 있겠다는 확신이 들었다.

제인은 기절해도 구급차가 바다까지 올 방법이 없다고 생각했다. 다행히 친구들이 그를 재빨리 호텔로 데려와 의사의 진료를 받게 했으나, 그때는 이미 공황 발작이 가라앉은 후였다. 제인은 결국 그날 자신이 겪은 일이 공황 발작이었음을 알게 되었다. 바로 그날부터 그의 인생이 달라졌으며, 다시는 예전으로 돌아갈 수 없었다고 말했다.

제인은 그때와 비슷한 감각이나 경험을 유발하지 않으려고 생활 방식을 크게 바꾸었다. 식단에서 카페인이 함유된 식품을 완전히 배제했고, 불안을 유발하거나 공황 발작이 연상되는 상황 또는 장소를 적극적으로 피했다. 그리고 공황 발작을 일으킨 당시의 경험과 유사한 감각을 불러일으키는 신체 활동에는 굉장히 신중을 기했다. 공황 발작 중 경험한 신체적 고통도 극심했지만, 그 순간 더욱 큰 충격으로 다가온 것은 구조될 가망 없이 죽음의 나락으로 떨어지고 있다는 깊은 무력감이었다.

환자 사례
엠마의 공황 발작

엠마의 사례 역시 공황 발작이 커다란 트라우마를 남길 수 있음을 보여 준다. 엠마는 낯선 도시에서 열리는 특별한 업무 행사에 참석 후 기차를 타고 집으로 돌아오고 있었다. 자리가 남아 있었음에도 열차 안은 통로와 출입구까지 사람들로 혼잡했다. 그런데 열차가 느닷없이 선로 중간에 멈추었다. 처음에 대수롭게 생각하지 않았던 엠마는 열차가 몇 분이 지나도 움직이지 않자 슬슬 걱정이 되기 시작했다.

신호로 열차 운행이 지연되고 있다는 안내 방송이 나왔지만, 도대체 언제까지 지연되는지 알 수가 없었다. 열차는 거의 1시간이나 멈춰 있었다. 그 와중에 엠마는 점차 덥다는 느낌과 함께 가슴이 두근거리기 시작했다. 그녀가 공포에 휩싸이자, 심장은 더 빨리 뛰기 시작했다.

또한 엠마는 몸이 좋지 않아서 곧 쓰러질 것 같음을 느꼈다. 외딴곳에서 만원 열차가 멈춰 있어 내릴 수도, 도움을 받을 수조차 없는 상황에 갇혀 있다는 생각이 들자 무력감이 몰려왔다. 이에 호흡이 가빠지고 몸이 떨리면서 눈물이 흘렀지만, 창피한 마음에 자신의 상태를 주위 승객들에게 필사적으로 숨기려고 애썼다.

이윽고 영원처럼 느껴지는 시간이 지나 마침내 열차가 다시 움직이기 시작했다. 엠마는 남은 여정이 '고문'을 당하는 것 같았다고 말했지만, 기차에서 내린 뒤에는 안도감과 함께 집으로 돌아갈 수 있었다. 이후 엠마는 평소 다니던 병원에서 상담을 받았고, 주치의는 그녀가 공황 발작 증세를 보였다고 말했다. 주치의는 공황 발작이 재발할 때 복용할 수 있는 약을 처방해 주었다.

엠마는 공황 발작이 다시 일어날까 걱정되기는 했지만, 한동안 잘 지내고 있었다. 그런데 어느 날 저녁, 침대에 누워 있다가 열차 안에서와 같이 심장이 두근거리기 시작했다. 마치 첫 공황 발작이 재현되는 느낌이었고, 이는 결국 또 다른 공황 발작으로 이어졌다. 그렇게 그녀는 공황 발작을 연상시키는 신체 감각에 강한 혐오감을 갖게 되었다. 엠마는 그러한 감각을 다시 느낄 가능성이 있는 모든 상황과 장소를 피했다.

두 환자의 사례는 성인기의 공황 발작이 트라우마를 어떻게 남기는가를 보여 준다. 이제 어린 시절의 트라우마 경험으로 공황 발작이 발생한 환자의 사례를 살펴보자.

환자 사례
데이비드의 공황 발작

데이비드는 어린 시절 겪은 트라우마가 원인이 되어 공황장애를 앓았다. 어린 시절의 경험은 데이비드의 신체 감각 인식에 크나큰 영향을 미쳤다. 갈등이 심한 가정에서 성장한 그는 한 치 앞을 내다볼 수 없는 환경 속에 늘 불안에 떨며 살았다. 이처럼 주변 환경을 늘 경계하다 보니, 경계심이 환경을 넘어 자신의 신체와 감각으로 확장되었다.

데이비드는 주변에서 들리는 소리와 타인의 행동을 자세히 살폈고, 특정 소리를 들으면 격렬한 갈등 상황이 떠오르면서 익숙한 신체 감각이 유발되었다. 이 감각은 마치 조난 신호처럼 '또 시작됐다.'라는 느낌을 불러일으켰다. 그 결과 데이비

> 드는 신체 변화를 과할 정도로 예민하게 인식했고, 실제로 갈등이 생길 것 같은 상황에서 공포에 휩싸이기도 했다. 이러한 상황은 때때로 공황 발작으로 이어졌다.
> 　성인이 되어도 데이비드는 사소한 신체 감각마저 예민하게 인식했다. 그는 몸에서 느껴지는 감각을 잠재적 위협으로 인식하며 반복적으로 공황 발작을 일으켰다. 과거의 트라우마 경험 탓에 뇌에서는 자신이 느끼는 신체 감각을 파국적 사태로 향해 가는 위험 신호로 해석하도록 재구성했다. 이에 데이비드는 심박수나 호흡 패턴 또는 신체 감각에 변화가 생기면 곧바로 공황 상태에 빠지곤 했다.

2.1. 트라우마와 죽음불안

　죽음을 떠올리면 누구나 불안해한다. 죽음에 관한 불안은 정도와 시기가 각각 달라도 살면서 한 번쯤은 느끼는 공통된 경험이라고 할 수 있다. 그러나 일부에게는 일상을 뒤흔드는 심각한 문제로 작용하며, 그 원인이 외상 사건으로 거슬러 올라가기도 한다.

　죽음, 그리고 그것을 맞이하는 과정과 연관된 트라우마 경험은 유년기와 아동기에서 성인기까지 모든 시기에 걸쳐 발생한다. 수많은 사람이 깊은 트라우마를 남기는 비극적인 상황 앞에 쉽게 부서지는 삶 속에서 우리는 자신과 사랑하는 사람의 안녕에 끊임없이 집착하게 된다.

　트라우마나 외상 후 스트레스 장애로 유발된 죽음불안의 사례는 굉장히 다양하다. 이러한 사례를 통해 우리는 죽음불안과 외상 경험 사이의 복합적인 관계를 엿볼 수 있다. 죽음불안을 유발하는 트라우마 경험에는 부모나 사랑하는 사람을 갑자기 잃거나 누군가의 죽음을 목격할 때, 아니면 심각한 병에 걸리거나 폭행을 당하는 등 고통스러운 사건을 겪는 경우를 포함한다.

　평범한 일상 속에서 사랑하는 사람을 잃을 때도 인간이 얼마나 나약한 존재인지를 느끼지만, 충격적인 사건이라면 타격은 더욱 커진다. 이처럼 트라우마 경험은 인생의 소중함뿐 아니라 인생의 불확실성도 크게 일깨운다.

　임상 현장에서 갑작스레 가족을 잃은 후 죽음불안에 시달린 환자를 만난 적이 많다. 그중에는 가족이 예상치 못한 진단을 받고 갑작스러운 건강 악화로 사망에 이른 사례도 있었다. 그런가 하면 기저 질환으로 자신이 죽을 수밖에 없는 존재라는 사실이 생생하게 다가와 트라우마로 남은 환자도 있다. 기저 질환이 생명을 위협하는 수준은 아니더라도, 존재의 근간을 흔들면서 한때 마음속에 품던 인생의 확실성에 의문을 던지게 하기에는 충분하다.

건강을 회복한 후에도 죽음불안이 지속되기도 한다. 그 이유는 트라우마가 지울 수 없는 흔적을 남기기 때문이다. 이 유형의 사람들에게 인생은 다른 의미로 다가온다.

2.2. 트라우마적 인지 과정

인지란 경험과 지식, 인식, 판단, 기억을 포괄하는 사고 과정이다. 지금까지 살펴본 사례를 통해 트라우마 경험이 불안 문제의 발생에 어떻게 기여하는가를 알 수 있다. 이러한 경험의 공통점은 그 기저에 인지적 요소가 존재한다는 것이다.

트라우마를 겪은 사람들은 충격적인 상황에서 특정 방식으로 사고한 결과, 특정한 신념을 형성하는 경우가 많다. 그 신념은 주로 자신을 향해 있다. 이때 신념은 경험, 그리고 정확성 여부를 떠나 경험을 통해 습득한 지식, 판단, 인식에 미친 영향 등 모든 것을 기억으로 통합하는 과정에서 형성된다.

트라우마 경험으로 발생한 불안 문제를 해결하는 치료 과정에서는 환자가 트라우마를 경험하면서 형성된 신념을 인식하는 것이 중요하다. 아래 그림은 트라우마 경험이 흔히 만들어 내는 신념의 몇 가지 사례를 보여 준다.

　이상의 내용을 통해 당신은 트라우마 경험이 불안에 미치는 영향과 트라우마가 신경계의 기능을 저해하여 공포와 불안을 불러일으키는 원리를 이해했을 것이다. 이에 트라우마로 예민해진 신경계를 진정시키며 우리의 몸과 마음이 안전하다고 느끼기 위해 생활 속에서 실천할 수 있는 기법은 다양하다. 지금부터 이들 기법을 자세히 살펴본 뒤, 긍정적인 변화를 이루는 방법을 알아보도록 하자.

3. 트라우마의 흔적 치유하기

　트라우마를 경험한 사람은 원치 않는 심상과 기억을 떠올리며 격렬한 감정에 휩싸일 때가 많다. 트라우마 치료의 핵심은 트라우마로 지나치게 각성한 신경계를 진정시키는 전략을 배우는 과정에 있다. 자가 진정 기법을 배우면 생리적 활성화를 줄여 일상적인 상황을 최악의 사태로 잘못 해석할 가능성을 줄일 수 있다. 또한 생각 및 감정과 거리를 두어 자신을 분리하면, 신경계의 활성화를 줄일 수 있다.

이는 현재에서 과거를 격리함으로써 외상 기억으로 유발된 고통의 심화를 막으면서 안정감을 되찾도록 도와준다. 즉 과거의 경험을 인정하면서도, 그 경험에 갇히지 않을 수 있다는 것이다. 결과적으로 외상 기억을 그대로 지닌 채 현재의 우리 자신을 진정시킬 수 있다.

신경계는 때때로 외상 사건이 종료된 후에도 안정을 찾지 못하고, 그러한 경험이 떠올리는 자극에 쉽게 반응하기도 한다. 외상 경험은 뇌의 여러 부위를 변화시켜 뇌의 위험 감지 시스템을 과도하게 활성화시킬 수 있다. 그러면 실제로 위험 여부를 떠나 아주 사소한 위협도 불안과 스트레스, 압박감을 유발할 가능성이 있다.

위와 같이 과민해진 신경계 반응을 진정시키는 전략을 활용하면, 현재의 삶을 괴롭히는 외상을 치유할 마음의 자연스러운 회복 능력을 지원할 수 있다. 그 전략은 트리거가 불안을 유발할 때, 마음속에서 현재와 과거를 통합하고 구분하는 데 도움을 준다. 이러한 과정은 우리가 당장 의외로 위험한 상황에 있지 않음을 인식하도록 하는 것이다.

트라우마 치료에서 중요한 과정은 트라우마가 남긴 흔적이 지극히 정상이며 납득할 만한 수준임을 깨닫는 것이다. 트라우마가 떠오르는 상황을 마주하면, 마음속에서 우리를 보살피고 보호하기 위해 자연스럽게 외상 기억을 떠올린다. 기억을 남김없이 지우기란 불가능하다. 하지만 위험은 지나갔고, 지금은 안전하다는 사실을 일깨우면서 스트레스에 지친 신경계가 안전하게 보호받고 있음을 계속 느끼도록 한다면 기억의 강도를 줄일 수는 있다.

트라우마는 몸과 마음에 모두 흔적을 남기므로, 외상 경험으로 손상된 신경계를 회복하려면 두 요소를 함께 보살펴야 한다. 이제 생리적으로 활성화된 신체 상태를 관리하고, 마음을 진정시키는 전략을 살펴보도록 하자. 다만 이들 전략은 신경계 진정에는 도움이 되지만, 전문적인 트라우마 치료는 아니라는 점을 명심하자. 근본적으로 트라우마를 해결하고 치료하려면 전문가의 도움을 받아야 한다. 그렇지만 지금까지 소개한 기법이 당신에게 조금이나마 위안을 느끼고, 증상을 관리하는 데 도움을 주기를 바란다.

트라우마에 얽힌 기억이 다시 떠오를 때 복잡한 기법을 숙달하기는 어려우므로, 이 책에서는 단순하고 활용하기 쉬운 전략을 제시하고자 한다. 이들 전략은 자신에게 맞추어 활용할 때 가장 효과적이고 자연스럽다. 만약 생소하다면 평온한 상태일 때 시간을 들여 당신의 것으로 만들어 놓자. 그러면 가장 필요한 순간에 전략을 더 쉽게 활용할 수 있을 것이다.

3.1. 물건

위안을 주는 물건은 손에 쥘 수 있는 것 가운데 특별한 의미나 따뜻한 추억이 깃들어 있는 물건을 말한다. 이러한 물건은 괴롭고 불안할 때 위안을 주고, 주의를 환기한다. 해당 물건을 제5장에서의 주의력 기법과 함께 활용하면, 그 물건의 진정 효과에 온전히 집중할 수 있다. 위안을 주는 물건은 휴대 가능하다면 어디든 들고 다니면서 안정이 필요할 때마다 잡거나, 만지기도 하면서 촉감을 느끼고 착용하거나 쥘 수 있어서 더욱 좋다. 다음은 위안을 주는 물건의 예다.

- 가장 좋아하는 책
- 부드러운 장난감이나 인형
- 의미 있는 스카프나 천 조각. 특별한 향이 나는 것.
- 시트러스 향이 나는 과일이나 라벤더 향주머니
- 돌멩이나 조약돌
- 목공예품
- 조개껍질

3.2. 심상

위안을 주는 심상은 물건과 목적이 같다. 이 유형의 심상은 편안함과 안전함을 느끼는 장소 및 상황을 특별히 시각화한 것이다. 당신이 좋아하거나 기쁨을 주는 장소나 평온함 속에서 만족스럽게 머물 수 있는 곳을 떠올려 보자. 당신을 그러한 장소나 상황을 시각적으로 떠올릴 수 있는가?

치료 현장에서 일하며 환자들에게 세상에서 가장 만족스럽고 편안하며 평온한 장소, 아니면 가장 좋아하는 곳을 묻는다. 그러니 잠시 시간을 내어 그 장소를 떠올려 보자. 그곳은 실내이거나 실외일 수도 있으며, 조용하거나 사람들로 북적이는 곳, 아니면 소리와 색채가 가득한 장소일 수도 있다. 지금 살고 있거나 과거에 살던 집의 방 또는 정원은 물론, 스포츠나 온천을 즐기거나 애완동물과 시간을 보내는 등 당신이 좋아하는 활동 장소를 떠올려도 좋다. 그 예는 다음에서 살펴보도록 하자.

- 좋았던 휴가 장소
- 산의 장엄한 절경
- 고요한 설원의 풍경
- 조용한 도서관에서 책에 몰입하는 모습
- 박물관이나 미술관
- 그림 같은 해변에서 휴식을 취하는 모습
- 아름다운 자연에서 산책하거나 달리기를 하는 모습
- 드넓은 바다에서 수영하는 모습
- 그림 그리기나 요리, 바느질을 비롯한 창의적인 활동에 몰입하는 모습
- 탁 트인 초원에서 느긋하게 휴식을 취하는 모습
- 사랑하는 사람과 피크닉을 즐기는 모습

위의 사례를 바탕으로 위안을 주는 당신만의 심상을 떠올려 보자. 여기에서는 당신에게 편안한 느낌을 주는 장소나 상황을 생각하는 것이 중요하다.

먼저 어느 장소를 선택하더라도 위안을 주면서 마음을 진정시키는 요소를 최대한 많이 추가해 보자. 장소를 시각적으로 떠올렸다면, 상상력과 오감을 동원하여 최대한 생생하고 세밀하게 그려 본다. 그리고 그곳에 실제로 머무르는 것처럼 주변을 천천히 한 바퀴 돌면서 전체적인 모습을 둘러보자. 시작점에서 반대편 끝까지 그곳을 마음속으로 돌아다니면서 세부적인 부분까지 모두 떠올린다.

그다음 당신이 떠올린 특별한 장소에서 들리는 소리에 집중해 보자. 얼마나 다양한 소리가 들리고, 그 소리는 어떻게 변하는가? 이 외에도 공기의 흐름을 타고 풍겨 오는 향기, 자연의 향기나 음식 냄새, 꽃향기 등 당신에게 위안을 주는 향을 떠올려 보자. 또는 앉거나 서서, 또는 누워서 피부에 닿는 촉감을 깊이 느껴 보자. 또한 날씨가 따스한지, 바람이 많이 부는지를 피부로도 접해 보자. 이렇게 위안을 주는 심상에 온전히 집중하는 데 시간을 써 보자.

반면 실제적인 작업을 통해 심상을 풍부하고 생생하게 만드는 방법도 있다. 예를 들어 직접 촬영하거나 인터넷이나 잡지에서 찾은 것 상관없이 자신의 심상과 관련된 사진을 모아 앨범을 만들어 본다. 사진을 공책에 붙이거나 디지털 앨범으로 만들어도 좋다. 미술이나 공예에 관심이 있다면, 위안을 주는 장소를 그림으로 그려 색칠하거나 콜라주를 만들어도 괜찮은 방법이다.

그간 관찰한 바에 따르면 마음을 진정시키는 심상을 공들여 만들수록, 그 심상이 필요할 때 더욱 효과적이면서 몰입하기도 쉬워진다. 그러니 시간을 내어 심상 속을 거닐면서 하루 내내 심상을 떠올릴 수 있도록 노력해 보자. 그럴수록 심상을 생각해 내는 데 능숙해지고, 힘들 때 손쉽게 활용할 수 있을 것이다.

일부 환자들은 지금 존재하는 장소에서 위안을 주는 곳으로 가는 상상이 도움이 된다고 말했다. 그들은 자신이 머물고 싶은 장소와 연결되는 심상을 떠올린다. 구름 위를 날고 빛나는 문을 지나가거나, 자신이 믿고 사랑하는 사람이 원하던 곳에 데려다 주는 모습을 상상하기도 한다. 그러한 심상을 추가하는 것이 도움이 된다면 이 방법을 선택해도 좋다. 심상은 당신이 위안을 주는 장소로 향할 쉽고 빠른 길이 되어 줄 것이다.

3.3. 말

위안을 주는 말은 마음을 진정시키는 효과와 함께 편안함을 주는 자기 확언을 말한다. 이러한 말은 우리가 안전하게 존재하고 있으며, 어려운 상황에서도 회복할 수 있음을 상기시켜준다. 아래가 그 예다.

- 나는 안전하다.
- 나는 강하다.
- 나는 괜찮다.
- 나는 해낼 수 있다.
- 나는 예전에도 어려움을 이겨 냈다.
- 나는 살아남았다.
- 나는 계속 살아남을 것이다.
- 나는 나를 믿는다.
- 나는 내 힘을 믿는다.
- 나는 살아 숨 쉬고 있다.
- 나는 성장하고 있다.
- 나는 나아지고 있다.
- 나는 힘든 시기를 견뎌 냈다.
- 나는 이겨 낼 수 있다.
- 내게는 놀라운 힘이 있다.
- 내게는 용기와 결단력이 있다.
- 나는 강인한 사람이고, 지금껏 힘든 시기를 잘 견뎌 왔다.
- 나는 어려운 순간을 헤쳐 나갈 수 있다.
- 나는 내면의 힘을 끌어안을 것이다.
- 나는 경험을 통해 배우고 성장하고 있다.
- 나는 나를 위한 더 밝은 미래를 향해 나아가고 있다.

먼저 위안을 주는 말은 각자의 상황에 따라 의미 있고 안정감을 주는 것으로 정한다. 환자들은 보통 1~3개의 문구가 가장 도움이 되었다고 말한다. 확언할 말을 정했다면 매일 그 문구를 말하는 습관을 들인다.

다음으로 하루 중 시간 간격을 다양하게 둔다. 그리고 선정한 문구를 반복적으로 말하면서 적고, 꾸며 내어 집안 곳곳에 붙여 놓자. 아니면 휴대폰이나 컴퓨터에 알림 설정을 해 둔 뒤, 여러 시간대에 문구가 화면에 나타나도록 설정하는 방법도 있다. 이처럼 스스로 강점이 있으며, 지금은 안전하게 잘 지내고 있다는 의미가 담긴 문구를 시간이 허락하는 대로 되뇌어 보자. 그러면 그 글귀가 내면에 더 깊게 자리 잡으면서 필요할 때 떠올리기 쉬워질 것이다.

불안감을 느낄 때 마음이 트라우마와 관련된 과거의 장소를 떠돌고 있다면, 그 사실을 인식함으로써 마음을 다잡을 수 있다. 이때는 불안해지는 것이 정상이라는 점을 인정하며, 트라우마 경험을 떠올리며 불안감이 밀려오고 있음을 헤아린다. 그리고 과거는 지나갔음을 기억하고, 현재에 주의를 집중한다.

마지막으로 현재 시간과 날짜를 말한다. 그리고 지금 무엇을 하고 있으며, 앞으로 무슨 일을 하려는지 상황을 설명한다. 그리고 "마음은 과거로 돌아갔지만, 나는 그곳이 아니라 지금 여기에 안전하게 존재한다."라고 확언한다. 필요에 따라 이 말을 반복하면서 끊임없이 현재와 연결되도록 하는 호흡에 주의를 기울여 보자.

그래도 여전히 안전하지 않다는 느낌이 든다면, 그 근거를 공책에 적어 보자. 처음에는 반신반의하다가도 꾸준히 실천하다 보면 안전감을 점차 회복할 것이다.

아니면 신경계를 직접 언급하는 문구를 활용해도 좋다. 지금 안전하지 않은 듯해 두려워져도 신경계에 답을 알고 있음을 일깨운다. 그리고 경험한 일이 힘든 것이었음을 인정하고, 안전함을 확신하기까지 시간이 걸릴 수 있음을 일러 준다. 또한 신경계가 다시 스스로 조절하는 방법을 배우기까지 친절과 연민과 인내로 돕겠다는 의지를 표명한다.

3.4. 자세

불안하거나 두렵고 화가 나면서 괴로울 때 나타나는 신체 변화와 자세는 마음속에서 일어나는 일을 반영한다. 이에 따라 우리의 행동은 달라진다. 이때 자세는 과거의 트라우마 경험과 연관되었을 가능성이 있으며, 불안한 마음의 상태를 드러내기도 한다. 이처럼 몸의 자세는 내면 또는 과거의 트라우마 경험이나 현재의 감정을 반영한다. 이 외에도 자세에 영향을 미치는 요인으로는 생각이나 불쑥 떠오른 심상, 원치 않는 기억, 과거 회상 등이 있다.

괴로울 때 과도한 활성화 상태를 관리하는 방법으로는 힘과 자신감을 북돋우는 자세, 특히 요가에서 유래한 자세를 취하는 것이다. 구체적으로 선택할 자세는 개인에 따라 달라지며, 이 책에는 클리닉에서 활용하는 몇 가지 예를 소개한다.

그 밖에도 자기에게 어울리거나, 취하는 것만으로 기분이 좋아지는 자세를 이미 아는 사람도 있을 것이다. 서 있는 자세를 좋아하는 사람이 있는가 하면, 앉거나 눕는 자세를 선호하는 사람도 있다. 그러니 다양한 자세를 시도해 보고, 자신에게 가장 잘 맞는 자세를 찾아보자. 그리고 어느 자세를 취할 때 안전함과 강인함, 편안함 외에도 당신이 원하던 느낌을 주는가를 살펴보도록 하자.

여기에서 중요한 점은 규칙적인 연습으로 자세를 몸에 익혀 힘들거나 필요할 때 활용하는 것이다. 혹시 건강 문제나 거동에 어려움이 있다면, 자세를 연습하기 전에 의사와 상담하자.

일부 환자들은 어두운 조명 아래 자세를 연습할 때가 도움이 된다고 말한다. 조용한 분위기는 물론 평소 즐겨 듣는 차분한 음악이나 힘이 나는 음악을 재생한 채로 연습해도 좋다. 그리고 각 자세는 적어도 몇 분 동안이라도 유지하는 것을 목표로 삼자. 처음에 자세를 취하기 어렵다면 1분으로 시작한 뒤, 익숙해진다면 점차 시간을 늘려 보자. 자세를 연습하면서 경험할 이점을 충분히 누릴 수 있도록 당신에게 적합한 자세 유지 시간을 정해 두는 것도 좋다.

3.4.1. 전사 자세(Warrior pose)

이 자세는 아래 두 그림과 같이 가슴을 넓게 펼침으로써 내면의 힘을 기르는 데 목적을 둔다. 이처럼 강인함을 드러내는 자세는 내면의 용기를 일깨워 안정감을 찾도록 도와준다.

3.4.2. 강인한 자세(Powerful pose)

강인한 자세는 몸을 펴서 안정성과 견고함을 유지하는 자세로, 힘과 자신감을 키우는 데 도움이 된다. 첫 번째 자세를 취할 때는 손을 크게 펴거나 주먹을 쥐어도 좋다. 양손을 허리에 얹은 두 번째 자세는 너무나 유명해서 당신도 이미 알고 있을 것이다. 이 자세는 우리에게 안정감과 내면의 힘을 선사한다.

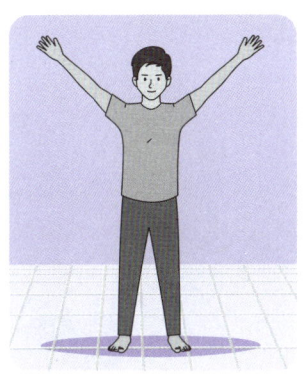 

3.4.3. 아기 자세(Child's pose)

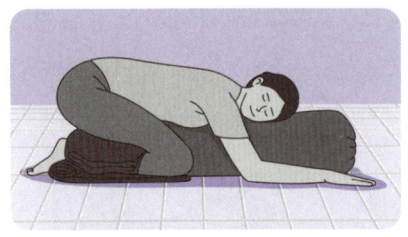

아기 자세는 엉덩이와 고관절을 개방하고, 골반을 이완하는 동작으로 이루어져 있다. 이 자세는 신경계의 휴식과 소화 기능을 촉진하며, 편안함을 느낄 수 있다.

그리고 아기 자세는 불안으로 유발된 투쟁-도피 반응을 완화한다. 또한 허리를 펴서 몸의 긴장을 풀어주고, 신경계를 진정시킨다. 이뿐 아니라 심호흡도 쉬워지는 일석이조의 자세라고 할 수 있다. 아기 자세는 아무것도 없이 자세를 취해도, 몸을 지지할 목적으로 쿠션이나 담요를 밑에 깔고 연습해도 괜찮다.

3.4.4. 폭포 자세(Waterfall pose)

폭포 자세는 신경계를 진정시킨다는 점에서 이완 효과가 큰 동작이다. 구체적으로 부교감 신경계를 활성화하여 평온한 상태를 이끌어 내기에 스트레스 해소에 도움이 된다.

폭포 자세는 크게 두 가지로 나뉜다. 벽에 다리를 기대는 방식과 지지대 없이 허공에 다리를 드는 방식이 있다. 물론 벽에 기대지 않고 다리를 들기는 어렵지만, 몇몇은 이러한 자세를 취할 때 힘이 난다고 한다. 그러니 둘 중 당신에게 적합한 자세를 선택해 보자.

이 자세는 중력의 영향을 상쇄한다. 따라서 심장이 혈액을 펌프질하여 온몸으로 보내는 고된 작업에서 휴식을 취할 수 있도록 한다. 폭포 자세는 심박수를 낮추고, 혈압을 조절하여 지나치게 활성화된 신경계를 진정시키는 효과가 있다.

3.4.5. 다리 휴식 자세(Resting your legs)

이 자세는 의자나 소파에 다리를 올려놓는 자세이다. 의자를 활용할 때는 다리가 편히 쉴 수 있도록 쿠션을 깔아도 좋다. 이 자세는 폭포 자세와 마찬가지로 혈류를 조절하여 신경계를 진정시킴으로써 스트레스 감소에 도움이 된다.

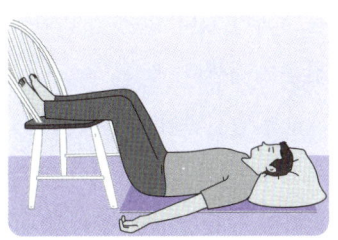

3.4.6. 여신 자세(Goddess pose)

마지막으로 가슴과 어깨를 열어 안정감을 주는 여신 자세를 살펴보자. 여신 자세는 개방감을 높이고 심신을 진정시키는 효과가 있다. 이 자세는 총 두 가지로, 이완을 유도하는 자세와 강한 힘을 느끼게 해 주는 자세가 있다. 그중 당신에게 가장 적합한 자세를 선택해 보자. 이 자세의 명칭은 여성을 나타내는 단어로 명명되었지만, 성별과 관련 없이 모두에게 좋은 자세이다.

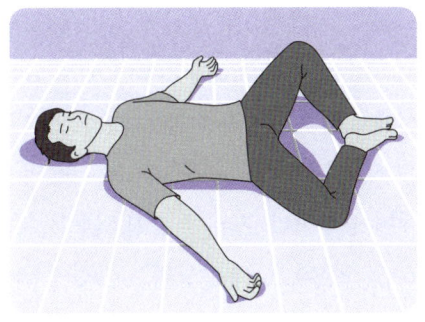

3.4.7. 위안을 주는 자기 터치(self-touch)

수년간 외상 경험이 있는 환자들을 치료하면서 조절 기능에 문제가 생긴 신경계를 진정시키는 방법이 다양하다는 사실을 알게 된 적이 있었다. 자신을 부드럽게 어루만지는 것도 그 방법에 속하는데, 이러한 자기 터치는 빠르고 쉽게 긴장을 완화하여 신경계를 진정시키는 효과가 있다. 이에 임상 현장에서 경험한 두 가지 사례를 소개한다.

물론 당신만의 방법을 발견할 수도, 이미 자기 터치 방법을 알고 있을 가능성도 있을 것이다. 그러나 어떠한 방법을 선택하더라도 핵심은 일관성임을 기억하자. 같은 동작을 반복하다 보면, 우리가 안전하다는 메시지를 신경계와 뇌로 계속 보냄으로써 평온한 상태를 되찾도록 도와줄 것이다.

자기 터치 중에는 자신을 안아 주는 동작이 있다. 이 동작을 취한다면 불안하고 초조하거나 안전하지 않다는 느낌이 들 때, 안정감과 안도감을 느낄 수 있다.

한편 두려움 또는 아픔을 느끼거나 위로가 필요할 때 껴안는 모습을 시각화하는 것도 방법이 될 수 있다. 먼저 양손을 반대편 어깨에 올리거나 가능하면 등까지 뻗어 껴안는다. 그런 다음 양팔을 아래위로 부드럽게 쓰다듬으면서 진정시키는 동작을 취한다.

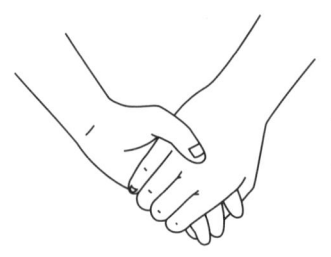

또 다른 방법으로 손을 맞잡는 것도 좋다. 이 단순한 동작으로 두려움에 떨고 있는 자신에게 힘과 안정감을 줄 수 있다. 스스로 손을 잡는 동안 두려움을 느끼는 자신의 일부에게 당신이 그 자리에 함께 있음을 부드럽게 일깨운다. 설사 압도적인 감정에 휩쓸려 그렇게 생각하지 않더라도 지금은 안전하다며 다독여 보자.

이상과 같이 자신과의 연결을 통해 연민하는 손길은 불안한 신경계를 진정시키고, 내면의 안정감을 키우는 데 도움을 준다. 그러니 시간을 내어 자신의 감정을 알아차리고 인정하면서 필요한 위로와 보살핌을 건네도록 하자.

3.5. 기타 치료법

트라우마를 겪으면서 불안 증상이 발생하더라도 불안장애에서 완전히 회복할 수 있으며, 트라우마 증상은 저절로 가라앉기도 한다. 뇌에서는 우리의 경험을 처리하고 이해하는 데까지 시간이 걸린다. 하지만 시간이 지나도 해결되지 않은 채 증상이 계속된다면 전문가의 도움을 받는 편이 좋다.

현재로서는 트라우마에 초점을 맞춘 두 가지 치료법인 '트라우마 중심 인지행동치료(Trauma-Focused Cognitive Behavioral Therapy, 이하 TF-CBT)'와 '안구운동 민감소실 및 재처리요법(Eye-Movement Desensitization and Reprocessing, 이하 EMDR)'을 권장한다. EMDR은 가장 효과적이고 과학적으로 입증된 트라우마 치료법이자, 개인적으로도 가장 선호하는 치료법이기도 하다. 이 치료법은 부정적인 감정과 불안한 심상 및 기억의 강도를 빠르게 줄이는 효과가 있다. 임상 치료 현장에서도 다른 치료법으로는 달성하지 못한 놀라운 치료 효과를 목격했다. 고통에 시달리던 사람들이 자신의 고통스러운 경험과 접촉하며 스스로 치유해 나가는 모습을 눈앞에서 목격하는 경험은 정말 경이로웠다.

트라우마 관련 불안 관리하기

① 불안장애는 환경적, 사회적, 생물학적, 기질적 요인 등 다양한 요인으로 발생한다는 사실을 기억한다. 트라우마 경험 또한 불안장애를 일으키는 원인에 속한다.

② 트라우마와 외상 후 스트레스는 서로 다른 개념이다. 트라우마는 고통스러운 사건이나 경험으로 유발된 감정 반응이며, 외상 후 스트레스 장애는 중대한 외상 사건의 직접 경험 또는 목격으로 발생하는 정신장애이다.

③ 트라우마는 공식적인 진단명이 아니라 자신을 압도하는 경험에 따른 감정 반응을 설명하는 용어이다. 트라우마는 인생의 어느 시점에 어떠한 형태로든 경험하는 사람이 많다.

④ 트라우마 경험은 깊은 무력감과 불확실성을 남기기도 한다. 외상 사건의 규모와 상관없이 사건이 자신에게 미친 영향이 중요하다는 점을 기억한다.

⑤ 트라우마는 사고와 감정, 지각 및 반응의 변화로 이어진다는 점을 유념한다. 이러한 변화는 신경계에 영향을 미쳐 고통을 유발할 가능성이 있다.

⑥ 트라우마 경험이 범불안장애, 질병불안장애, 사회불안장애, 공황 발작의 원인이 될 수 있음을 이해한다.

⑦ 자체적인 전략으로 트라우마와 관련된 불안 증상을 완화할 수는 있지만, 전문가의 도움을 받아야 하는 경우도 있다.

⑧ 자가 진정 전략을 활용하는 것도 좋다. 트라우마는 몸과 마음에 각인되므로, 둘을 모두 진정시키면 신경계 완화에 매우 효과적이다.

⑨ 위안을 주는 물건을 활용하거나, 진정 효과가 있는 심상 및 문구를 떠올리거나 자세를 취하는 등 신경계를 안정시키는 기법은 다양하다. 이들 기법을 꾸준히 연습하여 확실한 효과를 누리자.

⑩ 신경계를 안정시키는 자가 진정 기법을 규칙적으로 연습하여 치유 과정에 활용한다. 트라우마를 겪고도 살아남은 당신에게는 생명력이 있다.

➕ 춤 추기

춤이 신체뿐 아니라 정신 건강에도 유익하다는 사실을 알고 있는가? 연구에 따르면 춤에는 불안 감소 효과가 있다. 춤을 추면 뇌에서 행복을 비롯한 긍정적인 감정을 느끼게 하는 천연 화학 물질인 엔도르핀이 분비된다. 그리고 춤을 추면서 몸을 움직이면 스트레스 및 불안 호르몬인 코르티솔 수치가 감소한다.

그러니 주방처럼 다른 사람의 시선이 닿지 않는 곳에서 음악을 틀고 마음껏 춤을 춰 보면 어떨까? 춤은 스트레스를 해소하고 기분을 개선하는 좋은 방법이니 말이다. 내킨다면 댄스 수업이나 사교 모임에서 친구들과 함께 춤을 추면 사회적 고립감도 줄일 수 있다.

제10장

해방 이후의 사후관리

이 장에서는 평온한 미래로 나아가기 위한 로드맵을 만들고, 현재의 불안한 상태에서 벗어나 앞으로 불안을 효과적으로 관리하도록 몸과 마음을 건강하게 유지하는 방법에 방점을 둔다. 우리의 몸과 마음을 지속적인 관심과 관리가 필요한 정원에 빗대어 보자. 이 정원을 앞으로도 잘 가꿔 나갈 방법은 무엇일까? 아마 주기적으로 정원에 난 잡초를 뽑고, 식물의 상태를 주의 깊게 살피면서 식물들이 잘 자라도록 돌보는 것이지 않을까. 그리고 예측할 수 없는 문제나 폭풍우가 몰아치는 상황에 대비하여 계획을 세우고 능동적으로 대처해야 할 것이다. 이러한 미래 지향적 접근 방식은 새로운 사고방식과 삶의 방식이 정착함으로써 심리적으로 건강하고 평온한 삶을 만들어 준다.

불안 극복은 단 한 번의 실천으로 끝나는 일회성 작업이 아니다. 불안 극복에 필요한 능력을 기르는 데는 지속적인 연습과 유지 관리가 필요하다. 우리의 마음을 정원에 비유하는 것 또한 앞의 개념을 이해하도록 도와준다.

우리의 마음을 푸른 잔디, 울긋불긋한 화단, 웅장한 나무, 우아한 장미 덤불과 단정한 산울타리를 갖춘 활기차고 다채로운 정원이라고 생각해 보자. 이 정원이 곧 우리 마음의 안식처이다. 정원을 잘 가꾸려면 식물을 돌봐야 하듯, 마음속에 건강한 생각이 뿌리를 내리고 샘솟게 하려면 우리의 마음에 관심과 주의를 기울여야 한다.

그리고 정원에서 잡초를 제거하는 일처럼 문제가 되는 생각을 인식하면 곧바로 해결해야 한다. 이는 곧 식물이 자라기를 기다리며, 계절의 변화를 지켜볼 만큼의 인내심을 쏟는 일과 같다. 또한 어수선하고 혼란스러운 정원은 아름답지 않다. 따라서 마음을 규칙적으로 살피면서 예리한 눈썰미로 관찰하고, 인내심으로 마음의 평온을 유지한다.

이 책에서 배운 전략을 토대로 개선할 수 있는 것에 집중하되, 때로는 인생에서 피할 수 없는 좌절을 받아들이자. 그리고 좌절의 순간을 성찰과 배움의 기회로 삼아 침착함을 유지하며 평정심을 되찾자. 당신이 바라는 상태가 되기 위해 주의할 점을 파악하고, 바람직한 상태를 유지히기 위해 노력하는 한편 삶의 불확실성도 수용하자. 또한 마음속에 평온한 안식처를 가꾸어 기쁨과 성취감을 누리자.

  이는 우리 마음속의 정원이 풍성해지고 전반적으로 아름다운 상태를 유지하는 데 필요한 영양분을 공급하려는 지속적인 노력이다. 마음을 정성스레 가꿀수록 마음속에 자리한 정원은 더욱 무성하게 자라 아름다운 꽃을 피울 것이다.

1. 개선을 향한 반복

  이 책에서 소개한 다양한 전략을 익혔으니, 이제는 불안 문제에 대응하고 관리하는 여러 방법을 익혔을 것이다. 클리닉이나 소셜 미디어에서 만난 사람들에게서 어떻게 해야 좋겠냐는 질문을 자주 받는다. 그러므로 이 책을 통해 실제로 활용 가능한 여러 전략을 소개한 바 있다.

  그간 이 책에서 불안 극복을 위한 종합적인 해결 방안을 제공했다. 이제 우리는 평온한 상태에 도달, 유지하는 데 필요한 여러 가지 전략을 이해하고 있다. 이들 기법을 자연스럽게 발휘하려면 많은 연습이 필요하다. 불안장애를 성공적으로 넘어서기 위해서라도 말이다. 연습을 거듭할수록 더 큰 발전을 이룰 수 있을 것이다.

  다만 개선이 필요한 영역이 여전히 남아 있다면 퇴보하기 쉽다. 향후 스트레스 요인에 직면했을 때, 다시 불안해지면서 증상이 재발할 가능성이 짙어지기 때문이다. 따라서 가능하면 불안을 최소화할 수 있도록 노력하자. 당신에게 가장 효과적인 전략에 시간을 투자하여 활용 능력을 계속해서 향상하고, 아래의 열 가지 핵심 사항을 명심하자.

  잠시 시간을 내어 아래의 내용을 읽어 보고, 더 주의를 기울여야 할 부분이 있는지 살펴보도록 하자. 추가적인 조치가 필요하다면 각 장을 다시 읽으며 개선을 위한 노력을 지속하자. 그렇게 우리는 불안 극복이라는 목표를 향해 한 걸음씩 나아갈 수 있다.

① 불안을 깊이 이해하고, 불안이라는 감정이 존재하는 이유를 인식한다.
② 수용적이고 유연한 자세로 불안 문제에 접근한다.
③ 신체의 이완 반응을 촉진하는 기법을 활용하여 스트레스를 받은 신경계를 진정시킨다.
④ 불안 문제의 핵심에 자리 잡은 불안한 생각과 파국적 사고를 해결한다.
⑤ 불안을 유발하는 자극에서 주의를 전환하는 능력을 기른다.
⑥ 감정 조절 기법을 지속적으로 활용하여 불안에 뒤따르는 격렬한 감정을 진정시킨다.
⑦ 불확실성에 대한 내구력을 기르는 활동에 적극 참여하여 불확실성을 헤쳐 나가는 능력을 키운다.
⑧ 안전 추구 행동과 회피 행동을 줄여 나가면서 두려움에 맞선다.
⑨ 트라우마와 관련된 불안은 신경계를 진정시키는 기법의 지속적인 활용으로 관리할 수 있음을 기억한다.
⑩ 불안을 되풀이하는 과거의 대처 방식으로 회귀하라는 유혹을 뿌리치고, 지속적으로 불안을 관리한다.

2. 당신만의 비법

　이 책에서 소개한 기법 가운데 당신에게 가장 도움이 되는 전략은 무엇인가? 공책이나 노트 앱에 '나만의 비법'이라는 제목으로 효과적인 전략을 적고 나서 지속적으로 활용하자. 이 기록은 즉각적인 도움이 필요한 순간에 빠르고 간편하게 참고할 수 있는 안내서가 될 것이다.
　지금부터 환자의 사례를 통해 전략을 기록하는 방법을 살펴보자. 사례를 확인한 후에는 당신에게 효과가 좋아 자주 활용했거나, 필요한 전략을 포함하여 당신만의 비법을 기록해 보자. 이는 당신의 불안을 극복하는 여정에서 유용한 자료가 될 것이다.

환자 사례
불안한 생각을 극복하는 루시의 비법

불안한 생각으로 어려움을 겪었던 환자 루시의 사례부터 살펴보겠다. 루시는 최악을 예상하는 과거의 습관을 더는 따르지 않고, 그러한 사고방식을 다루는 기법인 [과제 15]의 내용을 포함한 여러 수단을 꾸준히 참고했다. 그 결과 자신도 모르게 부정적인 결론에 도달하는 대신 대안적 사고방식을 선택할 수 있었다.

또한 루시는 과거의 끔찍한 경험으로 최악의 시나리오를 떠올리는 버릇이 생겼음을 받아들였다. 그리고 마음속에서 자신을 지키려는 의도에서 그러한 습관이 유지되고 있음을 알게 되었다. 이 습관을 고치려면 저절로 떠오른 생각에 반응하는 태도를 곧바로 바꾸어야 한다는 사실도 깨달았다.

그녀는 이상의 내용을 수용하기 위한 도구로 루시는 수용 선언문을 외우는 기법이 담긴 [과제 6]의 내용을 활용했다. 또한 "○○면 어쩌지?"라는 의문에 대처하는 방법을 토대로 "그렇다고 해도"로 시작하는 생각으로 바꾸는 연습을 계속했다.

환자 사례
신체 감각에 집착하지 않는 벨라의 비법

벨라는 신체 감각에 지나칠 정도로 신경을 쓰며, 인터넷에서 질병의 증상을 자주 검색했다. 먼저 그녀는 자신의 비법 가운데 제5장에서 주의의 폭을 넓히는 여덟 가지 기법을 활용하는 데 많은 시간을 투자했다. 다음으로 호흡 연습과 이완법도 활용하여 일상 속에서 정기적으로 실천함으로써 문제를 보완했다. 그다음으로 벨라가 좋아하는 기법은 제7장에 소개한, 불확실성을 마주하는 능력을 키우는 기법이었다.

환자 사례
회피 문제를 해결하는 모하메드의 비법

모하메드는 심각한 회피로 어려움을 겪었고, 그 문제를 해결하는 효과적인 전략을 비법으로 삼았다. 모하메드는 두려움을 마주하는 4단계 접근법을 활용하여 바라던 결과를 얻기까지 회피행동을 하나씩 해결해 나갔다. 목표에는 상황, 장소, 신체 감각과 관련된 두려움에 직면하는 것이 포함되어 있었다. 또한 의식적 관찰로 감정을 포용하는 전략을 다룬 [과제 22]의 내용을 참고하여 두려움을 회피하지 않고 직면할 수 있었다.

3. 퇴보의 경험

때로는 불안을 극복하는 여정에서 퇴보를 겪기도 한다. 이는 지극히 정상적인 과정으로, 퇴보란 불안을 악화시키는 듯한 상황이 발생하는 것을 말한다. 뒷걸음을 칠 때면 이제껏 이루어 온 진전이 수포로 돌아갔다는 생각이 들 것이다. 즉 실제로 자신의 취약한 부분을 건드리는 상황이 발생하면서 불안 증상이 유발되었고, 이 증상 때문에 원점으로 돌아갔다는 생각일 뿐이다. 하지만 실제로는 그렇지 않다.

상황이 계획대로, 원하는 대로 일어나지 않더라도 실패했다거나 원점으로 돌아갔다고 생각하지 말자. 오히려 이 상황을 당신의 회복력을 키우는 기회로 삼자. 지금의 퇴보는 여정을 처음 시작할 때보다 훨씬 더 빠르고 효과적으로 불안을 극복할 수 있지만, 단지 일시적인 불쾌감을 느끼는 상태일 뿐이다. 그렇지만 이 상태라면 그 문제에 대처하는 방법을 정확히 알고 있으니 예전보다는 훨씬 유리한 셈이다.

퇴보의 경험은 불쾌감을 주지만, 도움이 되는 면도 있다. 이 경험으로 우리는 특별히 기울여야 할 노력의 유형과 괴로움의 원인이 무엇인가에 관한 귀중한 정보를 얻을 수 있다. 퇴보의 순간을 돌이켜보면 자신과 내면의 불안을 더 깊이 이해하고, 불안에 대처하는 방법을 조금 더 현명하게 선택할 수 있다. 다음은 그러한 경험을 되돌아보면서 교훈을 얻을 때 고려해야 할 사항이다.

- 퇴보의 원인을 돌이켜보자. 이러한 일이 반복적으로 일어나는가? 아니면 이전에도 비슷한 경험을 한 적이 있는가? 그렇다면 퇴보를 반복하는 이유는 무엇인가?
- 당신의 퇴보에 납득할 만한 이유가 있는지 생각해 보자. 이전에도 비슷한 방식으로 퇴보를 겪은 적이 있는가? 그 패턴은 익숙할 정도로 반복적인가?
- 퇴보를 유발한 트리거를 파악한다.
- 지금까지 효과적이었던 기법을 바탕으로 퇴보 상태를 효과적으로 관리할 기법을 결정한다.
- 피로나 수면 부족, 자기관리 소홀, 외로움 등 퇴보를 유발하는 요인을 고려해 본다.

위의 요인을 고려하면 변화가 필요한 부분을 파악하고 자기 이해와 자기연민 능력을 기르는 데 도움이 된다. 퇴보했다고 자책한다면 기분만 나빠지고 회복에도 방해가 될 뿐이다. 그러니 자책은 금물이다.

대신 퇴보에는 근본적인 원인이 있다는 점을 기억하자. 크나큰 퇴보를 겪지 않더라도, 일이 잘 풀리지 않을 때는 주의를 기울인다. 따라서 작은 문제가 발생하기 시작할 때 지금까지 배워온 기법을 활용하여 적극적으로 해결하면 문제가 악화되는 상황을 막을 수 있다.

4. 계획으로 맞서기

 일반적으로 산에 오르기 전에 준비 단계로 등산로를 살피고 장비를 갖춘다. 이와 마찬가지로 불안 극복 과정에서 한발 물러설 때도 앞선 바와 동일한 접근 방식을 적용할 수 있다. 바로 즉흥적으로 대처하기보다는 계획을 미리 세워 두는 것이다.

 미리 계획하기를 불안 극복 비법이라고 생각해 보자. 계획을 미리 세워 놓으면 문제가 생겼을 때 효과적으로 대응할 수 있고, 퇴보하는 상황에서 그 영향을 최소화할 수 있다. 즉 가장 필요할 때 불안에 정면으로 맞서기 위한 자기만의 맞춤형 전략이 생기는 것이다. 따라서 시간을 들여 계획을 세우고, 자신에게 가장 효과적인 대처 전략과 기법을 수집해 두자. 준비가 철저할수록 등정이 성공에 가까워지듯, 맞춤형 계획 또한 불안장애 앞에서 물러설 때 당신의 회복을 도울 것이다.

환자 사례
모하메드의 예방 계획

 모하메드는 자신의 회피행동을 인식할 때, 회피 예방 계획을 통해 그러한 행동의 악화를 막아야 한다는 점을 깨달았다. 예방 계획은 그가 회피하려는 상황이나 장소에 머물면서 그와 직접 마주하는 것이었다. 이 과정에서 그는 필요에 따라 주의의 폭을 넓히는 기법이나, 이완 기법, 주의 전환 기법을 활용하여 신체 감각에 주의가 쏠리지 않도록 했다.

 또한 그는 회피행동을 유발하는 생각을 평가하는 기법을 활용한 바 있다. 예컨대 '영화관에 갇혀서 심장 마비를 일으키면 어떡하지?'라는 생각에 영화 초대를 거절했다면, 그가 떠올린 시나리오가 현실이 될 가능성이 얼마일지를 평가했다. 이에 그의 예방 계획은 세 가지 핵심 요소를 포함하고 있다.

 첫째, 모하메드는 새로운 회피 패턴의 출현을 경계하고, 그것이 불안도 상승을

> 보여주는 지표가 될 수 있음을 인식했다.
>
> 둘째, 그는 신체 감각에 지나치게 주의를 기울이는 경향이 불안감을 고조시킬 수 있음을 알고 주의를 기울였다.
>
> 셋째, 그는 자신의 파국적 사고를 평가하는 과정에서 의문을 제기하고 실현 가능성을 따져 보는 것이 중요하다는 점을 깨달았다.
>
> 모하메드는 이상의 요소를 반영함으로써 효과적인 예방 계획을 세울 수 있었다.

4.1. 대응 전략 준비하기

이제부터 필요할 때 바로 적용할 수 있는 계획법을 자세히 알아보도록 하자. 계획을 미리 세워 놓으면 불안이 재발했을 때 그 영향을 최소화하고, 불안을 악화시키는 방식으로 반응할 가능성을 줄인다. 그리고 기존의 대처 방식으로 퇴보하는 상황도 방지한다.

불안 재발 예방 계획을 세울 때는 총 네 가지 핵심 영역을 고려해야 한다. 먼저 잠재적 트리거를 파악하고, 다음으로 사고 패턴의 변화를 관찰하며, 그다음 행동 변화에 집중하고, 마지막으로 앞으로 다가올 대소사에 대비한다. 다음부터 각 영역을 자세히 살펴보면서 향후 계획을 세우는 데 활용할 수 있도록 메모해 두도록 하자.

4.2. 잠재적 트리거

[과제 2]에서 작성한 메모를 토대로 평소 불안을 유발하는 트리거를 되돌아보자. 과거의 경험을 바탕으로 향후 불안이 재발할 가능성이 있는 트리거를 파악하고 기록한다. 또한 특히 취약하다고 느꼈던 상황도 떠올려 보자. 다음은 일반적인 트리거의 예이다.

- 불안으로 신체 감각을 느낄 때
- 가벼운 병에 걸렸을 때

- 스트레스를 받았을 때
- 잠이 부족할 때
- 식사가 부실했을 때
- 행사에 참석해야 할 때
- 여행을 가야 할 때
- 다른 사람과 함께 있어야 할 때
- 건강 검진을 받아야 할 때

4.3. 사고 패턴의 변화

불안이 재발할 때 사고 패턴에 일어날 변화를 미리 알아 두는 것도 중요하다. 이에 대한 구체적인 내용은 아래와 같다.

첫째, 최악의 결과를 예상하고 잠재적 위험에 집착하는 부정적, 파국적 사고가 두드러지는가를 살핀다.

둘째, 과도한 생각과 회상을 반복하는 패턴에 사로잡히지 않도록 주의한다.

셋째, '○○면 어쩌지?'와 같이 부정적인 결과를 끊임없이 상상하며 걱정하는 사고 패턴에 빠지지 않았는지 살핀다.

위와 같은 사고 패턴은 당신이 두려워하는 결과로 편향되어 불안과 스트레스를 악화시킨다. 이러한 사고 패턴에 다시금 빠져들고 있다면 이를 알아차려야 한다. 이와 같은 변화를 인식한다면 불안한 생각을 해결할 전략을 실행할 수 있다. 다음은 불안이 재발할 때 흔히 나타나는 사고 유형이다.

- '분명 끔찍한 일이 일어나겠지.'
- '이 상황은 최악의 결과로 끝날 거야.'
- '일이 잘못되면 그 결과를 감당할 수 있을까?'
- '나를 좋아하는 사람도, 내 곁에 있으려는 사람도 없을 거야.'
- '감당할 수 없는 최악의 상황이 벌어지면 어쩌지?'
- '사람들 앞에서 망신을 당하면 어떻게 할까?'

- '사람들이 나를 비난하거나 나쁘게 보면 어떡하지?'
- '안 좋은 말을 들을 수도 있으니 회의 자리에서는 입을 닫고 있어야겠어.'
- '심장이 뛰는 걸 보니 분명 심장 마비가 올 것 같은데.'
- '어지러워. 기절할 것 같아.'
- '두통이 있네. 심각한 병에 걸렸을 거야.'
- '사교 모임에 나가기 싫어. 너무 부담스러워.'
- '공황 발작이 올지도 모르니 고속도로에서는 운전하지 말아야겠다.'

4.4. 행동의 변화

먼저 불안 극복에 전혀 도움이 되지 않는 행동 패턴으로 회귀하고 있음을 보여 주는 행동 지표가 있을까를 잠시 생각해 보자. 그다음 다시 시작하거나 멈추는 행동은 각각 무엇인지 떠올려 보자.

물론 모하메드처럼 특정 상황이나 장소를 회피하는 행동의 빈도가 증가하는 경향이 나타나기도 할 것이다. 그렇다면 구체적으로 어떠한 사례가 떠오르는지 생각해 보자. 혹시 불안할 때 나무를 어루만지는 등 미신적인 행동이 다시 나타나지는 않는가? 이에 행동 변화를 파악할 때 도움이 되는 일반적인 불안 관련 행동의 예를 다음에 제시하도록 하겠다.

- 자신을 과도하게 점검하고 분석하는 행동
- 상태를 끊임없이 확인하거나, 확신을 얻기 위해 지나친 인터넷 검색을 하는 등 확인 행동의 증가
- 불안을 유발하는 특정 장소나 상황을 회피하는 행동
- 불안한 생각이 지시하는 행동, 즉 실제로 불안 때문에 불필요함을 알면서도 하는 행동
- 다른 사람에게 지나치게 확인받으려는 안전 추구 행동
- 이완 기법과 불안 대처 전략을 더 실천하지 않는 상태
- 사회적 상호 작용 또는 활동 중단

- 먹는 데서 위안을 찾거나, 알코올 또는 약물 복용을 대처 메커니즘으로 활용
- 불안감 증가로 식사를 거르는 행위

  제1장의 내용처럼 불안에 시달릴 때 나타나는 행동을 되돌아보는 것도 도움이 된다. 그러니 필요하다면 불안에 대한 자신의 반응을 살피는 [과제 4]를 참고해 보자. 불안할 때 반복하던 행동이 슬금슬금 되돌아올 기미가 보이면, 이를 즉시 알아차릴 수 있도록 목록으로 만들자. 그리고 쉽게 찾아볼 수 있는 곳에 두고 사랑하는 사람에게 물어보자.

  우리와 가까운 관계에 있는 사람들은 종종 우리 자신보다 우리의 행동 변화를 더 잘 알아차린다. 따라서 그 사람들에게 목록에 있는 행동 양상이 보일 때 조심스럽게 일깨워 달라고 부탁해 본다. 또한 불안이 심화될 때 행동에 변화는 없는지 물어보고, 그러한 면이 있다면 그 행동을 목록에 추가한다.

4.5. 미래의 취약점에 대비하기

  달력을 확인하면서 불안에 취약해질 만한 대소사가 있는가를 파악해 보자. 대소사에는 명절이나 집을 떠나 있는 일정, 결혼식, 직장 행사, 사교 모임이 있겠다. 이제 다음 달부터 앞으로 3개월, 6개월, 내년까지 내다보면서 불안을 유발할 만한 상황을 찾아보자. 그렇다면 그날이 점점 다가올 때, 새로운 증상을 빠르게 포착하는 방법은 무엇일까? 그러한 행사가 다가올 때 활용한다면 도움이 될 기법을 미리 알아 두도록 하자.

환자 사례

벨라의 예방 계획

사전에 고려할 점	사례	계획
불안을 다시 유발할 만한 상황에는 무엇이 있을까?	새로운 신체 감각 또는 과거에 경험했던 신체 감각을 다시 느낄 때	관련된 내용을 다시 읽고, 불안이 신체 감각에 영향을 미치는 과정을 돌이켜 본다.
	감기나 인후통처럼 가벼운 질병에 걸렸을 때	수용 기법을 활용하여 잠깐 가벼운 병을 앓는 동안의 불편함을 받아들인다.
내 생각에는 어떠한 변화가 일어날까?	불안한 생각이 더 많이 들기 시작할 것이다.	불안한 생각에 대처하는 기법을 다시 살펴본다. 개인적으로 가장 효과적이었던 기법은 최악의 시나리오와 "○○하면 어쩌지?"라는 생각에 대처하는 것이었다.
	불안한 생각을 곱씹으며 보내는 시간이 많아지고, 말이 점점 없어지면서 위축될 것이다.	
불안이 다시 밀려올 때 시작하거나 회피할 만한 행동은 무엇인가?	예전처럼 몸 상태를 자세히 살피고 점검하기 시작할 것이다.	고통과 불확실성을 견디도록 도와주는 기법을 활용하여 확인행동 및 안심추구행동에 굴복하지 않도록 노력할 것이다.
	인터넷 검색을 다시 시작할 것이다.	
	남편에게 괜찮은지 계속 확인해 달라고 부탁할 것이다.	몸에 지나치게 주의를 집중하지 않도록 주의력 관련 기법을 더 많이 활용할 것이다.
	평소에 즐기던 활동을 멈추고 점점 조용해질 것이다.	내가 즐기는 활동 목록을 살펴보고 삶을 풍요롭게 만드는 활동을 하며 바쁘게 지내도록 일정을 잡을 것이다.
앞으로 다가올 대소사 중에 불안을 증가시킬 만한 행사가 있는가?	여행은 개인적으로 부담스럽다. 나는 집을 떠나는 게 싫다. 늘 나쁜 일이 일어날 것만 같다.	불안한 생각을 다루는 장에 있는 기법, 특히 불안한 생각을 평가하는 기법을 활용한다.

이상으로 네 가지 핵심 요소를 모두 살펴보았다. 이제 메모한 내용을 토대로 당신만의 계획을 세울 차례다. 벨라의 사례를 참고하여 계획을 세우고, 상황에 따라 수정하면서 유연하게 유지한다. 이처럼 계획을 미리 세워 두면 문제가 발생하기 전에 능동적으로 대처할 수 있다.

특히 불안이 심해지면 명확한 사고와 효과적인 문제 해결이 어려워지므로, 계획은 미리 세워 둘수록 도움이 된다. 불안이 증가하는 징후를 발견하는 즉시 참고할 만한 계획을 세워 두면 힘든 순간을 비교적 쉽게 이겨 나갈 수 있다.

5. 여유로운 삶의 방향

불안 극복은 단순히 스트레스와 고통을 해소할 뿐 아니라 삶의 질을 전반적으로 높이고, 내면의 힘을 기르는 과정까지를 포함한다. 불안 문제는 마음을 사로잡고 생각을 지배하여 사람을 지치게 한다. 따라서 불안을 관리하거나 통제하려는 시도는 시간과 에너지만 잡아먹을 뿐이다.

기분이 나아지고 불안에 따른 부담이 줄어들수록 시간적, 정신적으로 더 많은 여유를 누릴 수 있다. 이러한 과정으로 새롭게 생긴 여유를 활용할 방법을 생각해 보자. 그리고 향후 불안 문제에 관한 취약성을 줄이는 동시에 더 나은 삶을 누리기 위한 생활 방식도 생각해야 한다. 다시 말해 인생을 흥미진진하고 만족스럽게, 그리고 기쁘게 살아가는 방법을 찾아야 한다는 것이다. 다음이 그 예이다.

- 불안으로 그동안 하지 못했던 활동을 떠올려 보자. 시도해 보고 싶은 활동에는 무엇이 있는가?
- 예전에 즐겼던 취미나 스포츠 가운데 다시 시작하고 싶은 것이 있는가? 그렇다면 시간을 내어 다시 시작할 방법을 찾아보자.
- 관심을 사로잡고 즐거움을 주며, 중요하다고 여기는 활동은 무엇인가? 관련 활

동에 참여하도록 노력해 보자.
- 지금까지 관심사가 특별히 없었다면 부록에 제시한 취미 활동 목록을 살펴보고, 원하는 활동이 있는가를 생각해 보자.
- 집 정리나 인테리어, 정원 가꾸기, DIY, 새로운 레시피 익히기 등 그동안 꼭 해보고 싶은 집안일 프로젝트가 있는가?
- 직장에 복귀하거나 다른 직업을 탐색하는 등 커리어에 변화를 주고 싶다면, 불안감은 목표 추구에 걸림돌로 작용할 수 있다. 따라서 지식을 목적으로 강의를 수강하거나 멘토나 직업상담사를 찾아가는 등 커리어 변화를 모색하기 위해 할 수 있는 일을 찾아보자.
- 대인 관계에서 꾀하고자 하는 변화가 있는가? 시간을 같이 보내는 사람과의 관계에서 바꾸고 싶은 점이 있는가? 적절한 사회 교류는 정신 건강을 위해 매우 중요하다. 그렇다면 연락이 끊어진 친구에게 다시 연락할 수 있는가?
- 친구들을 떠올린 뒤, 당신을 소중히 여기고 편안하게 대하는 친구를 생각해 보자. 이러한 관계의 발전을 위해 더 많은 시간을 할애할 수 있는가? 아니면 새로운 사람과 함께하고 싶다면, 관심사를 공유하는 여가 활동이나 마음이 맞는 사람을 만날 기회를 찾아보자.
- 몸을 움직이는 것이 몸과 마음의 건강에 도움이 된다는 사실은 이미 주지하는 사실이다. 규칙적으로 운동하면 기분이 좋아지고, 근력과 심혈관 건강이 증진되며, 부상 위험도 줄어든다. 그렇다면 당신이 해 보고 싶은 신체 활동은 무엇인가?
- 당신만을 위한 시간과 휴식, 충분한 수면, 영양가 있는 식단으로 균형 잡힌 일상을 유지하자.

6. 작은 성공도 기억하기

상황이 예전보다 나아졌다면, 이를 인정하면서 당신만을 위한 상을 주자. 자신의 발전을 축하하는 일은 긍정적인 시각 형성에 도움이 된다. 불안은 하루아침에 극복할 수 없다. 따라서 작은 성취라도 불안 극복이라는 궁극적인 목표 아래 의미 있는 족적을 남겼음을 명심하자.

일반적으로 작은 성공은 대수롭지 않게 여긴다. 특히 자신을 불안에 시달리는 나약하고 부족한 사람으로 인식하고 있다면 더더욱 그러할 것이다. 그러니 완치가 아니면 아무 소용이 없다고 생각하는 사람이 많다. 불안을 극복하려고 몇 년 동안 노력했음에도 별다른 효과가 없어 실패했다는 생각도 들겠다.

하지만 관점을 바꿔 보자. 실패가 아니라 배우는 과정으로 여기자. 효과가 없는 방법을 알았으니, 그 외에 다른 전략을 발전시켜 가면 된다. 사람들은 자신의 실패와 단점에 집중하며, 성공, 그중에서도 특히 작은 성공은 무시하면서 자기 자신에게 가혹할 정도로 비판적인 태도를 취할 때가 많다.

한편 진전의 정도와는 상관없이 이전보다 나아졌음에도 이를 인정하고 축하하려니 어쩐지 민망한 사람도 있을 것이다. 차라리 회복이 더디다며 자책하기를 더 편하게 느낄 수도 있겠다. 그러나 과거에 겪은 고통의 기억이나 불안에 시달렸던 세월에 집착하면 힘이 빠진다.

불안 극복이라는 목표를 향해 나아가려면 동기가 필요하다. 그 방법의 하나는 바로 자기비판적인 태도보다 자신의 성취를 인정하고 기뻐하는 것이다. 그러면 목표 달성을 위한 동기와 추진력을 얻을 수 있다. 이를 통하여 우리는 불안 극복을 향하여 나아가고 있음을 자각할 수 있다.

그렇다면 발전 상황을 어떻게 기록하면 좋을까? 공책이나 달력에 성취를 기록해 보자. 매주 시간을 정해서 전반적인 진행 상황을 되돌아보고 성과를 기록하자. 이러한 활동을 통해 자신감이 샘솟음과 함께 그동안에 노력한 보람이 있음을 확실히 알 수 있다. 처음에는 기록한 성과가 그리 대단해 보이지 않더라도 계속 기록하자. 꾸준한 기록은 사고 과정에 긍정적인 영향을 미쳐 인식을 바꾸는 데 도움을 준다.

그리고 자신의 성취를 인정하는 일은 활력 유지에도 도움이 된다. 우리 뇌는 성취에 대한 보상과 더불어 긍정적인 피드백을 갈망한다. 뇌에는 쾌락을 추구하는 보상 회로가 있다. 이 회로가 활성화되면 뇌는 전기적, 화학적 신호를 방출하면서 성취감, 자부심, 행복감을 느끼게 한다. 따라서 더 많은 것을 계속해서 성취하고 싶어지도록 동기를 부여하는 기분 좋은 감정을 느낀다.

보상은 거창하거나 값비싼 물건일 필요는 없다. 개인적인 견해로는 물건보다 즐거운 경험에 몰입하는 쪽이 더 큰 만족감을 선사할 것이다. 그러니 당신을 진정으로 행복하게 해 주는 활동을 떠올려 보자. 그렇다면 당신이 주로 즐기는 활동을 목록화해 보자.

경치 좋은 곳으로 드라이브를 가거나, 특별한 식사나 음료를 준비하고, 좋아하는 영화를 감상하는 등 간단한 것도 상관없다. 아니면 나름의 호사를 누리는 활동도 좋다. 그 과정에서 이루어 온 발전을 인정하면서 자신에게 주는 보상을 마음껏 누리자.

7. 미래의 스케치

시각화는 다양한 정신 질환 치료에 활용되는 기법으로, 시각화 기법을 활용하면 불안장애 치료에 도움이 된다는 연구 결과가 상당히 많다는 점에서 효과적이다. 시각화와 심상을 활용하면 정신 건강 개선은 물론 혈중 코르티솔 수치를 낮춤과 동시에 통증을 완화하며, 수면의 질을 향상한다고 알려져 있다. 시각화는 시각, 청각, 촉각, 미각, 후각을 통합하는 풍부한 다감각적 경험을 제공한다.

심상, 생각, 감정을 포함한 감각적인 측면에 집중한다면 우리의 상황에서 더욱 의미 있는 요소에 다가갈 수 있다. [과제 32]에서는 지금껏 이룬 발전을 시각화하면서 미래의 모습을 떠올리는 방법을 간략히 설명한다. 이 과제는 목적은 지금까지의 성취를 인정하고, 소중하게 여기면서 자신을 진정시키는 데 목적이 있다. 그리고 불안에서 해방된 미래의 모습을 떠올림으로써 낙관적이고 긍정적인 마음을 기른다.

이 기법을 실천하기 전에 먼저 전체적인 내용을 읽어 보기를 바란다. 그리고 연습하는 동안 긴장을 풀고 설명을 들을 수 있도록 녹음하는 방법도 추천한다. 해당 과제는 원하는 만큼 자주 연습하되, 주 1회로 10분 이상의 꾸준한 실천을 목표로 삼자.

과제 32
✓ **시각화 훈련**

앉거나 누워서 편안한 자세를 취한다. 먼저 코로 숨을 천천히 들이쉬고 몇 초간 유지한 후, 입으로 천천히 내쉬는 심호흡을 몇 차례 실시한다. 다음으로 긴장을 풀고 몸이 편안해짐을 느끼면서 온몸을 감싸는 평온을 느낀다. 그다음 누워 있는 당신의 몸과 맞닿은 표면의 감촉과 압력, 온도 차이를 느껴 본다.

그렇다면 불안에서 벗어난 당신의 모습은 어떠할지, 어떠한 모습이 되고 싶은가를 상상해 보자. 어떠한 심상이 떠오르는가? 이렇게 불안에서 자유를 찾은 당신의 모습을 떠올릴 때 드는 기분은 어떠한가도 알아보자.

이제 평온하고 나른하며 만족스러운 느낌을 주면서, 좋아하는 색깔을 떠올려 보자. 미래의 모습을 떠올릴 때, 당신과 주변이 그 색으로 빛난다고 상상해 보자. 그리고 상상 속 당신의 모습이 얼마나 안전하고 편안한가를 느껴 본다. 그렇게 자신을 바라보면서 스스로 시각화하는 평온한 모습과 연결하면서 주변을 살펴보자. 당신은 상상 속에서 어떤 장소로 이동했는가? 그곳은 어디이며, 무엇이 보이는가?

이번에는 청각을 활용한다. 상상 속에서 무슨 소리가 들리는가? 자연의 소리나 평화로운 음악, 아니면 다른 소리가 들리는가? 소리를 통해 시각화 경험을 더 풍요롭게 해 보자.

미각에도 집중해 보자. 어떠한 맛과 풍미가 떠오르는가? 평화롭고 편안한 느낌을 주면서 맛있는 음식을 즐기는 상상을 해 보자.

지금부터는 불안에서 해방된 모습을 상상해 보자. 그리고 이에 비롯되는 감각에 집중해 보자. 시각화하는 동안 우리를 감싸는 안전함과 편안함을 느껴 보자.

불안감을 느끼지 않고 다양한 활동에 참여하는 자신의 모습을 상상해 본다. 그렇게 활동에 참여하는 자신을 바라볼 때 기분은 어떠한지 살펴보자.

당신을 가만히 응시하면서 지금 바라보는 평온한 모습과 연결 지어 본다. 상상 속의 나에게 전할 메시지가 있는지, 도움이 될 만한 이야기를 들려줄 수 있는가를 스스로 질문해 보자.

또한 미래의 자기 모습에도 약점이 있겠지만, 동시에 강점과 용기도 있음을 인정한다. 우리가 시각화하는 자신의 모습은 우리가 바라는 모습과 지금의 모습, 그리고 이미 나아진, 그리고 앞으로 더 나아질 모습을 보여 준다.

원하는 만큼 오랫동안 시각화 상태를 유지한다. 준비가 되었다고 생각되면 호흡에 집중하자. 천천히, 몇 번의 심호흡 후 몸으로 주의를 전환해 보자. 손가락과 발가락을 부드럽게 움직이면서 느낌을 살펴본다. 이후 몸의 나머지 부분을 부드럽게 움직이며 현재 있는 장소로 의식을 되돌린다.

✚ 장소 바꾸기

불안이 엄습할 때 환경을 빠르게 바꾸는 것도 큰 도움이 될 수 있다. 그러한 상황에서 벗어나면 불안할 때 나타나는 일반적인 행동 경로에서 벗어날 수 있도록 한다. 여기에서 다루고자 하는 장소 바꾸기는 싫어하는 대상을 회피하거나 도망치는 것이 아니라, 불안감에 불을 지피는 상황에서 벗어나라는 의미이다.

예를 들어 컴퓨터 앞에 앉아 있을 때, 불안한 생각이 들면서 도움조차 되지 않는 인터넷 검색에 대한 충동이 생긴다고 가정해 보자. 이럴 때는 방 밖에서 음료를 마시거나, 외출하거나 당신이 해야 할 다른 일을 마무리하는 것이 좋다. 이렇게 장소를 바꾸면 갇힌 느낌에서 벗어나 새로운 관점에서 상황을 바라볼 수 있다. 또한 새로운 환경을 접하면 다양한 자극을 받을 수 있어 불안한 생각과 충동에서 벗어나는 데 도움을 준다.

미래로 나아가기

① 몸과 마음을 규칙적으로 돌보며 관심을 기울인다. 몸과 마음 또한 정원의 식물처럼 꾸준히 보살펴야 건강하게 가꿀 수 있다.

② 이 책에서 다룬 열 가지 방법을 검토하면서 주의를 기울일 영역을 파악한다. 각 영역에 해당하는 장을 다시 읽으며, 역량을 개선해 나간다.

③ 이 책에서 제시한 기법을 돌아보고 자신에게 가장 도움이 되는 기법을 파악한다. 그리고 당신만의 비법을 공책이나 노트 앱에 적어 언제라도 빠르게 찾아볼 수 있도록 준비한다.

④ 불안을 극복하는 여정에서 때때로 특정 사건이나 상황으로 다시 불안감을 느끼면서 예전 상태로 퇴보할 수도 있다. 그러나 이는 누구나 겪을 수 있음을 명심한다. 퇴보는 일시적으로 불안에 취약한 상태가 될 뿐, 지금까지의 진전을 무용지물로 만들지는 않는다.

⑤ 앞을 내다보고 미리 준비함으로써 지금껏 이뤄 온 긍정적인 변화를 유지하고, 계속되는 발전이 가능한 계획을 세운다.

⑥ 미래에 맞닥뜨릴 수 있는 잠재적 트리거의 영향력을 최소화하도록 미리 전략을 세워 선제적으로 대응한다. 불안이 악화될 때, 당신의 생각과 행동이 어떻게 변하는가를 염두에 두면서 불안에 대한 취약성을 높이는 향후 상황을 고려한다.

⑦ 과거 불안에 사로잡혀 소모하던 시간과 정신적 에너지를, 이제는 삶을 풍요롭게 만드는 방향으로 활용해 보자.

⑧ 긍정적인 시각을 유지하면서 크고 작은 발전의 가치를 눈여겨보며 축하한다. 이러한 태도는 긍정적인 시각을 유지하고, 스스로 동기를 부여하는 데 도움을 준다.

⑨ 시각화를 꾸준히 활용하여 불안으로부터의 해방과 함께 전반적인 정신 건강을 회복한다.

⑩ 노력의 가치를 과소평가하지 말고, 자신이 이룬 크고 작은 발전을 기억하며 감사하는 마음을 갖는다. 무엇보다 결단력과 회복탄력성을 가슴에 품고 계속 앞으로 나아간다.

마지막으로

모두 건강하기를, 그리고 평온한 삶을 향한 여정이 성공하기를 기원합니다. 저를 이 여정의 동반자로 믿고 받아들여 주어 감사합니다.

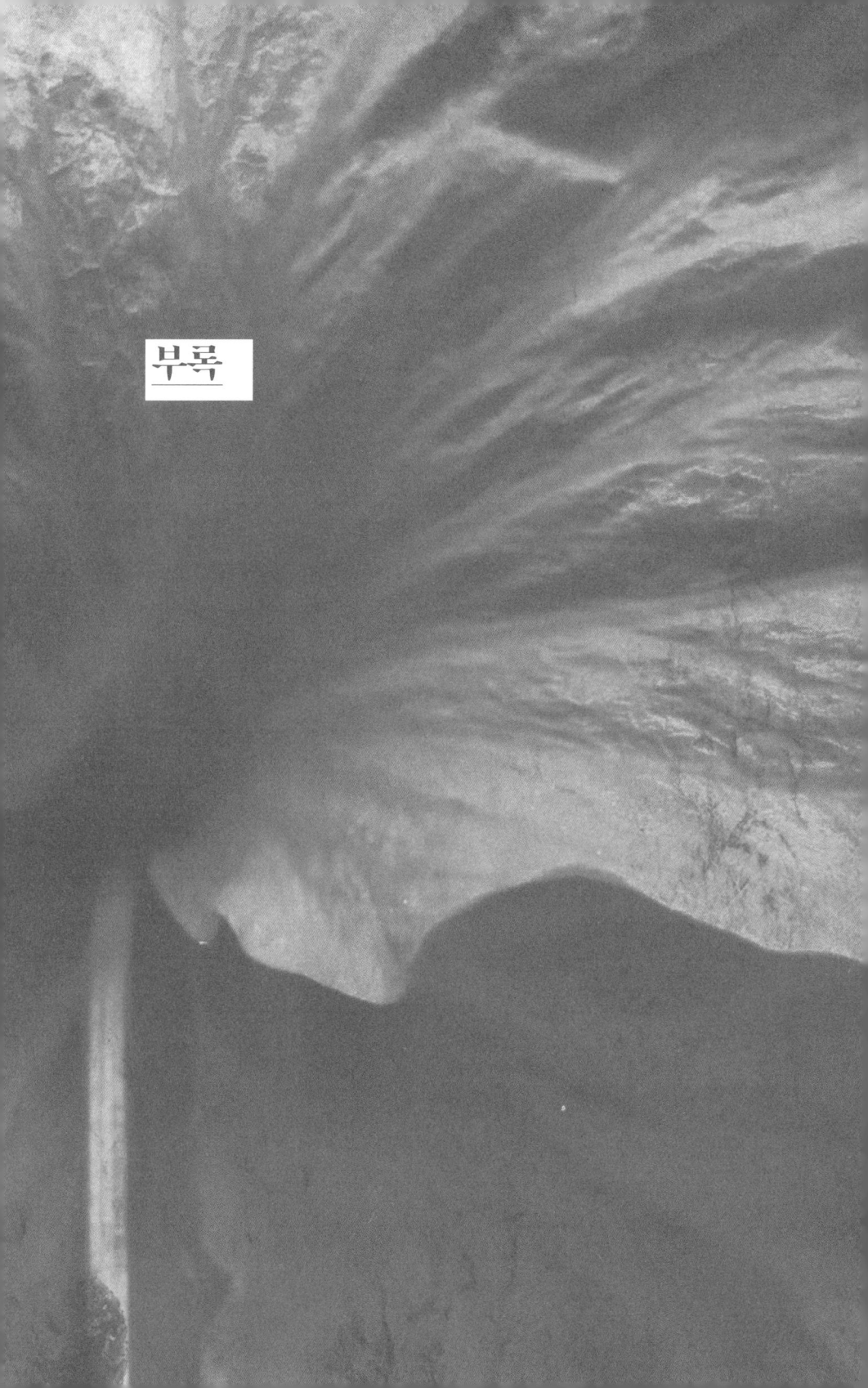
부록

부록 1

적합한 전문가 찾기

　전문가의 도움을 받아야 할 경우, 담당 의사와 상담하여 안내를 받도록 하자. 지금 여기서 소개하는 정보도 적절한 정신 건강 전문가를 찾고자 할 때 도움이 될 것이다. 전 세계에는 서로 유사한 공공 의료기관, 민간 의료기관, 감독기관, 인증기관이 존재한다.

　법적으로는 훈련이나 자격 여부와 관계없이 개인이 스스로 심리치료사를 자처해도 불법은 아니다. 따라서 수년에 걸쳐 집중적인 교육 과정을 이수한 심리치료사도 있는 반면, 6주라는 짧은 과정을 수료했거나 정식 교육을 받지 않은 자도 있다. 따라서 공인 전문가를 찾는 편이 좋다.

　정신 건강 분야에서 공인된 전문가는 법에 따라 공공의 안전을 책임지는 정부 기관에 등록하도록 규정되어 있다. 이러한 규정을 따르는 전문가의 유형은 임상심리사, 상담심리사, 정신 건강 임상심리사, 정신 건강의학과 전문의, 정신 건강 간호사 등이 있다. 한편 EMDR은 복잡한 치료법이어서 적절한 훈련을 받고 자격을 갖춘 전문가만 실시할 수 있다.

　공인된 전문가를 찾았다고 하더라도 몇 가지 확인 절차를 거쳐 그 사람이 문제 해결에 가장 적합한 사람인지 판별하는 것이 좋다. 전문가에게서 받을 수 있는 치료의 질은 편차가 크므로, 치료의 질을 최대한 높이려면 그 요령을 잘 이해해야 한다. 전문가 선택 시 고려해야 할 사항은 다음과 같다.

- 교육 기간을 포함하여 그동안 받은 교육과 자격 여부를 문의한다. 평판이 좋은 전문가라면 이 정보를 흔쾌히 공개할 것이다. 만약 방어적인 태도를 보이거나 정보를 공개하지 않는다면 다른 전문가를 찾는 편이 낫다.

- 치료 목표를 함께 설정할 계획인지 문의한다.
- 구체적으로 어떤 유형의 치료를 제안하는지 문의한다. 그리고 그 치료법의 이론적 기반은 무엇이며, 당신이 겪는 문제에 효과적이라는 근거는 있는가를 문의한다.
- 치료사의 접근법 이해를 위해 참고 자료를 요청한다.
- 치료사에게 문제를 해결하기 위해 직접 조언할 수 있는지 문의한다.
- 환자의 진전 상태를 검토하는 방식을 문의하면서 검토의 빈도는 어떠하며, 별다른 진전이 없을 때는 어떠한 조치를 취하는가를 묻는다.
- 당신이 겪고 있는 구체적인 문제를 다룬 경험과 전문 지식이 있는가를 문의한다. 물론 당신과 유사한 환자를 몇 명이나 치료한 적이 있는가를 물어도 좋다.
- 권장하는 치료 횟수를 문의한다. 임상 지침에 따르면 불안장애는 통상 12~15회 치료를 권장한다.

부록 2

불안장애의 증상 및 감각

<부록 2>에서는 불안장애에서 흔히 나타나는 증상과 신체 감각을 소개한다. 환자 중에는 신체 감각에서 비롯되는 스트레스를 받는 사람이 많다. 따라서 다음에 제시할 정보가 도움이 될 것이다. 모든 증상과 신체 감각을 수록할 수는 없기에 여기에 포함되지 않은 증상이나 변화가 나타나기도 할 것이다.

불안장애의 증상과 신체 감각은 찾아보기 쉽도록 유형별에 따라 제시했다. 이와 관련한 정보를 제공하는 목적은 불안 증상의 유형을 이해함으로써 증상을 조금 더 편안하게 받아들이도록 하기 위함이다.

전신	
① 통증	⑲ 맥박이 뛰는 느낌
② 긴장	⑳ 진동
③ 경직	㉑ 몸이 무거움
④ 근육통	㉒ 무감각
⑤ 요통	㉓ 피로
⑥ 어깨 통증	㉔ 탈진
⑦ 근육 떨림/욱신거림	㉕ 에너지 부족
⑧ 무기력	㉖ 피로에도 신경이 곤두선 느낌
⑨ 흥분	㉗ 에너지 과다
⑩ 안절부절함	㉘ 만성 긴장
⑪ 하지불안	㉙ 체중 증가/감소
⑫ 다리에 힘이 풀림	㉚ 체온 변화
⑬ 다리가 무겁고 피곤함	㉛ 너무 덥거나 추운 느낌
⑭ 전신 경련/떨림	㉜ 갑작스러운 안면 홍조
⑮ 저릿한 느낌	㉝ 다한증
⑯ 찌릿찌릿한 느낌	㉞ 식은땀
⑰ 욱신거리는 느낌	㉟ 불안정한 느낌
⑱ 쏘는 느낌	㊱ 민감한 반사 반응/감각

피부

① 화끈거림
② 홍조
③ 창백함
④ 따끔거림
⑤ 작열감

⑥ 벌레가 기어다니는 듯한 느낌
⑦ 피부 민감
⑧ 얼얼함
⑨ 까끌거림

머리

① 어지럼증
② 현기증
③ 기절할 듯한 느낌
④ 휘청거리는 느낌
⑤ 두통
⑥ 찌릿한 느낌
⑦ 압박감
⑧ 두피 화끈거림/따끔함
⑨ 브레인 포그(brain fog)
⑩ 얼굴/머리 화끈거림
⑪ 머리/목을 죄는 느낌

⑫ 침을 삼키기 어려움
⑬ 질식감
⑭ 헛기침
⑮ 심인성 기침
⑯ 입이 얼얼한 느낌
⑰ 혀 감각
⑱ 턱 통증
⑲ 이갈이
⑳ 과도한 하품
㉑ 목 통증

심장/가슴/호흡

① 가슴 통증
② 가슴 불편감
③ 두근거림
④ 가슴 조임
⑤ 가슴 압박감
⑥ 규칙적/불규칙적 떨림
⑦ 벅찬 느낌
⑧ 가슴 열감
⑨ 가슴이 찌릿한 느낌
⑩ 흉곽 긴장/압박감
⑪ 흉곽이 조이는 느낌
⑫ 가슴이 조이는 느낌
⑬ 심장이 뛰는 느낌

⑭ 심장 박동 증가
⑮ 건너뛰는 심장 박동
⑯ 쿵쿵거림
⑰ 불규칙한 심장 박동
⑱ 심장 떨림
⑲ 왼팔 통증찬석
⑳ 숨 가쁨
㉑ 산소 요구량 증가
㉒ 공기가 부족한 느낌
㉓ 숨이 막힐 듯한 느낌
㉔ 새근거림
㉕ 숨 가쁜 느낌

위/장/방광	
① 메스꺼움 ② 구토 ③ 배탈 ④ 소화불량 ⑤ 식욕 변화 ⑥ 기름지거나 짜고 단 음식에 대한 갈망	⑦ 빈뇨 ⑧ 급박뇨 ⑨ 과민성 대장 ⑩ 변비 ⑪ 설사 ⑫ 트림

귀	
① 이명 ② 윙윙거리는 소리 ③ 울리는 소리 ④ 웅웅거리는 소리 ⑤ 쉿쉿거리는 소리 ⑥ 귀에서 맥박이 느껴짐	⑦ 청각 민감 ⑧ 귀가 먹먹한 느낌 ⑨ 압박감 ⑩ 통증 ⑪ 작열감

눈	
① 시각 민감성 ② 피로 ③ 동공 확장/수축 ④ 흐린 시야 ⑤ 안구 건조	⑥ 눈곱 ⑦ 눈 떨림 ⑧ 눈부심 ⑨ 광과민 ⑩ 터널 시야

수면	
① 불면증 ② 수면 장애 ③ 자주 깸 ④ 생생한 꿈	⑤ 깜짝 놀라서 깨어남 ⑥ 밤중에 깸 ⑦ 가위 눌림 ⑧ 야경증

행동 변화

① 특정 장소 회피
② 사람 회피
③ 상황 회피
④ 출구 찾기
⑤ 출구 근처에 앉기
⑥ 외출하지 않기
⑦ 운전 포기
⑧ 안전하다고 생각하는 장소에만 머물기
⑨ 칩거
⑩ 먹는 것으로 위안 삼기
⑪ 금식
⑫ 절식이나 편식
⑬ 흡연
⑭ 알코올/약물 사용
⑮ 안절부절 못함
⑯ 피부 뜯기
⑰ 머리 뽑기
⑱ 피부 긁기
⑲ 습관적 행동
⑳ 과도한 확인 행동
㉑ 점검
㉒ 의료기기를 활용한 몸 상태 확인
㉓ 확인 추구 행동
㉔ 과도한 정보 검색

심리 변화

① 공포감
② 나쁜 일이 닥칠 듯한 느낌
③ 비이성적인 두려움
④ 만성적인 두려움
⑤ 최악의 상황 예상하기
⑥ 부정적인 생각
⑦ 마음속에서 끊임없이 들려오는 이야기
⑧ 기분 변화
⑨ 과민함
⑩ 갇힌 듯한 느낌
⑪ 갇히는 것에 대한 두려움
⑫ 압도당한 느낌
⑬ 심장 마비에 대한 두려움
⑭ 심각한 질병에 대한 두려움
⑮ 알레르기 반응에 대한 두려움
⑯ 당황함에 대한 두려움
⑰ 죽음에 대한 두려움
⑱ 통제력 상실에 대한 두려움
⑲ 기절에 대한 두려움
⑳ 공공장소에 대한 두려움
㉑ 실수에 대한 두려움
㉒ 정신이 나갈 듯한 두려움
㉓ 해를 입는 것에 대한 두려움
㉔ 자의식 고조
㉕ 혼자 머무는 상황에 대한 두려움
㉖ 신체 감각에 대한 집착
㉗ 낫지 못하리라는 생각
㉘ 마구 날뛰는 생각
㉙ 반복적 사고
㉚ 반추
㉛ 침투적 사고
㉜ 떠오르는 두려운 심상
㉝ 미칠 것 같은 느낌
㉞ 괴리감
㉟ 비현실감
㊱ 이인증
㊲ 분열
㊳ 멍한 느낌
㊴ 단절된 느낌
㊵ 답답함
㊶ 불안정한 감정
㊷ 집중하기 어려움
㊸ 기억 장애
㊹ 사고력 저하
㊺ 문제 해결 능력 저하

부록 3

불안장애의 유형

<부록 3>에서는 《국제질병분류 10차 개정판(이하 ICD-10)》과 《정신 질환 진단 및 통계 편람 5차 개정판(이하 DSM-5)》에 근거하여 다양한 불안장애 유형을 소개한다. 하기 내용은 전반적인 이해를 돕기 위한 것이지, 진단 목적으로 활용할 수 없음을 명심하기 바란다. 따라서 불안장애를 정식으로 진단받고 싶다면 의사와 상담하기 바란다. 적절한 면허와 자격을 갖춘 의료 전문가만이 정확한 진단을 내릴 수 있다.

또한 불안 증상은 경험하는 사람마다 다르게 나타난다. 불안장애와 관련된 신체 증상을 살펴보고자 한다면 <부록 2>를 참고하자.

1. 범불안장애

범불안장애는 걷잡을 수 없는 걱정과 불안이 나타나는 것이 특징이다. 일반적으로 경험하는 걱정은 금방 사라지면서 문제 해결을 수반하지만, 범불안장애 환자는 삶의 다양한 측면을 과도하면서 끊임없이 걱정한다. 이 유형의 환자에게 나타날 수 있는 증상은 다음과 같다.

- 거의 매일 불안한 생각이 6개월 이상 떠오른다.
- 동시에 여러 걱정이 든다.
- 상황에 맞지 않는 걱정이 지나친 편이다.
- 불안한 생각이 떠올라 일상적으로 해야 할 일을 합리적으로 처리하지 못한다.
- '○○면 어쩌지?'라는 생각이 계속 떠오른다.

- 불안한 생각을 제어하거나 무시하기 어렵다.
- 실제적인 문제 해결로 불안한 생각에 대처하지 못할 때가 많다.
- 걱정으로 부정적인 결과를 예측하여 예방할 수 있다고 믿는다.
- 특정 상황을 회피한다.
- 불확실성을 견디지 못하고 위험 감수를 꺼린다.
- 잘못될 가능성을 끝없이 따진다.
- 아래와 같이 다양한 주제로 불안해한다.
  - 사랑하는 사람에 대한 걱정
  - 업무 관련
  - 학업 관련
  - 성과 관련
  - 시간 약속을 지키지 못할 것이라는 생각
  - 일이 잘 풀리지 않는다는 생각
  - 재정 문제
  - 자연 재해나 국제 정세
  - 환경 문제

2. 질병불안장애

<DSM-5>에 따른 건강염려증의 공식적인 진단명은 질병불안장애이다. 다만 공식 진단명과 상관없이 임상 현장에서는 건강염려증이라는 용어가 더 널리 알려져 있다. 따라서 그 용어를 계속 사용하는 것이 일반적이다.

건강염려증 환자들은 의학적 사유 없이 자신의 건강과 안녕을 지속적으로

걱정하고 불안해한다. 그리고 이러한 걱정이 일상에서의 생각과 감정, 행동에 영향을 미친다. 이 유형의 환자는 다음과 같은 증상을 경험한다.

- 건강과 안녕에 대한 지속적인 불안과 걱정에 시달린다.
- 질병, 만성 질환, 죽음과 관련된 파국적 사고와 심상을 경험한다.
- 건강과 질병, 신체 증상에 집착하는 데 상당히 많은 시간을 허비한다.
- 건강을 걱정하는 마음을 달래기 위해 의사를 비롯한 주변 사람에게 자주 확인을 받으면서 안심하려 한다.
- 반복적으로 불필요한 의료 검사를 받는다.
- 의사가 심각한 징후를 간과했을지도 모른다는 불안감에 시달린다.
- 몸 상태를 자주 확인하면서 징후나 증상을 점검한다.
- 신체 감각이나 느낌, 몸에 난 자국이나 혹을 지나치게 경계한다.
- 특정 신체 부위에 지나치게 집착한다.
- 자신이 아직 발견하지 않았거나 진단받지 못한 질병에 걸렸다고 믿으며 특정 활동을 피한다.
- 질병과 관련한 정보를 과도하게 찾아본다.
- 질병과 관련된 TV 프로그램이나 의학 정보, 의사, 의료 환경, 대화를 피한다.
- 특정 질병에 관한 정보를 접한 후, 관련 징후나 신체 감각을 경험한다.
- 심각한 질병을 진단받았을 때, 사랑하는 사람이 받을 충격을 머릿속으로 상상한다.
- 신체 상태를 지속적으로 살피지 않으면 심각한 질병의 징후를 놓칠 것이라 믿는다.
- 자신에게 심각한 문제가 있다고 믿으면서 그 생각을 억누르려하지만, 괴로운 생각이 다시 반복적으로 떠오른다.

3. 사회불안장애

사회불안을 경험하는 사람은 타인과 함께 있는 상황에서 커다란 불안감을 느낀다. 이 유형의 환자는 당황하거나, 타인에게 서투르고 어리석은 모습으로 보이거나 부정적인 평가를 받을 것을 두려워한다. 사회불안장애 환자는 다음과 같은 증상을 겪는다.

- 사회적 상황을 완전히 또는 가능한 회피한다.
- 당황할 것을 지나치게 걱정한다.
- 사회적 상황과 마주하기 전후 그리고 도중에 극심한 불안감을 경험하며, 상황이 끝난 후에는 일어난 일을 분석한다.
- 사회적 상황이 시작되기 전은 물론, 도중이나 이후에 일어난 일을 분석할 때도 극심한 불안을 경험한다.
- 타인이 자신을 판단하고 비판할 것이라 믿는다.
- 타인이 자신의 행동을 끊임없이 관찰하면서 자세히 살피고 있다는 생각에 사로잡힌다.
- 자기 표현이나 상호 작용이 어려울 정도로 극심한 불안감을 경험한다.
- 사회적 상황에서 발생할 수 있는 당황스러운 일을 반복적으로 되새김질한다.
- 자신의 행동을 분석하고 염려하며, 사회적 상황에서 어떻게 행동해야 했을까를 고민한다.
- 다른 사람과의 상호 작용이나 새로운 사람을 소개받는 상황을 싫어한다.
- 가게나 카페, 식당을 비롯한 공공장소에 출입하기를 어려워한다.
- 공공장소나 타인 앞에서 식사하는 상황에 불안감을 느낀다.

4. 공황장애

공황장애는 갑자기 강렬한 공포에 휩싸이는 공황 발작이 특징적으로 나타난다. 공황 발작은 짧지만 강렬한 두려움이 압도적으로 몰려오며, 난데없이 나타난 듯한 심각한 신체 증상을 동반한다. 공황 발작은 주로 스트레스가 심해지는 시기에 발생한다. 공황장애 환자는 다음과 같은 증상을 경험한다.

- 반복적이거나 예상치 못한 공황 발작을 겪은 뒤, 앞으로 공황 발작이 재발하는 상황을 계속해서 염려한다.
- 갑자기 강렬한 불안과 두려움이 몰려오며 대개 몇 분, 때로는 몇 시간 동안 뚜렷한 신체 증상이 동반된다.
- 금방이라도 끔찍한 상황을 맞이할 듯한 느낌이 들면서 걱정이 몰려오고 통제력을 상실하거나 죽을 것을 두려워한다.
- 자제력을 잃을 것을 두려워한다.
- 공황 발작이 다시 찾아올까 불안해한다.
- 공황 발작이 재발하는 것을 방지하기 위해 과거에 공황 발작을 겪은 장소를 회피한다.
- 홀로 외출하기를 꺼린다.
- 비합리적으로 사고한다.

부록 4

취미 활동 100선

지금까지의 임상 경험을 바탕으로 참고할 만한 취미 활동 목록을 포괄적으로 작성해 보았다. 이 목록에 자기만의 아이디어를 더해 보자. 아래 목록을 읽어 내려가면서 마음이 동하거나 흥미로운 항목에 표시해 보자. 이렇게 선택한 항목으로 당신만의 목록을 만들어도 좋다.

공책이나 노트 앱에 '나만의 목록'을 만들면 즐기는 취미 활동을 쉽게 찾아볼 수 있다. 그러면 여가를 즐겁게 보내는 활동을 계획하는 데 도움이 될 것이다. 아래 활동과 관련하여 신체적으로 우려되는 경우, 의사와의 상담을 통해 위험한 활동을 할 때 주의를 기울이자.

신체 활동

① 야외 활동
② 줄넘기
③ 야외 비눗방울 놀이
④ 야외 공놀이
⑤ 체육관 가기
⑥ 홈 트레이닝
⑦ 자연 속에서 산책하기
⑧ 정원 가꾸기
⑨ 긴장을 풀고 휴식을 취할 수 있는 고요한 정원 찾기 또는 만들기
⑩ 실내 또는 야외 수영
⑪ 수중 에어로빅
⑫ 스포츠팀 활동
⑬ 야외 게임 즐기기
⑭ 테니스나 배드민턴
⑮ 골프
⑯ 원반 던지기
⑰ 달리기
⑱ 자전거 타기
⑲ 연날리기
⑳ 반려견과 산책하기
㉑ 단체 운동 또는 댄스 레슨
㉒ 무술 배우기
㉓ 카약, 세일링, 조정, 패들보딩 등 수상 스포츠
㉔ 등산이나 암벽등반
㉕ 낚시
㉖ 승마
㉗ 근력 운동

여가 및 오락 활동	
① 오디오북이나 팟캐스트 듣기 ② 카드게임 또는 보드게임 ③ 게임 커뮤니티에 가입하여 게임 즐기기	④ 모형 비행기나 자동차 등 원하는 것 만들기 ⑤ 연극이나 공연 관람하기 ⑥ 현장이나 집에서 스포츠 경기나 코미디 쇼 관람하기

이완 활동	
① 심호흡 연습하기 ② 따뜻한 음료나 청량음료 즐기기 ③ 독서 ④ 낮잠 자기 ⑤ 마사지 받기 ⑥ 온천 가기 ⑦ 아로마 테라피 ⑧ 가벼운 향초 즐기기 ⑨ 감사 일기를 쓰면서 긍정적인 순간을 되돌아보기	⑩ 마음챙김 연습하기 ⑪ 요가나 태극권 ⑫ 평화로운 장소로 소풍 가기 ⑬ 차분한 자연의 소리나 음악 듣기 ⑭ 가벼운 스트레칭 ⑮ 오디오 가이드를 따라 명상이나 이완하기 ⑯ 밤에 담요를 덮은 채 간식과 함께 아늑한 분위기에서 영화 즐기기

창의적 활동	
① 그림 그리기 ② 도자기 빚기 ③ 드로잉 ④ 캘리그라피 ⑤ 핸드메이드 카드, 선물 만들기 ⑥ 그래픽 디자인이나 디지털 아트워크 제작 ⑦ 바느질, 뜨개질, 코바늘 ⑧ 지역 미술 강좌에 참여하기 ⑨ 꽃꽂이 ⑩ 목공예나 목공 작품 만들기 ⑪ 시 읽기나 쓰기	⑫ 창의적인 글쓰기 ⑬ 소중한 추억을 담은 스크랩북 만들기 ⑭ 블로그나 온라인 저널을 시작하여 생각과 경험 나누기 ⑮ 새로운 악기 연주 배우기 ⑯ 지역 극단 활동 ⑰ 사진찍기 ⑱ DIY ⑲ 정리정돈이나 집안 정리 ⑳ 새로운 레시피나 베이킹 시도하기

사회/정서적 활동

① 오랜 친구나 친지에게 전화로 안부 묻기	⑫ 성과 돌아보기
② 향후 나들이나 이벤트 또는 하고 싶은 활동 계획하기	⑬ 미래의 목표 생각하기
③ 사랑하는 사람에게 편지 쓰기	⑭ 타인이 높이 평가하는 당신의 자질과 그 반대를 생각해 보기
④ 의미 있는 활동에 시간 내기	⑮ 어려움을 성공적으로 헤쳐 나갔던 때를 돌이켜보기
⑤ 독서 모임에 참석하기	⑯ 전자기기를 멀리하고 가능한 오랫동안 조용히 앉아 보기
⑥ 친구들과 저녁 시간 보내기	⑰ 홈 스킨케어나 매니큐어 또는 페디큐어로 외모 가꾸기
⑦ 주말 계획 세우기	⑱ 감사한 일을 목록으로 작성하며 감사 실천하기
⑧ 사람들과 커피/차 한 잔의 여유 갖기	
⑨ 가족 모임 계획하기	
⑩ 지역사회 행사 참여	
⑪ 가족이나 친구, 동료와 저녁에 펍 또는 퀴즈나 노래방, 게임 즐기기	

자연 및 문화 활동

① 미술관 방문하기	⑧ 식물원 방문하기
② 박물관 방문하기	⑨ 호숫가 또는 강가 방문하기
③ 해변 방문하기	⑩ 경치 좋은 곳에서 드라이브하기
④ 역사관이나 사적지 방문하기	⑪ 경치 좋은 곳에서 열차 타기
⑤ 자연 경치가 아름다운 지역 방문	⑫ 별 보기
⑥ 조류 관찰 명소 방문하기	⑬ 자연 속에서 보물찾기 놀이
⑦ 국립공원 방문하기	

참고문헌

1) Stoeber, J., & Otto, K. (2006). Positive conceptions of perfectionism: Approaches, evidence, challenges. Personality and Social Psychology Review, 10(4), 295-319.

   Wheaton, M. G., Deacon, B. J., McGrath, P. B., Berman, N. C., & Abramowitz, J. S. (2012). Dimensions of anxiety sensitivity in the anxiety disorders: Evaluation of the ASI-3. Journal of Anxiety Disorders, 26(3), 401-408.

2) Kessler, R. C., Berglund, P., Demler, O., Jin, R., Merikangas, K. R., & Walters, E. E. (2005). Lifetime prevalence and age-of-onset distributions of DSM-IV disorders in the National Comorbidity Survey Replication. Archives of General Psychiatry, 62(6), 593-602.

   Dwyer, K., McCallum, J., & O'Sullivan, G. (2011). Posttraumatic stress disorder among ambulance personnel: exploring the relationship with depression, anxiety and job satisfaction. Journal of Emergency Primary Health Care, 9(1), 1-10.

   Xue, C., Ge, Y., Tang, B., Liu, Y., Kang, P., Wang, M., & Zhang, L. (2015). A meta-analysis of risk factors for combat-related PTSD among military personnel and veterans. PloS one, 10(3), e0120270.

   Hsieh, Y. P., & Purnell, M. (2021). Occupational stress and anxiety among firefighters: The mediating role of resilience. Journal of Loss and Trauma, 26(1), 1-11.

3) Anderson, E. & Shivakumar, G. (2013). Effects of exercise and physical activity on anxiety. Front Psychiatry, 4, 27.

   Aylett, E., Small, N. & Bower, P. (2018). Exercise in the treatment of clinical anxiety in general practice – a systematic review and meta-analysis. BMC Health Services Research, 18(1), 559.

   Bartley, B., Hay, M. & Bloch, M. (2013). Meta-analysis: aerobic exercise for the treatment of anxiety disorders. Progress in NeuroPsychopharmacology & Biological Psychiatry, 45, 34-39.

Conn, V. S. (2010). Anxiety outcomes after physical activity interventions: meta-analysis findings. Nursing Research, 59(3), 224-231.

Long, B. C., Stavel R. (2008). Effects of exercise training on anxiety: a meta-analysis. Journal of Applied Sport Psychology, 7(2), 167-189.

Manzoni, G. M., Pagnini, F., Castelnuovo, G., Molinari, E. (2008). Relaxation training for anxiety: a ten-year systematic review with meta-analysis. BMC Psychiatry, 8, 41.

Perciavalle, V., Blandini, M., Fecarotta, P., Buscemi, A., Di Corrado, D., Bertolo, L., Fichera, F. & Coco, M. (2017). The role of deep breathing on stress. Neurological Sciences, 38(3), 451-458.

Russo, M. A., Santarelli, D. M., O'Rourke, D. (2017). The physiological effects of slow breathing in the healthy human. Breathe (Sheffield), 13(4), 298-309.

Seid, A. A., Mohammed, A. A. & Hasen, A. A. (2023). Progressive muscle relaxation exercises in patients with COVID-19: Systematic review and meta-analysis. Medicine (Baltimore), 102(14), e33464.

Singh, B., Olds, T., Curtis, R., Dumuid, D., Virgara, R., Watson, A., Szeto, K., O'Connor, E., Ferguson, T., Eglitis, E., Miatke, A., Simpson, C. E., & Maher, C. (2023). Effectiveness of physical activity interventions for improving depression, anxiety and distress: an overview of systematic reviews. British Journal of Sports Medicine, 57(18), 1203-1209.

Toussaint, L., Nguyen, Q. A., Roettger, C., Dixon, K., Offenbächer, M., Kohls, N., Hirsch, J. & Sirois, F. (2021). Effectiveness of Progressive Muscle Relaxation, Deep Breathing, and Guided Imagery in Promoting Psychological and Physiological States of Relaxation. Evidence-Based Complementary and Alternative Medicine, 2021, 5924040.

Wipfli, B. M., Rethorst, C. D. & Landers, D. M. (2008). The anxiolytic effects of exercise: a meta-analysis of randomized trials and dose – response analysis. Journal of Sport & Exercise Psychology, 30, 392-410.

Dusek, J. A., Otu, H. H., Wohlhueter, A. L., Bhasin, M., Zerbini, L. F., Joseph, M. G., Benson, H., & Libermann, T. A. (2008). Genomic counter-stress changes induced by the relaxation response. PLoS One, 3(7), e2576.

Gupta, A., & Epstein, N. B. (2018). Effects of relaxation training on trait anxiety: A meta-analysis. Journal of Clinical Psychology, 74(3), 327-342.

Khoury, B., Sharma, M., Rush, S. E., & Fournier, C. (2015). Mindfulness-based stress reduction for healthy individuals: A meta-analysis. Journal of Psychosomatic Research, 78(6), 519-528.

Khoury, B., Lecomte, T., Fortin, G., Masse, M., Therien, P., Bouchard, V., Chapleau, M. A., Paquin, K., & Hofmann, S. G. (2013). Mindfulness-based therapy: A comprehensive metaanalysis. Clinical Psychology Review, 33(6), 763-771.

Perciavalle, V., Blandini, M., Fecarotta, P., Buscemi, A., Di Corrado, D., Bertolo, L., Fichera, F., & Coco, M. (2017). The role of deep breathing on stress. Neurological Sciences, 38(3), 451-458.

Lee, Y., Lee, S. H., & Kim, J. H. (2018). Efficacy of diaphragmatic breathing training on physiological and psychological variables in patients with generalized anxiety disorder. Journal of Psychiatric Research, 105, 68-72.

Russo, M. A., Santarelli, D. M., & O'Rourke, D. (2017). The physiological effects of slow breathing in the healthy human. Breathe, 13(4), 298-309.

Toussaint, L., Nguyen, Q. A., Roettger, C., Dixon, K., Offenbächer, M., Kohls, N., Hirsch, J. & Sirois, F. (2021). Effectiveness of Progressive Muscle Relaxation, Deep Breathing, and Guided Imagery in Promoting Psychological and Physiological States of Relaxation. Evidence-Based Complementary and Alternative Medicine, 2021, 5924040.

Nadeem, F., Malik, N. I., Atta, M., Ullah, I., Martinotti, G., & Pettorruso, M. (2021). Relationship between health-anxiety and cyberchondria: Role of metacognitive beliefs. Journal of Affective Disorders, 284, 32-38.

Risen, J. L., & Gilovich, T. (2007). Magical thinking in predictions of negative events: Evidence for tempting fate but not for a protection effect. Journal of Personality and Social Psychology, 92(4), 745–758.

Slovic, P., & Lichtenstein, S. (1968). Anxiety, Cognitive Availability, and the Talisman Effect of Insurance. Journal of Risk and Insurance, 35(2), 215-236.

6) Berggren, N., & Derakshan, N. (2013). Attentional control deficits in trait anxiety: Why you see them and why you don't. Biological Psychology, 92(3), 440-446.

Carlbring, P., Apelstrand, M., Sehlin, H., Amir, N., Rousseau, A., Hofmann, S. G., & Andersson, G. (2019). Internet-delivered attention bias modification training in individuals with social anxiety disorder – a double blind randomized controlled trial. Cognitive Behaviour Therapy, 48(6), 441-455.

Fox, E. (1993). Attentional bias in anxiety: A defective inhibition hypothesis. Cognition & Emotion, 7(2), 107-140.

Hakamata, Y., Lissek, S., Bar-Haim, Y., Britton, J. C., Fox, N. A., Leibenluft, E., Ernst, M., & Pine, D. S. (2010). Attention bias modification treatment: a meta-analysis toward the establishment of novel treatment for anxiety. Biological Psychiatry, 68(11), 982-990.

Johnstone, K. A., & Page, A. C. (2004). Attention to phobic stimuli during exposure: the effect of distraction on anxiety reduction, self-efficacy and perceived control. Behaviour Research and Therapy, 42(3), 249-275.

Kuckertz, J. M., Amir, N., & Boffa, J. W. (2020). The nature, detection, and reduction of attentional bias in anxiety: A review and future directions. Behavior Therapy, 51(5), 633-649.

Wells, T. T., & Beevers, C. G. (2019). Attention bias modification for anxiety: Current status and future directions. Current Opinion in Psychology, 28, 27-32.

Wells, A., & Papageorgiou, C. (1998). Social phobia: Effects of external attention on anxiety, negative beliefs, and perspective taking. Behavior Therapy, 29(3), 357-370.

7) Beyer, K. M., Kaltenbach, A., Szabo, A., Bogar, S., Nieto, F. J., & Malecki, K. M. (2014). Exposure to neighborhood green space and mental health: evidence from the survey of the health of Wisconsin. International Journal of Environmental Research and Public Health, 11(3), 3453-3472.

Bratman, G. N., Hamilton, J. P., & Daily, G. C. (2012). The impacts of nature experience on human cognitive function and mental health. Annals of the New York Academy of Sciences, 1249(1), 118-136.

Bratman, G. N., Hamilton, J. P., Hahn, K. S., Daily, G. C., & Gross, J. J. (2015). Nature experience reduces rumination and subgenual prefrontal cortex activation. Proceedings of the National Academy of Sciences, 112(28), 8567-8572.

Gascon, M., Triguero-Mas, M., Martínez, D., Dadvand, P., Forns, J., Plasència, A., & Nieuwenhuijsen, M. J. (2015). Mental health benefits of long-term exposure to residential green and blue spaces: A systematic review. International Journal of Environmental Research and Public Health, 12(4), 4354-4379.

Tyrväinen, L., Ojala, A., Korpela, K., Lanki, T., Tsunetsugu, Y., & Kagawa, T. (2014). The influence of urban green environments on stress relief measures: A field experiment. Journal of Environmental Psychology, 38, 1-9.

8) Aldao, A., Nolen-Hoeksema, S., & Schweizer, S. (2010). Emotionregulation strategies across psychopathology: A meta-analytic review. Clinical Psychology Review, 30(2), 217-237.

Gross, J. J. (2002). Emotion regulation: Affective, cognitive, and social consequences. Psychophysiology, 39(3), 281-291.

Linehan, M. M. (2014). DBT Skills Training Manual. Guilford Press.

Mennin, D. S., & Fresco, D. M. (2013). Emotion regulation therapy. In J. J. Gross (Ed.), Handbook of Emotion Regulation (2nd ed., pp.469-490). Guilford Press.

Marshall, E. C., Zvolensky, M. J., Vujanovic, A. A., Gregor, K., &

Gibson, L. E. (2012). Anxiety sensitivity and distress tolerance: joint predictors of anxious arousal and withdrawal-related symptoms. Journal of Anxiety Disorders, 26(4), 687-695.

9) Dreisoerner, A., Junker, N. M., Schlotz, W., Heimrich, J., Bloemeke, S., Ditzen, B. & van Dick, R. (2021). Self-soothing touch and being hugged reduce cortisol responses to stress: A randomized controlled trial on stress, physical touch, and social identity. Comprehensive Psychoneuroendocrinology, 8, 100091.

Kabat-Zinn, J. (2013). Full Catastrophe Living, Revised Edition: How to cope with stress, pain and illness using mindfulness meditation. Bantam Books.

Kline, A. C., Cooper, A. A., Rytwinski, N. K., & Feeny, N. C. (2018). Combining emotion regulation strategies to optimize treatment outcome in adults with anxiety disorders. Clinical Psychology Review, 63, 23-45.

Kim, S. H., & Hamann, S. (2007). Neural correlates of positive and negative emotion regulation. Journal of Cognitive Neuroscience, 19(5), 776-798.

Knoll, N., Schwarzer, R., Pfüller, B., & Kienle, R. (2008). Selfsoothing and health-related outcomes: A meta-analysis. Applied Psychology: Health and Well-Being, 1(2), 215-235.

Uvnäs-Moberg, K., Handlin, L. & Petersson, M. (2015). Selfsoothing behaviors with particular reference to oxytocin release induced by non-noxious sensory stimulation. Frontiers in Psychology, 5, 1529.

10) Dugas, M. J., Gagnon, F., Ladouceur, R. & Freeston, M. H. (1998). Generalized anxiety disorder: a preliminary test of a conceptual model. Behaviour Research and Therapy, 36(2), 215-226.

11) Dugas, M. J., Gosselin, P., & Ladouceur, R. (2001). Intolerance of Uncertainty and Worry: Investigating Specificity in a Nonclinical Sample. Cognitive Therapy and Research, 25, 551–558.

12) Hovens, J. G. F. M., Giltay, E. J., Wiersma, J. E., Spinhoven, P.,

Pennix, B. W. J. H., & Zitman, F. G. (2012). Impact of childhood life events and trauma on the course of depressive and anxiety disorders. Acta Psychiatrica Scandinavica, 126, 198–207.

Hovens, J. G. F. M., Wiersma, J. E., Giltay, E. J., Van Oppen, P., Spinhoven, P., Penninx, B. W. J. H., & Zitman, F. G. (2010). Childhood life events and childhood trauma in adult patients with depressive, anxiety and comorbid disorders vs. controls. Acta Psychiatrica Scandinavica, 122(1), 66–74.

Lochner, C., Seedat, S., Allgulander, C., Kidd, M., Stein, D. & Gerdner, A. (2010). Childhood trauma in adults with social anxiety disorder and panic disorder: a cross-national study. African Journal of Psychiatry, 13(5), 376-381.

13) Glaser, J. P., van Os, J., Portegijs, P. J. M., & Myin-Germeys, I. (2006). Childhood trauma and emotional reactivity to daily life stress in adult frequent attenders of general practitioners. Journal of Psychosomatic Research, 61(2), 229-236.

Goldin, P. R., Manber, T., Hakimi, S., Canli, T., & Gross, J. J. (2009). Neural bases of social anxiety disorder: Emotional reactivity and cognitive regulation during social and physical threat. Archives of General Psychiatry, 66(2), 170-180.

14) Nelson, C. A., Scott, R. D., Bhutta, Z. A., Harris, N. B., Danese, A., & Samara, M. (2020). Adversity in childhood is linked to mental and physical health throughout life. BMJ, 371, m3048.

Smith, K. E., & Pollak, S. D. (2020). Early life stress and development: potential mechanisms for adverse outcomes. Journal of Clinical Child & Adolescent Psychology, 49(2), 284-296.